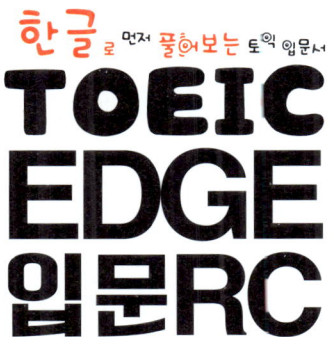

TOEIC EDGE 입문RC

한글로 먼저 풀어보는 토익 입문서

초판 1쇄 인쇄 2018년 1월 26일
초판 1쇄 발행 2018년 2월 5일

지은이	선승희
감수	이가영
발행인	임충배
홍보/마케팅	김요한, 김정실
편집	양경자
디자인	여수빈, 조인배
펴낸곳	도서출판 삼육오 (PUB.365)
제작	(주)피앤엠123

출판신고 2014년 4월 3일
등록번호 제406-2014-000035호

경기도 파주시 산남로 183-25
TEL 031-946-3196 / FAX 031-946-3171
홈페이지 www.pub365.co.kr

ISBN 979-11-86533-77-2 13740
© 2018 PUB.365 & 선승희

· 저자와 출판사의 허락 없이 내용 일부를 인용하거나 발췌하는 것을 금합니다.
· 저자와의 협의에 의하여 인지는 붙이지 않습니다.
· 가격은 뒤표지에 있습니다.
· 잘못 만들어진 책은 구입처에서 바꾸어 드립니다.

이 도서의 국립중앙도서관 출판예정도서목록(CIP)은 서지정보유통지원시스템 홈페이지(http://seoji.nl.go.kr)와
국가자료공동목록시스템(http://www.nl.go.kr/kolisnet)에서 이용하실 수 있습니다. (CIP제어번호: CIP2017031670)

한글 로 먼저 풀어보는

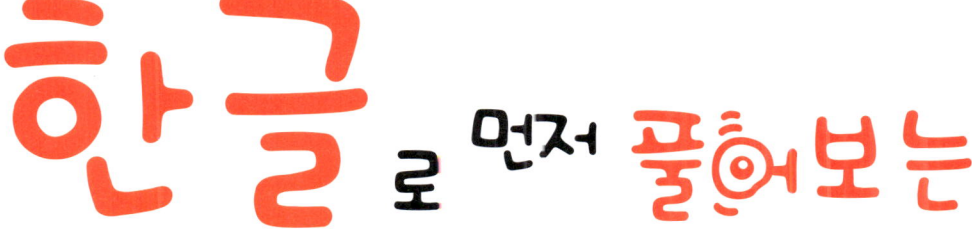

[ed3] 엣지

선승희 지음 이가영 감수

입문 RC

Pub.365

Preface

21세기 글로벌 시대를 맞이하여 여기저기서 다 영어가 중요하다고들 하죠. 뭐 알아서들 이미 잘 하고 있는 사람들은 문제가 없을 거예요. 그러나 만약 내 최대의 취약점이 영어인데, 빠른 시일 내에 제법 높은 '토익 점수'라는 것을 따내야 한다면 얼마나 당황스러울까요? 나는 문제도 제대로 읽을 줄 모르는데 무언가를 듣거나 읽고 답까지 골라내라 한다면 너무도 괴로울 수밖에 없겠죠. 그래서 기획하게 된 정말 초보, 초보 중의 왕초보, 영어 포기자들을 위한 지침서가 여러분들의 손에 들려 있는 바로 이 책이라는 점.

우선 꼭 해드리고 싶은 말씀은, 어휘와 절친한 사이가 되라는 거예요. 별도의 어휘집을 공부할 필요 없이, 이 책에 수록된 어휘들은 1순위로 반드시 완벽하게 소화하세요. 어휘 실력 없이는 문장 해석과 이해가 불가능하고, 나아가 문제 풀이가 불가능하기 때문이죠. 귀찮고 힘들어도 매일매일 꾸준히 어휘와 조금씩 더 친해지세요. 문제가 점점 더 빠르고 편안하게 풀릴 거예요.

그다음으로 공부의 직접적인 방법에 관한 팁. 책을 대충 읽어본 뒤 문제만 한 번 가볍게 '쓱~' 풀어보고 넘어가면 안 돼요! 내가 틀렸던 문제, 이해하지 못했던 문제들은 바로 해설을 볼 것이 아니라, 정확하게 이론과 대조하여 무엇이 잘못되었는지를 짚어주어야 해요. 듣기도 마찬가지여서, 바로 대본을 보고 눈으로 이해할 것이 아니라 꼼꼼하게 문장을 받아쓰고 따라 읽어서 완전히 내 일부로 받아들여야 하는 거죠.

마지막으로, 토익은 어려운 '고시'가 아니라는 점을 기억하세요. 비록 지금은 내가 무슨 소리인지도 모르겠고 우연히 본 시험에서 남들의 절반에도 못 미치는 점수가 나올지라도, 반드시 점수를 올릴 수 있는 시험이 바로 토익입니다. 상대적으로 더 짧은 기간 안에 더 쉽게 점수를 낼 수 있는 **비법**을 본 책에서 속속들이 **공개**할 것이니, 끝까지 포기하지 말고 처음부터 마지막 페이지까지 이 책과 함께 해주세요!

"여러분들의 토익 고득점이
바로 우리의 꿈입니다"

YBM 선승희 (R/C)

contents

PART 5/6

LESSON 01	[문장의 뼈대] 영어의 8품사	❍ 영어의 8품사	16
LESSON 02	[문장의 뼈대] 문장의 구성 성분	❍ 문장의 구성 성분	32
LESSON 03	[품사] 명사	❶ 명사의 역할 ❷ 명사의 형태	48
LESSON 04	[품사] 대명사	❶ 인칭대명사의 개념과 종류 ❷ 재귀대명사의 종류와 쓰임 ❸ 부정대명사	64
LESSON 05	[품사] 형용사	❶ 형용사의 자리 ❷ 형용사의 역할 ❸ 일반 형용사, 수량 형용사	80
LESSON 06	[품사] 부사	❶ 부사의 역할 ❷ 부사의 자리 ❸ 부사의 형태	94
LESSON 07	[동사] 동사의 이해	❶ be 동사 ❷ 일반동사 ❸ 자동사와 타동사 ❹ 문장의 형식	108
LESSON 08	[동사] 수일치	❶ 꼭 알아두어야 할 단수 주어 ❷ 꼭 알아두어야 할 복수 주어 ❸ 수량 형용사에 따른 수일치	126
LESSON 09	[동사] 시제	❶ 단순시제 ❷ 완료시제 ❸ 진행시제	140

LESSON 10	[동사] 수동태	❶ 수동태의 기본 형태: be + p.p. + by ❷ 시제에 따른 수동태의 기본 형태 ❸ 4형식의 수동태 ❹ 5형식의 수동태	156
LESSON 11	[준동사] to부정사	❶ to 부정사의 형태 ❷ to 부정사의 용법 ❸ to 부정사와 함께 쓰이는 동사와 형용사	172
LESSON 12	[준동사] 동명사	❶ 동명사의 형태 ❷ 동명사의 역할 ❸ 동명사와 to 부정사	188
LESSON 13	[준동사] 분사, 분사구문	❶ 현재분사와 과거분사 ❷ 감정동사에서 파생된 분사 ❸ 분사구문	202
LESSON 14	[품사] 전치사	❶ 전치사의 특징 ❷ 시간 전치사 ❸ 장소 전치사	218
LESSON 15	[품사] 접속사	❶ 접속사의 특징 ❷ 접속사의 종류	236
LESSON 16	[품사] 관계사	❶ 관계대명사의 개념과 종류 ❷ 관계대명사 that과 what ❸ 관계부사	252

PART 5
PART 6

LESSON 17	문법별 파트 6 전략	❶ 문장구조 문제 ❷ 시제 ❸ 태 ❹ 접속사 ❺ 분사 ❻ 문장삽입	268

PART 7

LESSON 18	Single Passage 질문 유형 1	❶ 주제 목적을 묻는 유형 ❷ 세부 사항을 묻는 유형 ❸ 추론 유형	288
LESSON 19	Single Passage 질문 유형 2	❶ 의도 파악 유형 ❷ 문장 삽입 유형 ❸ 동의어 파악 유형	320
LESSON 20	Double Passage & Triple Passage	❶ Double Passage (이중지문) 유형 ❷ Triple Passage (삼중지문) 유형	354

이 책의 특징은?

영어 보다는 한글이 먼저!!!

이 책은 토익 왕초보 입문자를 위해 최적화 되어 있습니다. 영어도 어려운데 토익을 해야 하는 이 상황에 토익이 어떤 시험인지 어떤 식으로 문제가 나오는지 바로 알 수 있습니다. 또한 토익이 막연하게 어렵다는 생각은 그만!!! 토익에 대해 자신감이 생기도록 영어 보다는 한글로 먼저 문제를 풀어볼 수 있도록 구성하였습니다.

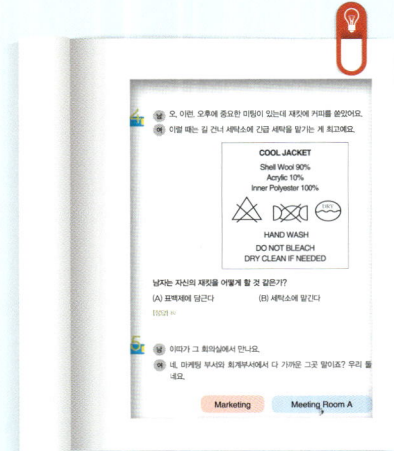

문제와 해설을 같이!!!

문제를 풀어보고 바로 옆에 각 문제에 따른 해석, 해설 및 선생님이 바로 옆에서 과외 해주는 듯한 잔소리~ 팁~ 을 달아 두었습니다. 초보라 더욱 더 자신이 없는 정답 확신!!! 바로 바로 확인해보세요.

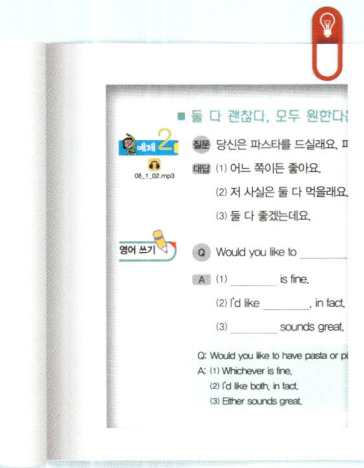

RC파트의 기본은 어휘!!!

왕초보 입문자들이 기본 점수를 높이기 위해서는 어휘 파트를 확실하게 정복해야 합니다. 본 책에서는 문법/어휘 파트의 비중을 최대한 높여서 기본 점수를 획득할 수 있도록 구성하였습니다. 홈페이지에서 제공하는 어휘 부록도 출력하여 단어장으로 활용해도 좋습니다.

학습 1단계. 유형을 정복하고!

이 책의 학습은 총 3단계로 되어 있습니다. 먼저 1단계에서 토익 유형을 정복해보겠습니다. 토익의 문제 형식은 정해져 있습니다. 그 뜻은 항상 비슷한 문제가 나온다고 할 수 있겠지요. 먼저 어떤 식으로 문제가 출제되고 있는지 선생님의 짜릿한 분석 내용과 함께 기본적인 유형을 정복해보세요.

학습 2단계. 기초를 뛰어 넘고!!

각 Lesson별로 기본 학습이 마무리되면 학습한 내용으로 문제를 풀어봅니다. 바로 전에 학습한 내용이기에 문제 풀기는 정말 쉬워지겠지요. 확실하게 문제 출제 의도를 이해하고 다음 학습을 진행할 수 있습니다.

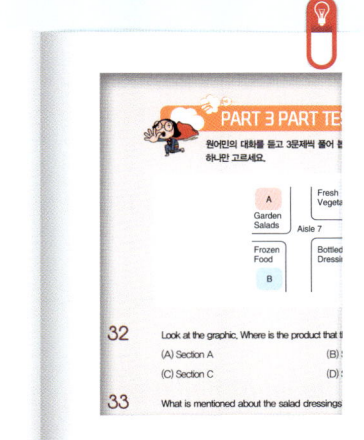

학습 3단계. 토익 실전으로 마무리!!!

지금까지 학습한 내용을 기반으로 해당 파트의 실제 난이도와 유사한 문제를 풀어 봅니다. 앞에서 충분히 학습하셨다면 어렵지 않게 풀어나갈 수 있을거에요. 자신감을 갖고 마무리해보세요.

토익 성공 학습 플랜

01일	LESSON 01 [문장의 뼈대] 영어의 8품사	____월 ____일
02일	LESSON 02 [문장의 뼈대] 문장의 구조	____월 ____일
03일	LESSON 03 [품사] 명사	____월 ____일
04일	LESSON 04 [품사] 대명사	____월 ____일
05일	LESSON 05 [품사] 형용사	____월 ____일
06일	LESSON 06 [품사] 부사	____월 ____일
07일	LESSON 07 [동사] 동사의 이해	____월 ____일
08일	LESSON 08 [동사] 수일치	____월 ____일
09일	LESSON 09 [동사] 시제	____월 ____일
10일	LESSON 10 [동사] 수동태	____월 ____일
11일	LESSON 11 [준동사] to부정사	____월 ____일
12일	LESSON 12 [준동사] 동명사	____월 ____일
13일	LESSON 13 [준동사] 분사, 분사구문	____월 ____일
14일	LESSON 14 [품사] 전치사	____월 ____일
15일	LESSON 15 [품사] 접속사	____월 ____일
16일	LESSON 16 [품사] 관계사	____월 ____일
17일	LESSON 17 문법별 파트 6 전략	____월 ____일
18일	LESSON 18 Single Passage 질문 유형 1	____월 ____일
19일	LESSON 19 Single Passage 질문 유형 2	____월 ____일
20일	LESSON 20 Double Passage & Triple Passage	____월 ____일

PART 5~6 (01일~17일)
PART 7 (18일~20일)

토익(TOEIC) 시험의 개요

토익은 〈Test of English for International Communication〉의 약자로 국제 사회에서 영어로 실용적인 의사소통을 얼마나 할 수 있는지를 가늠하는 시험이 죠. 시험의 출제 기관은 미국에 기반을 둔 ETS(Educational Testing Service) 이며, 영어가 모국어가 아닌 사람들을 시험의 대상으로 삼고 있어요. 두 시간 동안 진행되는 TOEIC은 크게 두 개의 분야, 그리고 7개 세부 영역을 평가합니다.

어휘/문법/독해영역(Reading Comprehension)의 구성과 목적

토익의 어휘/문법/독해영역은 문장 혹은 문단에 의미상 알맞은 어휘가 무엇인지, 의미 전달을 위한 기본적인 문법을 이해하고 있는지, 영어로 된 지문을 이해하고 독해할 수 있는지를 알아보는 문제들로 구성되어 있어요. 특히, 어휘 문제는 '영어 단어 = 한국어 뜻' 이런 식으로 단편적 암기로는 해결할 수 없고, 실제 상황과 문맥에 맞는 알맞은 어휘를 찾는 문제들로 구성되며, 독해 역시 단순 해석뿐 아니라 글의 흐름을 파악해야 풀 수 있는 문제들이 추가되었어요. 그러므로 문법 및 단어 암기는 물론이고 문단과 지문의 글의 흐름을 파악해야 해요.

토익 시험 어휘/문법/독해영역 파트 별 구성과 문항 수 비교

구성	新 TOEIC				
	시험 시간	파트 구성		문항 수	합계
Reading Comprehension (with LC 선승희샘)	75분	Part 5	Incomplete Sentences (단문 빈칸 채우기)	30	100 문항
		Part 6	Text Completion (장문 빈칸 찾기)	16	
		Part 7 Reading Comprehension (긴 지문 독해)	A. Single Passage (단일 지문)	29	
			B. Double Passages (이중 지문)	10	
			C. Triple Passages (삼중 지문)	15	

1. 토익 접수 방법

토익 시험은 TOIEC 위원회 사이트에서 인터넷, 모바일 접수가 가능합니다. (www.toeic.co.kr)

인터넷 접수를 선택하시고 시험일 선택, 고사장 선택 이후 성적표 수령방법(온라인/우편) 등을 입력합니다.
* 시험은 오전, 오후 시험이 있습니다. 시험일 선택시 반드시 확인하세요.
* 특별 접수 기간에는 시험 응시 비용이 조금 더 비싸요.
* 시험 접수시 최근 사진(6M 이하의 JPG 파일만 가능)을 미리 준비하셔야 합니다.

2. 시험 당일 꼭 챙겨야 할 준비물

규정 신분증은 반드시!!!

성인의 경우 주민등록증, 운전면허증(경찰청 발행), 기간 만료 전의 여권, 공무원증, 장애인 복지 카드가 인정되며, 그 이외 주민센터에서 발급한 기간 만료 전의 '주민등록증 발급신청 확인서'를 발급 받으시면 대체 인정 가능합니다.

학생인 경우 학생증, 기간 만료 전의 여권, 청소년증이 인정되며, 단, 학생증은 국내 학생증만 인정 받을 수 있으며, 대학생 또는 대학원생의 학생증은 불가합니다.

연필, 지우개 (볼펜이나 사인펜은 사용 불가)

필요시 시계를 준비해주세요. 전자식 시계는 안되고 꼭 아날로그 시계여야 합니다.

3. 입실 전 유의 사항

시험 시간이 오전일 경우 오전 9:20, 오후일 경우에는 오후 2:20 이전에는 꼭~ 입실하세요. 오전 9:50, 오후 2:50 이후에는 절대 입실이 불가능해요.

입실 시 필기구와 신분증을 제외한 사전이나 휴대용 가방 등 시험에 불필요한 모든 소지품은 교실 앞쪽으로 옮겨 놓아야 합니다. 고사장 내에서는 휴대폰, 통신장비, 각종 전자기기는 일절 소지할 수 없으며, 만약 시험 중 소지하고 있다가 적발되면 사용 여부와 관계없이 규정위반 수험자로 지정되어 향후 시험 응시에 제약이 따를 수 있어요.

4 시험 시간

오전 시험	오후 시험	시간	비고
9:20	2:20		입실
9:30 ~ 9:45	2:30 ~ 2:45	15분	답안지 작성에 관한 Orientation
9:45 ~ 9:50	2:45 ~ 2:50	5분	수험자 휴식시간
9:50 ~ 10:05	2:50 ~ 3:05	15분	신분증 확인 (감독 교사)
10:05 ~ 10:10	3:05 ~ 3:10	5분	문제지 배부 및 파본 확인
10:10 ~ 10:55	3:10 ~ 3:55	45분	듣기 평가(L/C)
10:55 ~ 12:10	3:55 ~ 5:10	75분	독해 평가(R/C) * 2차 신분확인

5 성적 확인 및 성적표 발급

성적 확인은 시험 응시 후 TOEIC 위원회 사이트 또는 ARS 060-800-0515로 지정된 일자(약 2주 후)에 가능합니다. 단, ARS는 토익 접수 시 ARS 성적 확인에 동의한 수험자에 한하여 확인 가능합니다.

성적 수령은 온라인 출력이나 우편 수령을 택할 수 있으며, 온라인 출력 시 성적 유효기간 내 홈페이지를 통해 출력해야 하며, 우편 수령 시 접수 할 때 작성한 주소로 성적표가 우편 발송됩니다.

온라인 출력이나 우편물 수령은 1회 발급시만 무료이고 이후 재발급 할 경우에는 소정의 수수료가 발생하게 되니 가장 높은 점수의 성적표를 꼭 보관하세요.

토익(TOEIC) 각 파트별 전략

PART 5

한 문장 속에 들어있는 하나의 빈 칸을 완성하는 문제로 4개의 보기 중 알맞은 단어나 구를 고르는 문제입니다. 총 30문항이 출제되며 문법 문제 65%, 어휘 문제 35%로의 비율로 출제됩니다. PART 5의 문법 문제는 주로 명사, 형용사, 부사의 자리 찾는 문제와 시제, 수동태, 수일치가 같이 혼합되어 있는 문제, 전치사와 접속사를 구별하는 문제 등이 가장 많이 나오므로, 문법 공부 시 이 점을 참고 중점적으로 공부하시면 큰 도움이 되죠. (문제 번호 : 101번 ~ 130번)

● 신토익 최신 기출 8회분 문법 분석표

	1회	2회	3회	4회	5회	6회	7회	8회	평균
품사	3	5	7	6	7	6	5	7	5.8
동사의 형태	4	5	4	3	4	5	4	3	4.0
전치사	5	3	2	3	2	3	2	5	3.1
접속사		3	2	1	1	1	3	1	1.5
절과 구			1	1	2	2			0.8
대명사	1	1	2	2	1	1	1	2	1.4

● 신토익 최신 기출 8회분 어휘 분석표

	1회	2회	3회	4회	5회	6회	7회	8회	평균
명사	7	3	3	3	3	3	3	3	3.5
동사	2	4	3	3	2	2	3	3	2.8
형용사	1		2	3	3	2	2	1	2.0
부사	3	1	2	1	2	1	1	1	1.5

PART 6는 짧은 글 속에 4문항씩 문제가 들어있고, 이러한 글이 4 세트로 총 16문항이 출제됩니다. PART 6에 등장하는 짧은 글은 PART 7의 글과 동일한 지문유형으로 특히, 기사, 공지, 안내문, 광고 등이 자주 출제됩니다. 이러한 글 속에 문장 삽입 문항이 반드시 1문제 포함되어 있고, 나머지 3문항은 문법 문제와 어휘문제가 출제됩니다. 문장 삽입을 포함하여 어휘 문제 역시 글의 흐름을 파악해야 풀 수 있는 문제가 출제되므로, 글의 맥락을 찾는 훈련을 하는 것이 좋아요. (문제 번호 : 131번 ~ 146번)

- 문법 문제 : 글의 흐름과 관련있는 문제가 출제
  연결사나 접속사의 출제 비중이 PART 5 보다 높음
- 어휘 문제 : 어휘 문제를 풀기 위해서는 문맥 전후 모두 파악
  빈칸 앞의 내용을 근거로만 풀면 오답 함정에 빠지기 쉬움

PART 7은 독해 문제로, 단일지문(Single Passage), 이중지문(Double Passage), 삼중지문(Triple Passage)로 구성되어 있고, 단일지문은 지문당 2-4문항의 문제가 출제되며 이중지문과 삼중지문은 각각 5문항씩 출제됩니다. 단일지문에 문장 삽입 유형과 문자 메시지 지문의 의도 파악 유형처럼 글의 흐름을 파악해야 풀 수 있는 유형이 추가되었으므로, PART 7을 기술적으로 풀려고 하기 보다는 전체적인 독해력을 늘리는 방향으로 공부를 하시는 것이 문제 푸는데 유리합니다. 또한, 이중지문과 삼중지문에 등장하는 연계문항은 난이도가 높은 만큼 배점도 높으므로 충분한 훈련을 통하여 문제 유형에 익숙해 져야 해요.

- Single Passages (문제 번호 : 147번 ~ 175번)

문항 구성	1개의 지문을 보고 2~4개의 질문에 답하는 형식 평균 10개의 지문이 나옴 (2문항 지문 : 4개, 3문항 지문 : 3개, 4문항 지문 3개)
내용	지문의 종류는 공고, 메일, 편지, 메모, 광고, 기사, 각종 양식 등 인데, 문자메시지(Text message chain 및 online discussion)와 같은 시대상을 반영한 새로운 유형의 지문이 2017년 5월 토익 이후로 새롭게 등장했어요.

- Double Passages (문제 번호 : 176번 ~ 185번)

문항 구성	서로 연관이 있는 2개의 지문을 읽고 5개의 질문에 답하는 형식 2개의 지문으로 구성된 세트가 2세트 출제
내용	편지와 편지, 광고와 편지, 메일과 메일 등 Single Passage에 나올 수 있는 지문 중 내용상 서로 관련이 있는 지문이 출제되요.

- Single Passages (문제 번호 : 186번 ~ 200번)

문항 구성	서로 연관된 3개의 지문을 읽고 5개의 질문에 답하는 형식 총 3 세트 15문항 출제
내용	Single Passage 에 출제 될 수 있는 다양한 지문 유형 중 서로 연관성 있는 3개의 지문이 출제되요. 3개의 지문 중 지문 1개는 "양식"이 포함된 경우의 비중이 높아요. 그러므로 삼중지문이라고 해서 꼭 어렵거나, 읽어야 할 내용이 많다고 할 수는 없어요.

Lesson 1

PART 5 & 6

[문장의 뼈대] 영어의 8품사

- 영어의 8품사

엣지만의 학습 목표

이런 것을 배워요~

1. 영어의 8품사가 무엇인지 이해할 수 있어요.
2. 각 품사의 역할과 위치를 명확히 알 수 있어요.

안녕하세요, 여러분~ 여러분의 어려운 영어를 쉽게 해결해드릴 엣지토익이에요.

영어. 말만 들어도 머리 아프죠? "영어 공부를 시작하려고만 하면 뭐가 뭔지 정리가 안 되고 머리에 하나도 들어오지 않아요."라고 호소하는 많은 학생을 보면, 영어의 용어조차 정리가 되지 않아서 더 어렵게 느끼는 경우가 많더라고요. 그런데, 그 용어만 정리해놓으면 영어가 생각보다 쉬워지기도 한답니다. 그래서 Lesson 1과 Lesson 2에서는 여러분이 어려워하시는 용어를 완전히 정리하고 시작할까 해요.

용어 정리라고 무시하지 마세요! 용어만 알아도 풀 수 있는 토익 문제가 있거든요!

그럼 한 번 출발해 보자고요~

영어의 8품사

1. 동사

문장의 뼈대를 이루는 단어로 주어의 움직임이나 상태를 나타내는 단어가 동사죠. 영어의 동사는 목적어가 필요 없는, 말 그대로 뼈대만 있어도 되는 동사(자동사)와 목적어를 필요로 하는, 통통한 살이 붙어있는 걸 원하는 동사(타동사)로 나눌 수 있어요. 이와는 별개로 "~이다"라는 의미의 be 동사도 있지요.

한국어

1. 김 씨는 호텔에 도착했다.
2. 편집자는 마감기한을 맞춰야 한다.
3. 그녀는 시험을 통과해서 기쁘다.

영어

1. Mr. Kim arrived at a hotel.
2. The editor must meet the deadline.
3. She is pleased to pass the exam.

❶ 도착하다 (arrive)는 목적어가 필요 없는 동사 - 자동사
❷ 충족시키다 (meet)는 목적어가 필요한 동사 - 타동사

❸ "~이다"라는 뜻의 be 동사는 가장 기본적으로 알아야 할 동사야. am과 is는 어떻게 구별해야 하는지 머리 아프다고요? "Lesson 7 동사의 이해" 편에서 be 동사를 자세히 배울 테니 조금만 기다려 주세요! 물론, 그 외에도 must(예문 2)와 같은 조동사나 부정형을 나타내는 동사들(not, do not …)도 있고, 생긴 게 비슷한 arrive와 arrived를 구별해야 하기도 하지만, 지금은 걱정하지 말고 Lesson 7까지 느긋하게 기다리면 돼요!

다음 문장에서 동사를 찾아 밑줄을 그으시오.

한국어	영어
1. 그녀의 펜은 노란색이다.	1. Her pen <u>is</u> yellow.
2. 김 씨는 오후 3시에 공항에 도착했다.	2. Mr. Kim <u>arrived</u> at the airport at 3 p.m.
3. 그는 회사의 제의를 받아들이지 않았다.	3. He <u>didn't accept</u> the company's offer.

1. is
2. arrive
3. didn't accept (동사를 부정형으로 만들어주는 do not, does not, did not도 동사랍니다)

2. 명사

명사는 사람이나 사물의 이름을 일컫는 말인데 Book(책), information(정보), company(회사) 등처럼 명사는 문장 안에서 주어, 보어, 목적어의 역할을 담당하고 있어요. 명사에 대한 자세한 내용은 Lesson 3에서 다룰 예정이에요~

한국어	영어
1. Rosa의 식당은 보수를 위하여 다음 주에 문을 닫는다.	1. <u>Rosa's Bistro</u> (주어) will be closed next week for renovation.
2. Nations around the World는 이 지역에서 다섯 번째로 널리 배포되는 잡지이다.	2. <u>Nations around the World</u> (주어) <u>is</u> (동사) the fifth most widely distributed <u>magazine</u> (보어) in this region.
3. 수리 견적서를 꼼꼼하게 살펴봐 주세요.	3. Please review <u>the repair estimate</u> (목적어) carefully.

 다음 문장에서 명사를 찾아 밑줄을 긋고 그 역할을 쓰시오.

한국어	영어
1. 한 여자가 소파에 앉아있다.	1. A woman is sitting on the sofa.
2. 그의 취미는 요리이다.	2. His hobby is cooking.
3. Edge 회사는 동기 부여된 직원들을 찾고 있다.	3. Edge Company is looking for motivated workers.

1. a woman: 주어, the sofa: 목적어
2. hobby: 주어, cooking: 보어
3. workers: 목적어

3. 대명사

영어는 같은 말을 반복하는 걸 무척 싫어해요. 그때 명사의 반복을 피하기 위해 쓰는 게 대명사죠.

I(나), you(너), he(그), she(그녀), it(그것), we(우리), they(그것들) 등의 단어들이 대표적인 예죠. 대명사는 명사만 대신하거든요. 이걸 "명사를 받아준다"고 하기도 하고요. 문장 속에서의 역할은 명사와 동일하게 주어, 보어, 목적어예요.

한국어	영어
1. 김 씨는 엣지 회사에 입사하자마자, 그는 책임자로 승진하였다.	1. As soon as he joined Edge Company, Mr. kim was promoted to a supervisor. (he: 대명사)
2. 조사서를 작성하신 후에, 그것을 고객 관리 부서로 바로 보내주십시오.	2. After completing the survey, please send it directly to the customer service department. (it: 대명사)

Lesson 1 · 19

4. 형용사

명사나 대명사의 성질이나 상태를 묘사하는 단어예요. "명사"와 "대명사"의 상태를 설명하므로 명사와 대명사를 수식하거나 상태를 묘사해요.

한국어	영어
1. 이번 결과는 신뢰할 만하다.	1. This result is <u>reliable</u>. (주어의 상태 설명)
2. 그는 창백해 보인다.	2. He looks <u>pale</u>. (주어의 상태 설명)

 **다음 문장에서 형용사를 찾으시오.**

한국어	영어
1. 그녀는 숙련된 기술자이다.	1. She is an experienced technician.
2. 그는 그의 누이만큼 유명하다.	2. He is as famous as his sister.
3. 신입사원들은 어려운 과제들을 끝냈다.	3. New hires finished challenging tasks.

1. experienced (명사인 technician을 수식하는 형용사예요)
2. famous (대명사인 He의 상태를 서술하는 형용사예요)
3. New, challenging (new는 명사인 hires(신입사원)를 수식하는 형용사고, challenging(어려운)은 명사 tasks를 수식하는 형용사예요)

5. 부사

명사와 대명사를 수식하는 게 형용사라면 동사, 형용사 및 다른 부사를 수식하는 건 부사의 역할이죠.

한국어

1. 박 씨는 그의 세 참고인에 의해 매우 추천되었다.
2. 그녀는 매우 조용한 마을에 산다.

영어

1. Mr. Park has been <u>highly</u> recommended by all three of his references.
   (부사)
2. She lives in a <u>very</u> quiet village.
   (부사)

다음 문장에서 부사를 찾으시오.

한국어

1. 그는 회사의 새로운 정책들에 전적으로 동의했다.
2. 안타깝게도, 그녀는 이번 시험에 낙방했다.
3. 50센티면 충분히 길다.

영어

1. He strongly agreed with the company's new policies.
2. Unfortunately, she failed this exam.
3. 50 centimeter is long enough.

1. strongly (동사 agrees를 수식)
2. Unfortunately (문장 전체를 수식)
3. enough (형용사 long을 수식)

6. 전치사

전치사는 명사 앞에서 시간, 방향, 장소 등을 나타내는 단어로 한국어에는 없는 개념이죠. in, for, to 등의 하나로 이루어진 전치사도 있지만, out of, according to, in place of 등과 같이 두 단어 이상으로 구성된 전치사도 있어요.

한국어	영어
1. Sedgell 회사는 런던에 세 번째 사무실을 열 것이다.	1. Sedgell Ltd. will open its third office in London. (in: 전치사)
2. 이 소책자는 우리 조명 장비에 관하여 많은 정보를 담고 있다.	2. This booklet has plenty of information regarding our line of lighting equipment. (regarding: 전치사)

다음 괄호 안의 알맞은 전치사를 고르시오.

한국어	영어
1. 오랜 협상 후에, 김 씨는 큰 계약을 성사시켰다.	1. (Before / After) a long negotiation, Mr. Kim closed a big deal.
2. 다섯 번째 직업 박람회가 Rose 대회의장에서 열릴 것이다.	2. The fifth job fair will be held (in / on) the Rose Conference Hall.
3. 그 대표는 우리 회사에 4월 5일에 방문할 예정이다.	3. The representative will visit our company (on / at) April 5.

1. After (해석 상 오랜 협상 이후에 계약이 성사 되는 것이 맞아. 그러므로 정답은 after)
2. in (Rose 대회의장 안에서 열리는 것이므로 '~안에'라는 의미의 in이 정답이죠)
3. on (날짜 표현 앞에는 항상 전치사 on이 나와요)

7. 접속사

접속의 뜻이 뭔지는 다들 아시죠? 무언가를 이어준다는 의미예요. 그래서 접속사는 단어, 구 그리고 문장들을 서로 이어주는 단어입니다.

한국어

1. 나의 취미는 책읽기와 요리이다.
2. 당신의 멤버십 카드를 받고 나면, 우리 웹사이트에서 수많은 혜택을 누리게 될 것이다.

영어

1. My hobbies are reading <u>and</u> cooking.
   _{접속사}
2. You will enjoy many benefits from our website <u>once</u> you get your membership card.
   _{접속사}

 다음 괄호 안의 알맞은 전치사를 고르시오.

한국어

1. Jill과 Chris는 둘 다 나의 좋은 친구이다.
2. 궁금한 점이 있으시면, 고객 센터로 전화 해주세요.
3. 그는 20살 때부터 쭉 경찰관으로 일해왔다.

영어

1. (Both / Neither) Jill and Chris are good friends of mine.
2. Please contact the customer service center (if / that) you have any questions.
3. He has served as a police officer (after / since) he was 20 years old.

1. Both (both A and B는 'A, B 둘 다'라는 의미예요)
2. if ('~한다면'이란 의미의 접속사는 'if'이죠. 보통 조건의 접속사라고 하죠)
3. since ('~한 이래로 쭉'이라는 의미의 접속사로 현재완료 시제와 같이 잘 쓰이는 접속사예요)

이렇게 7품사가 끝나고 나머지 하나의 품사는 감탄사인데, 우리도 놀라운 것을 보거나 했을 때 사용하는 표현 "우와!" 같은 "oh!" 등이 있지요. 그런데 감탄사는 토익시험에는 출제되지 않으므로 생략할게요~

지금까지 품사와 문장의 구성성분에 대한 용어를 한번 훑어봤는데 어때요? 한 번 읽어서는 잘 모르겠다고요? 맞아요. 한 번으로는 잘 모를 수 있지요. 그러니 본격적으로 문법 진도를 나가기 전에 이 단원의 내용을 3번만 읽어보고 시작하자고요!!! 수영하기 전에 준비운동이 반드시 필요하듯 문법 공부의 준비운동을 3번 한다는 의미로 읽어보고 또 읽어보고 또... 그럼 본격적인 토익 공부에 들어가자고요~~.

토익 기초 뛰어넘기

1 The _____ for the company's 5th anniversary will be sent to all employees.
(A) invitation
(B) inviting

2 Inspectors found that the new heating system is less _____ than the old one.
(A) effective
(B) effectively

3 All employees should _____ the company regulations.
(A) follows
(B) follow

4 The meeting will be held _____ 3 p.m.
(A) in
(B) at

5 _____ it rains tomorrow, the event will be postponed to next Monday.
(A) If
(B) After

토익 기초 뛰어넘기

6 _____, he had a car accident on his vacation.

(A) Unfortunate

(B) Unfortunately

7 Big Burgers has many _____ in Paris.

(A) locations

(B) located

8 The new printer, AT-4, is very _____.

(A) reliable

(B) reliably

9 Please _____ a coupon for your next shopping experience in the envelope.

(A) finding

(B) find

10 Our team achieved the goal _____ the economic recession.

(A) despite

(B) although

토익 기초 뛰어넘기 정답과 대본

1 회사의 5번째 기념일의 초대장이 모든 직원들에게 발송될 것이다.

정답 (A)
어휘 • anniversary 기념일 • company 회사 • be sent 보내지다
해설 전치사 of 앞에는 명사가 나와요. A of B는 B의 A라고 해석해요.

2 조사관들은 새로운 난방 시스템이 예전 것보다 덜 효율적이라는 것을 알아냈다.

정답 (A)
어휘 • Inspector 조사관 • heating system 난방시설 • less 덜 ~한 • old one 예전 것
해설 be 동사(is) 뒤에는 형용사가 나오지요.

3 모든 직원들은 회사 규정을 따라야만 한다.

정답 (B)
어휘 • regulation 규칙
해설 조동사(should) 뒤에는 동사원형이 나오죠. 동사원형은 동사의 뒤에 아무것도 붙이지 않은 것을 뜻해요.

4 미팅은 오후 3시에 열릴 것이다.

정답 (B)
어휘 • be held 열리다, 개최되다
해설 정확한 시각 앞에는 전치사 at을 사용하죠. in은 "~안에"라는 의미예요.

5 내일 비가 오면, 그 이벤트는 다음 주 월요일로 연기될 것이다.

정답 (A)
어휘 • event 행사 • be postponed 연기되다, 뒤로 미루어지다
해설 빈칸 뒤에 완벽한 문장(it rains tomorrow)이 나왔네요. 완전한 문장을 이끄는 품사는 접속사예요. 해석해보면 if가 어울려요.

토익 기초 뛰어넘기 정답과 대본

6 불행하게도, 그는 휴가 동안에 자동차사고를 당했다.

정답 (B)

어휘 • have a car accident 자동차 사고를 당하다 • on one's vacation ~의 휴가 동안에

해설 완전한 문장을 수식하는 건 부사의 역할이죠.

7 Big Burgers는 파리에 많은 지점을 가지고 있다.

정답 (A)

어휘 • location 지점

해설 has라는 타동사 뒤에는 목적어가 와요. 목적어는 명사 형태를 주로 취해요.

8 새로운 프린터 AT-4는 매우 신뢰할 만하다.

정답 (A)

어휘 • reliable 신뢰할 수 있는

해설 be 동사 (is) 뒤에는 형용사가 와요.

9 봉투 안에 다음 쇼핑을 위한 쿠폰을 확인해 주세요.

정답 (B)

어휘 • coupon 쿠폰 • envelope 봉투

해설 Please 뒤에는 동사원형이 나와요.

10 우리 팀은 경제 침체에도 불구하고 목표를 달성했다.

정답 (A)

어휘 • achieve 성취하다 • goal 목표 • economic recession 경제 침체

해설 빈칸 뒤에 명사만 있군요. 명사 앞에는 전치사가 나오고 완전한 문장 앞에 접속사가 와요. 여기에는 전치사가 필요하죠.

토익 실전 마무리

1 There are fresh apples and oranges at the _____.

(A) marketing
(B) market
(C) marketer
(D) marketed

2 Cathy's restaurant will be closed until next month _____ a renovation.

(A) because
(B) while
(C) as for
(D) due to

3 An award-winning author, J. Faro's new book will be _____ soon.

(A) publisher
(B) publishing
(C) published
(D) publish

4 His assistant had to _____ his schedule because of an urgent meeting.

(A) work
(B) generate
(C) change
(D) achieve

5 To make a reservation, we need the _____ number of attendees.

(A) exactly
(B) exact
(C) exacting
(D) exactness

토익 실전 마무리

6 _____ you get your membership card, you will enjoy various benefits through our website.

(A) Then
(B) Always
(C) Next
(D) Once

7 The board of directors was pleased to learn that _____ have achieved this year's goals.

(A) we
(B) our
(C) us
(D) ours

8 Please answer the questions _____.

(A) quick
(B) quickly
(C) quicken
(D) quicker

9 The reopened restaurant is _____ different from the old one.

(A) total
(B) totally
(C) totaling
(D) totals

10 The _____ of the museum was approved by the mayor.

(A) expand
(B) expanded
(C) expanding
(D) expansion

토익 실전 마무리 정답과 대본

1 시장에 신선한 사과와 오렌지가 있다.

정답 (B)

어휘 • fresh 신선한 • apple 사과 • orange 오렌지 • there is/are + 주어 주어가 ~에 있다.

해설 전치사 at 뒤에는 명사가 나와야 하는데 the는 관사지 명사가 아니잖아요? 그래서 명사가 정답이 되어야 해요. (A) marketing 마케팅 (C) marketer 마케팅 회사 직원이므로 해석상 어색하죠. 그래서 정답은 (B)

2 Cathy 레스토랑은 보수공사 때문에 다음 달까지 문을 닫을 것이다.

정답 (D)

어휘 • renovation 보수, 수리

해설 빈칸 뒤에 명사 the renovation만 있으므로 전치사 자리예요. (A) because는 접속사이므로 해석은 맞을지라도 정답은 될 수 없어요. 토익 시험에 이런 유형의 보기가 자주 나오므로 꼭 염두에 두세요. 해석보다 우선시 되어야 할 것은 품사입니다!

3 수상 작가 J. Faro의 새 책이 곧 출간될 것이다.

정답 (C)

어휘 • award winning author 수상 경력이 있는 작가

해설 be 동사 뒤에 올 수 있는 단어는 ~ing / p.p.가 있어요. (D) publish와 같은 동사원형은 나올 수가 없죠. 또한, (A) publisher는 출판업체라는 뜻인데 book = publisher인 관계이므로 해석상 오답이에요. 해석해보면, '책이 출간될 것이다.' 수동이 자연스러우므로 정답은 (C)

4 그의 비서는 급한 미팅 때문에 그의 스케줄을 변경해야 했다.

정답 (C)

어휘 • assistant 비서 • schedule 스케줄 • urgent 긴급한

해설 his schedule을 목적어로 취할 알맞은 동사를 골라야 하는 문제예요. 스케줄을 변경하다가 좋겠죠? 그래서 정답은 (C) 예요. (A) work는 자동사여서 들어갈 수 없고, (B) generate(발생시키다)는 schedule을 목적어로 사용하기에는 어색해요. (D) achieve(성취하다) 역시 어색하죠.

5 예약을 하기 위하여 우리는 참석자의 정확한 숫자가 필요하다.

정답 (B)

어휘 • attendee 참석자

해설 명사 number 앞에 빈칸이므로 명사를 수식하는 형용사가 정답인 문제네요. 정답은 (B) exact가 형용사예요. (A) exactly 부사 (C) exacting 현재분사 (D) exactness 명사예요.

토익 실전 마무리 정답과 대본

6 당신은 당신의 멤버십 카드를 받고 나면, 우리의 웹사이트를 통해 다양한 혜택을 누릴 것이다.

정답 (D)

어휘 • enjoy 즐기다, 누리다 • various 다양한 • benefit 혜택 • through ~을 통하여

해설 빈칸 뒤에 완전한 문장 (you get your membership card) 가 나왔으므로 문장 앞에 나오는 접속사가 정답이에요. (A) Then 부사 (그때) (B) Always 부사 (항상) (C) Next 형용사, 부사(다음의, 다음에) (D) Once 접속사 (일단 ~한 이후에) 이므로 정답은 (D)

7 임원단들은 우리가 올해의 목표를 달성했다는 것을 알고 기뻐했다.

정답 (A)

어휘 • The board of directors 임원단

해설 achieve 동사 앞에 빈칸이라서 정답은 주격이어야 해요. (A) we 주격(우리는) (B) our 소유격(우리의) (C) us 목적격(우리를) (D) ours 소유대명사 (우리의 것) 이므로 정답은 (A)

8 질문에 빠르게 답변하시오.

정답 (B)

어휘 • answer 대답하다

해설 완벽한 문장을 수식하는 것은 부사의 역할이에요. 보기에서 ~ly로 끝나는 것이 부사이므로 정답은 (B)

9 재오픈한 레스토랑은 이전과는 완전히 다르다.

정답 (B)

어휘 • different from ~과 다르다

해설 형용사 수식은 부사가 하죠. 이번에도 정답은 (B) 부사예요.

10 그 박물관의 확장은 시장에 의해 승인되었다.

정답 (D)

어휘 • museum 박물관 • approve 승인하다 • mayor 시장 • expand 확장하다

해설 전치사 of 앞에도 명사가 쓰여야 해요. A of B B의 A라고 해석하면 되고요. 그래서 명사가 정답이죠.

Lesson 2

PART 5 & 6
[문장의 뼈대] 문장의 구성 성분

- 문장의 구성성분

엣지만의 학습 목표

이런 것을 배워요~

1. 문장의 필수성분인 주어, 동사, 목적어, 보어를 알아보아요.
2. 수식어를 구별할 수 있어요.

Lesson 1에서 품사를 정리했죠? 그러면 이제는 문장의 구성 성분이 어떻게 이루어지는지 살펴보자고요. 아… 그런데 겨우 품사 정리했는데 주어, 동사…. 이런 용어는 또 뭐냐고요? 그럼 이번에는 문장 구성 성분에 필요한 용어를 정리해 봐요.

문장의 구성 성분

1. 주어와 동사

(1) 주어

움직임이나 상태의 주체

보통 문장의 제일 앞에 나오는 말로 " ~은 / ~는 / ~이 / ~가"로 해석되는 단어예요.

한국어	영어
1. 당신이 이사 간다. 　　주어　　동사	1. You move. 　　주어　동사
2. 당신은 아름답습니다. 　　주어	2. You are beautiful. 　　주어　동사

자, 위의 표에서 보듯이 한국어와 영어는 다른 듯 비슷한 면도 있는데, 두 언어 모두 "주어 + 동사"로 문장이 시작한다는 거죠. 우리의 생각은 사실 "무엇이(주어) + "무엇을 했다(동사)"로 거의 모두 표현할 수 있거든요. 위의 문장에서는 you (당신이) 가 바로 주어예요.

(2) 주어가 될 수 있는 품사

> 명사, 대명사, 동명사, to 부정사, 명사절

먼저 한국어로 다양한 주어로 쓰인 문장을 볼까요? 문장을 읽으면서 주어에 밑줄을 그어보세요.

한국어

1. <u>서울은</u> 한국의 수도이다.
   (주어)

2. <u>그는</u> 이 지역의 우두머리 매니저이다.
   (주어)

3. 의사소통 기술을 <u>향상시키는 것은</u> 매우 중요하다.
   (주어)

4. 매일 <u>연습하는 것이</u> 필요하다.
   (주어)

영어

1. <u>Seoul</u> is the capital city of South Korea.
   주어: 고유명사가 주어인 경우

2. <u>He</u> is the chief manager of this region.
   주어: 대명사가 주어인 경우

3. <u>Improving</u> communication skills is very important.
   주어: 동명사가 주어인 경우

4. <u>To practice</u> every day is necessary.
   주어: to 부정사가 주어인 경우

   → <u>It</u> is necessary <u>to practice</u> every day.
   가주어   진주어

승희쌤의 꿀팁! 영어는 주어가 긴 것을 무척 싫어해요. 그래서 원칙적으로는 to 부정사가 주어로 쓰일 수는 있지만 to 부정사가 주어로 쓰이면 길어지므로 가주어 It을 앞에 쓰고 진주어 to 부정사를 뒤로 빼죠.

 다음 문장에서 주어를 찾아 밑줄을 그으세요.

한국어

1. 영업 매니저는 Johnson 씨가 최종 보고서를 제출하지 않은 것을 알고 있었다.

2. 그녀는 영어를 통달하는 데 3년이 걸렸다.

3. 아파트를 짓는 것은 어렵다.

영어

1. The sales manager knew that Mr. Johnson didn't submit the final report.

2. It took 3 years for her to master English.

3. Building apartments is very difficult.

1. The sales manager (일반 명사가 주어인 경우)
2. to master (to 부정사가 주어인 경우)
3. Building (동명사가 주어인 경우)

(3) 동사: 움직임이나 상태를 나타내는 단어

한국어에서는 동사가 제일 마지막에 나오지만, 한국어와는 다르게 보통 영어에서는 주로 주어 다음에 바로 동사가 나와서 주어의 움직임이나 상태를 설명해요. 이 점이 한국어와 가장 큰 차이점이에요.

한국어: 나는 영어공부를 한다.
영　어: I study English.

순서가 다르죠? 영어가 어렵게 느껴지는 이유가 바로 여기에서부터 시작해요. 그러므로, 영어를 잘 하고 싶다면 한국어 어순과 영어의 어순의 다른 점을 파악하고, "영어의 어순"대로 생각하고 말할 수 있어야겠죠? 기억하세요~ 영어는 주어+동사의 순서랍니다~.

2. 보어와 목적어

흔히, 주어와 동사를 "문장의 뼈대"라고 하지요? 물론, 뼈대가 중요하지만, 그 뼈대 위에 살이 없다면 얼마나 징그러울까요? 뼈만 앙상한 닭다리…. 화나지 않나요? 튼튼한 뼈대 위의 통통한 살! 그게 바로 목적어와 보어라고 생각하면 이해하기 쉬울 것 같아요. 물론 뼈대만으로 완벽한 경우도 있어요. (주어 + 동사만으로도 완전한 문장이 될 수 있다는 의미야.) 하지만 목적어나 보어가 문장에 포함되는 경우가 대부분이죠.

(1) 목적어가 될 수 있는 품사

명사, 대명사, 동명사, to 부정사, 명사절

동사나 전치사의 대상이 되는 말이에요.

한국어
1. 나는 <u>영어를</u> 가르친다.
   　　목적어
2. 그는 <u>배우가 되기를</u> 원한다.
   　　　목적어
3. 나는 <u>그가 배우였다는 것을</u> 알고 있다.
   　　　목적어

영어
1. I teach <u>English</u>.
   　　　목적어
2. He wants <u>to be</u> an actor.
   　　　목적어
3. I know <u>that he was an actor</u>.
   　　　목적어

목적어는 "~을 / ~를"로 해석돼요. 동사의 대상이 되는 말이 바로 목적어니까요. 그런데 위의 예문에서 보듯이 목적어가 반드시 명사로만 되어 있는 것은 아니에요. 예문 1처럼 명사(English)가 목적어가 되는 것은 당연하고, 예문 2처럼 to 부정사가, 예문 3처럼 문장이 목적어가 될 수 있어요.

(2) 보어

주어와 목적어의 부족함을 보충해 주는 말이에요.

한국어	영어
1. 나는 <u>선생님</u>이다. (보어)	1. I am a teacher.
2. 그는 무척 <u>외롭</u>다. (보어)	2. He feels so lonely.

　한국어의 "~이다."라는 단어는 영어에서 be 동사라고 해요. 한국어도 "~이다"라는 말만으로는 의미전달이 어렵잖아요? 영어도 마찬가지예요. 그래서 주로 be 동사 뒤에서 그 의미를 보충해주는 단어를 보어라고 하죠. 보어는 be 동사 말고도 2형식 및 5형식 동사 뒤에 주로 나와서 의미를 보충해주는데 이러한 동사들은 다음 장에서 배울 거예요.

 음… 그런데 명사는 뭐고 주어는 뭐냐고요? 헷갈린다고요? 그렇다면 이렇게 생각해봅시다. 제 이름은 "선승희"인데요. "선승희"는 사람의 이름이니까 명사죠. 그런데 제가 학원에 있을 때, 저의 역할은 "강사"가 되고, 집에 있을 때는 "딸"이 되죠. 사람은 "선승희" 한 명이지만 어디에 있느냐에 따라 역할이 달라지잖아요? 그러니 "선승희"는 명사고, 명사가 있는 위치에 따라 그 명사의 역할이 "주어", "목적어" 또는 "보어"가 되는 거죠.

 다음 문장에서 목적어를 찾아 밑줄을 그으세요.

한국어	영어
1. 나는 그녀를 좋아한다.	1. I like her.
2. 그는 의사가 되는 것을 원한다.	2. He wants to be a doctor.
3. Lopez 씨는 요리를 즐긴다.	3. Ms. Lopez enjoys cooking.
4. 모든 사람들이 지구가 둥글다는 것을 안다.	4. Everybody knows that the earth is round.

1. her (대명사가 목적어가 된 경우로, 타동사 like의 목적어로 쓰였어요)
2. to be (to 부정사가 목적어가 된 경우로, 타동사 want의 목적어로 쓰였어요)
3. cooking (동명사가 목적어가 된 경우로, 타동사 enjoy의 목적어로 쓰였어요)
4. that the earth is round (목적절이 목적어가 된 경우로 타동사 knows의 목적어로 쓰였어요)

3. 수식어

(1) 명사를 수식하는 수식어

형용사, to 부정사, 분사, 형용사절

한국어

1. 한 씨는 키가 큰 여성이다. (형용사)
2. 마실 물이 충분히 있다. (형용사)
3. 계약자는 이번 주말까지 수정된 계약서를 받기를 원한다. (형용사)
4. 1998년에 설립된 Jenny's Ice Cream은 전 세계에 많은 지점을 가지고 있다. (형용사)

영어

1. Ms. Han is a tall woman. (형용사가 명사를 수식하는 경우)
2. There is enough water to drink. (To 부정사가 명사를 수식하는 경우)
3. The contractor wants to receive the revised contract by this weekend. (분사가 명사를 수식하는 경우)
4. Jenny's Ice Cream, which was founded in 1998, has many branches around the world. (형용사절이 명사를 수식하는 경우)

(2) 동사, 형용사, 문장 전체를 수식하는 수식어

부사, to 부정사

한국어

1. 한율이는 빨리 달릴 수 있다. (부사)
2. 여름에는 기온이 매우 높다. (부사)
3. 다행이도, 그녀는 콘서트의 마지막 티켓을 구입할 수 있었다. (부사)

영어

1. Hanyul can run fast. (동사를 수식하는 부사)
2. The temperature is very high in summer. (형용사를 수식하는 부사)
3. Fortunately, she was able to get the final ticket for the concert. (문장 전체를 수식하는 부사)

 **다음 괄호 안의 단어 중 올바른 것을 고르시오.**

한국어	영어
1. 나는 작년에 대학교를 졸업했다.	1. I graduated from university (previous / previously) year.
2. 우리 레스토랑은 편리한 곳에 위치하고 있다.	2. Our restaurant is (convenient / conveniently) located.
3. 그녀는 광고 회사에 지원하는 데 관심이 있다.	3. She is (interest / interested) in applying to an advertising company.

1. previous (뒤에 나오는 year을 수식해야 하므로 형용사가 정답이어야 하죠. 문제를 풀 때, 해석도 좋지만, 어느 품사가 들어가야 하는 자리인가 문법적으로 생각하는 것이 중요해요. previous year 작년에)

2. conveniently (p.p.(located)를 수식하는 품사는 부사예요. 부사는 명사를 제외하고 나머지 모두를 꾸며줄 수 있죠)

3. interested (be(is) 동사 뒤에는 형용사가 나와야 하죠. interest는 명사 혹은 동사만 되고 형용사는 될 수 없어요. interested처럼 동사원형 +ed를 분사라고 하는데 분사도 형용사 역할을 해요. 분사는 Lesson 14에서 자세히 다룰 예정이에요)

토익 기초 뛰어넘기

1 Please _____ her know if you finish the project.
(A) let
(B) let's

2 _____ is the key to becoming a successful company.
(A) Reliable
(B) Reliability

3 The _____ view of Rocky Mts. is one of the reasons many travelers visit here.
(A) great
(B) greatly

4 _____ the relationship between labor and management is difficult.
(A) Manager
(B) Managing

5 Please let me know if _____ will attend the meeting on Monday.
(A) she
(B) her

토익 기초 뛰어넘기

6 Many economists _____ production methods will be changed in the future.

(A) prediction

(B) predict

7 AZ Mart is offering its _____ customers a 20% discount until the end of this week.

(A) regular

(B) regularly

8 Sunshine hotel is _____ located so many business people like it.

(A) convenient

(B) conveniently

9 You can place an _____ through our website 24 hours a day.

(A) order

(B) ordering

10 Call National Inc. announced the _____ of Blue Printer will discontinue.

(A) produce

(B) production

토익 기초 뛰어넘기 정답과 대본

1 당신이 그 프로젝트를 끝내면 그녀에게 알려주세요.

정답 (A)

어휘 • know 알다 • if 만약 ~ 한다면 • project 프로젝트

해설 please 뒤에는 무조건 동사원형이 나와야 하죠. Let + 목적어 + 동사원형에서 let은 사역동사로 ~하도록 시키다라는 의미이고 let's + 동사원형은 '~합시다'의 청유문이에요.

2 신뢰성은 성공적인 회사가 되기 위한 핵심이다.

정답 (B)

어휘 • the key to 명사: 명사에 대한 핵심 • successful 성공적인

해설 동사 앞은 주어 자리예요. 그러니 보기 중 명사를 골라야 해요. (A) Reliable 형용사로 '신뢰할만한'의 의미이고 (B) Reliability 명사로 '신뢰성'이라는 뜻이에요.

3 Rocky 산맥의 엄청난 광경은 많은 방문객들이 찾는 이유 중 하나이다.

정답 (A)

어휘 • view 관점 • reason 이유, 근거 • traveler 여행객

해설 명사 view를 수식하는 건 형용사죠. 부사가 아니죠. 그러니 정답은 형용사예요.

4 노사 간의 좋은 관계를 유지하는 것은 어렵다.

정답 (B)

어휘 • relationship 관계 • labor 노동 • management 관리

해설 조금 어려운 문제였죠. 마치 문장이 완벽해 보여 더 필요한 단어가 없을 것 같지만 빈칸은 the good relationship을 목적어로 갖는 동명사 주어 자리예요. Managing은 '유지하는 것'이라는 의미의 동명사예요. 그런데 빈칸에 manager를 넣으면 의미 전달이 어렵죠. 목적어를 갖는 명사가 동명사라는 것을 기억하세요.

5 월요일에 그녀가 미팅에 참석할지 아닌지를 저에게 알려주세요.

정답 (A)

어휘 • attend 참석하다 • meeting 회의

해설 동사 will attend 앞에는 주어가 나와야 하죠. (A) she는 주격이고 (B) her은 소유격이거나 목적격이죠. 그러니 정답은 (A) 예요.

토익 기초 뛰어넘기 정답과 대본

6 많은 경제학자들은 미래에는 생산방식이 변화될 것이라고 예측한다.

정답 (B)
어휘 • economist 경제학자 • production 생산 • method 방법
해설 주어(many economists) 뒤에는 동사가 나오죠.

7 AZ 마트는 이번 주까지 단골 고객들에게 20% 할인을 제공하는 중이다.

정답 (A)
어휘 • customer 고객 • discount 할인
해설 명사 customers를 수식할 수 있는 품사는 형용사예요. regular customer는 단골 고객이라는 의미로 동의어에는 frequent customer = loyal customer = patron이 있어요. 빈출 어휘이므로 암기하세요.

8 Sunshine 호텔은 편리한 곳에 위치하고 있어서 많은 직장인들이 좋아한다.

정답 (B)
어휘 • be located 위치하고 있다 • businessmen businessman의 복수 사업가들
해설 be _____ p.p. 사이에 올 수 있는 품사는 부사예요. 부사 자리는 암기하면 정말 빠르게 문제를 풀 수 있어요. 부사 자리는 Lesson 6 부사 편에서 자세히 배울 거예요.

9 당신은 우리의 웹사이트를 통하여 하루 24시간 동안 주문을 할 수 있습니다.

정답 (A)
어휘 • put an order 주문하다 • through ~을 통하여
해설 타동사 put 뒤에는 목적어가 나오죠. 목적어가 될 수 있는 품사는 명사예요. 그런데 (B) ordering도 동명사로 명사 역할을 할 수 있죠. 이렇게 보기에 명사와 동명사가 같이 나오면 [명사 우선의 법칙]이 있어요. 명사 자리가 정답인 경우 동명사보다 명사가 우선시 된다는 의미예요.

10 Call National 회사는 Blue Printer의 생산을 중단할 것이라고 발표했다.

정답 (B)
어휘 • announce 발표하다 • discontinue 그만두다
해설 A of B의 형태의 문제는 앞에서도 여러 번 풀어본 적이 있죠? A of B에서 A, B 둘 다 품사는 명사가 들어가야 해요. 그러므로 정답은 명사여야 하죠.

토익 실전 마무리

1 An _____ will visit our company in order to check our refinery system.

(A) inspect
(B) inspecting
(C) inspection
(D) inspector

2 The south wing will be unavailable until the end of this month while it _____ .

(A) is being renovated
(B) renovation
(C) renovating
(D) renovates

3 This newest high-quality monitor shows _____ colors on the screen.

(A) stun
(B) stunning
(C) stunned
(D) stuns

4 It is strongly recommended that the tickets for Anna's music festival be purchased in _____ .

(A) advance
(B) advanced
(C) advancing
(D) advances

5 Johnston can renew his _____ if he wants to lease the same apartment.

(A) contract
(B) contractor
(C) contracted
(D) contracting

토익 실전 마무리

6 It is top priority to improve _____ skills.

(A) communicate
(B) communicating
(C) communication
(D) communicated

7 The number of participants _____ decreased due to the bad weather.

(A) consider
(B) considerable
(C) considerably
(D) considerate

8 KD Electronics _____ the best internship programs to students.

(A) offer
(B) offers
(C) offering
(D) had offered

9 This workshop gives employees the opportunity _____ the CEO in person.

(A) meet
(B) to meet
(C) met
(D) will met

10 Chef Ramsay's dishes are known to be very _____ in flavor and nutrition.

(A) rich
(B) richly
(C) richer
(D) richest

토익 실전 마무리 정답과 대본

1 조사관은 우리의 정화 시스템을 확인하기 위하여 회사를 방문할 것이다.

정답 (D)

어휘 • visit 방문하다 • in order to ~하기 위하여 • refinery 정화

해설 동사 will visit 앞자리이므로 주어가 되는 명사가 정답이에요. 보기 중 명사는 (C) Inspection 조사 (D) Inspector 조사관 이렇게 두 개가 있군요. 동사 visit에 어울리는 명사는 사람이겠죠?

2 남쪽 별관은 수리하는 중이므로 이번 달 말까지 사용할 수 없습니다.

정답 (A)

어휘 • wing 별관 • unavailable 이용할 수 없는

해설 while은 접속사예요. 접속사 뒤에는 문장이 나오죠. 그러니 it 뒤에는 알맞은 동사가 나와야 해요. 별관은 "수리를 당하다" 수동태로 해석하는 것이 자연스러우니 정답은 (A)가 돼요. is being p.p. 는 현재 진행의 수동태 형태예요. 수동태는 Lesson 10에서 자세히 배우게 되니 지금 모른다고 너무 걱정하실 필요 없어요.

3 최신의 고품질 모니터는 화면에 놀랄만한 색채를 보여준다.

정답 (B)

어휘 • high-quality 고품질 • monitor 모니터, 감시하다

해설 colors라는 명사를 수식할만한 품사는 형용사죠. (B) stunning '놀라운'은 사물만 수식하는 형용사이고요. (C) stunned '놀란'은 사람만 수식하는 형용사예요.

4 Anna의 음악 페스티벌의 티켓은 미리 구매할 것을 매우 추천합니다.

정답 (A)

어휘 • strongly 강력하게 • recommend 추천하다 • festival 페스티벌

해설 전치사 뒤에는 품사는 명사가 나와요. In advance는 '미리'라는 의미로 관용표현이에요. 그래서 (D) advances는 정답이 될 수 없어요.

5 Johnston이 같은 아파트를 임대하기를 원한다면, 그의 계약을 갱신할 수 있다.

정답 (A)

어휘 • renew 갱신하다 • lease 임대하다

해설 renew라는 타동사 뒤에는 목적어가 나오죠. 목적어가 될 수 있는 품사는 명사예요. 보기에 명사는 (A) contract 계약 (B) contractor 계약자가 있어요. '갱신하다'라는 동사의 목적어는 사물이 좋겠죠.

토익 실전 마무리 정답과 대본

6 의사소통 기술을 향상시키는 것이 최우선시됩니다.

- 정답 (C)
- 어휘 • top 최고의 • priority 우선순위 • improve 향상시키다 • skill 기술
- 해설 명사 + 명사를 복합명사라고 해요. 명사 두 개가 합쳐져서 새로운 의미를 나타내는 단어의 조합이죠. communication skill 의사소통 기술이라고 암기해 두자고요.

7 좋지 않은 날씨로 인해 참가자들의 숫자가 현저하게 줄어들었다.

- 정답 (C)
- 어휘 • participant 참가자 • decrease 줄이다 • due to ~ 때문에
- 해설 동사 decreased를 수식하는 품사는 부사예요. 부사는 보통 ~ly로 끝나요.

8 KD 전자회사는 학생들에게 최고의 인턴십 프로그램을 제공한다.

- 정답 (B)
- 어휘 • internship program 인턴십 프로그램
- 해설 주어 뒤에는 동사가 나오죠. KD Electronics는 단수일까요? 복수일까요? 단어 제일 끝에 ~s가 붙어있어서 복수라고 생각할 수 있으나 대문자 Electronics는 ~전자회사를 의미해요. 즉, 대문자로 시작하는 고유명사는 ~s로 끝나도 단수 취급이에요.

9 이번 워크숍은 직원들에게 CEO를 직접 만날 수 있는 기회를 제공한다.

- 정답 (B)
- 어휘 • workshop 워크숍 • opportunity 기회 • in person 직접
- 해설 opportunities라는 명사를 뒤에서 수식하는 to 부정사예요. opportunity to do ~할 기회라고 암기하세요.

10 Ramsay 주방장의 음식은 영양가와 맛이 매우 풍부하기로 유명하다.

- 정답 (A)
- 어휘 • flavor 맛 • nutrition 영양가
- 해설 be 동사 뒤에는 형용사가 나오죠. (C) richer는 더 부유한, 풍부한 이라는 비교급이고 (D) richest는 가장 부유한, 풍부한 이라는 최상급이에요. 비교급은 비교의 대상 (than ~)이 함께 나와야 하고 최상급은 앞에 the가 나오죠. 그러므로 모두 오답이에요.

Lesson 2 • 47

Lesson 3

PART 5 & 6

theme

[품사] 명사

1. 명사의 역할
2. 명사의 형태

엣지만의 학습 목표

〔 이런 것을 배워요~ 〕

토익시험 RC의 PART 5, 6에는 늘 시험에 출제되는 문제 유형이 있어요. 그렇다면 늘 시험에 출제되는 문제 유형을 알아두면 당연히 시험이 쉬워지고 점수가 팍팍 오르겠죠? 그렇다면 늘 시험에 출제되는 문제 유형이 무엇이냐고요? 바로 품사의 자리 찾기 유형이에요. 그중에서도 매달 2문제 이상 꼬박꼬박 출제되는 문제 유형이 바로 명사 자리 찾기 유형이에요. 그러므로 이번 단원의 학습 목표는

1. 명사의 형태를 이해해보아요.
2. 명사가 나오는 자리를 알아보아요.
3. 가산 명사 vs 불가산 명사의 특징을 이해할 수 있어요.

모든 사람과 사물에는 이름이 있지요. 이게 바로 명사예요. 우리 모두 "토익 점수"를 잘 받는 것이 "소원"이죠? 이런 식으로 우리가 어떤 문장의 구성할 때는 반드시 [명사]가 들어가게 마련이에요. 그래서 이번 단원에서는 명사란 무엇이고 어떤 역할을 하는지, 토익시험에 자주 출제되는 명사의 시험 유형에는 무엇이 있는지 공부하려고 해요.

명사는 앞에서 공부했듯이 사람이나 사물의 이름을 나타내지요. 그럼 토익 시험에서 명사가 어떻게 출제되는지 우선 한국어 버전으로 만나볼까요?

1 명사의 역할

1. 주어

〔 한국어 〕

1. 많은 (분석가들 / 분석하다)은 원유가격이 곧 오를 것이라고 예상한다.
2. (참석 / 참가자들)은 입장 시 초대장을 제시해야만 한다.

〔 영어 〕

1. Many (analysts / analyze) predict that the oil price will rise soon.
2. The (attendance / attendees) must present their invitations when entering the building.

한국어로 보면 전혀 어려운 문제가 아닌데 영어라서 더 긴장되는 건 아니었을까요? 한국어 버전을 보니 어렵지 않죠?

문장의 제일 첫머리에는 문장의 "주어"가 나오잖아요? 그 주어를 담당하는 품사가 바로 "명사"예요. 그러니 문제의 빈칸이 모두 문장 첫머리에 있으니 당연히 명사가 정답이겠죠?

그래서 1번 문제는 분석가 (analysts)가 정답이에요. 그런데 2번 문제는 [참석], [참가자들] 모두 명사잖아요? 이럴 땐 조금 해석을 해봐야죠. 동사만 보면 금방 답이 나오죠? "제시하다"라는 동사와 어울리는 건 사람 명사니까 참가자들(attendees)이 정답이에요.

2. 목적어

명사는 타동사와 전치사의 목적어 역할을 해요. 앞에서 동사를 잠깐 배워봤죠? 동사는 크게 자동사와 타동사로 나뉘는데, 그중 목적어가 필요한 동사가 **타동사**예요.

한국어	영어
1. 신입사원들은 회사 (규정 / 규제하다)을 준수해야 한다.	1. New hires should observe the company (regulations / regulate).
2. 모든 직원들은 봉사(활동했다 / 활동)에 참가했다.	2. All employees took part in the charity (acted / activities).

한국어로 보면 별거 아니죠? 1번 문제의 observe라는 동사는 타동사예요. 그래서 목적어가 필요하죠. 빈칸은 목적어 자리이므로 명사인 regulations가 정답이에요.

2번은 전치사 in 뒤에도 전치사의 목적어인 명사가 필요한 자리예요. 그러므로 정답은 activities가 되는 거죠.

 시험에 자주 출제되는 명사의 자리는?
1. 동사 앞이나 문장의 제일 앞: 주어 자리
2. 타동사나 전치사 뒤: 목적어 자리

 **다음 빈칸에 들어갈 알맞은 단어를 고르시오.**

한국어

1. 상품이 손상되지 않았다면, 당신은 _____을 받을 수 있다.

   (A) 환불　　　　(B) 환불하기 위해
   (C) 환불하는 것　(D) 환불된

2. 그녀의 _____는 인상적이다.

   (A) 제안하는 것　(B) 제안하다
   (C) 제안　　　　(D) 제안된

3. 당신은 우리의 웹사이트에서 다양한 _____를 발견할 것이다.

   (A) 알려주다　　(B) 유익한
   (C) 알려주기　　(D) 정보

영어

1. If the product is not damaged, you can get a _____.

   (A) refund　　　(B) to refund
   (C) refunding　　(D) refunded

2. Her _____ is impressive.

   (A) suggesting　(B) suggest
   (C) suggestion　(D) suggested

3. You will find diverse _____ on our website.

   (A) inform　　　(B) informative
   (C) informing　　(D) information

 엣지가 알려주는 특급 노하우

1. 보기를 먼저 본다. → 각기 다른 품사가 있다면 문법 문제이다.
2. 빈칸에 들어가야 할 품사를 찾는다. → 주어나 목적어 자리라면 명사가 정답이다.

1. **(A) refund** (타동사 receive의 목적어가 필요한 자리예요. 그러므로 명사가 정답이죠. 그러므로 명사인 (A) refund가 정답이죠. 참고로 refund는 동사도 동일하게 생겼어요.)
2. **(C) suggestion** (빈칸은 소유격 뒷자리이면서 동사의 앞자리로 주어 자리예요. 주어 역할은 명사가 하므로 보기 중 명사를 정답으로 고르면 돼요.)
3. **(D) information** (타동사 find 뒤에 목적어가 필요하고 형용사 diverse의 수식을 받을 명사가 필요해요. 그러므로 정답은 명사예요. 보기 중 명사는 (D) information이죠.)

2 명사의 형태

1. 명사형 접미사

한국어는 "~기", "음", "~함" 이런 단어로 끝나면 명사잖아요? 그런데 영어의 명사형 어미는 조금 더 다양해요. 그래서 명사형 접미사를 암기해 두는 게 무척 중요하지요. 때론 명사 자리인 건 알겠는데 도통 어떤 단어가 명사인지 몰라서 정답을 못 고르는 경우가 생길 수 있으니 명사형 접미사는 반드시 암기하자구욧!

–tion	information 정보	–ery	recovery 회복	–hood	brotherhood 형제애
–dom	freedom 자유	–ship	friendship 우정	–logy	biology 생물학
–ence	experience 경험	–tude	solitude 고독	–ness	happiness 행복
–ance	acceptance 수락	–ism	industrialism 산업주의	–cracy	democracy 민주주의
–ity	creativity 창조성				

한국어에서는 ~자(者) 혹은 ~꾼으로 끝나면 사람을 의미하잖아요? 기술자, 소리꾼처럼 말이에요. 영어에도 사람명사를 나타내는 어미가 있어요. 명사형 접미사를 공부하면서 사람명사를 나타내는 접미사도 함께 암기하면 좋을 것 같아요.

어휘
- –er: writer • –ee: interviewee • –or: governor • –ic: critic, mechanic
- –ist: psychologist • –ian: technician

■ 사람 명사 vs 사물 명사

사물 명사	사람 명사	사물 명사	사람 명사
accounting	accountant	competition	competitor
translation	translator	performance	performer
attendance	attendee	supervision	supervisor
application	applicant	contribution	contributor
subscription	subscriber	analysis	analyst

2. 가산 명사와 불가산 명사

한국어에는 없는 특성으로, 영어학습을 위해, 특히 토익을 위해 반드시 암기하고 넘어가야 하는 특성 중 하나예요.

가산 명사는 구체적인 형체나 개별성을 갖는 명사를 일컫고, 불가산 명사는 형체가 없는 덩어리의 물질, 추상개념의 경사를 일컫지요. 가산 명사와 불가산 명사는 개념보다 특징과 종류가 중요해요.

명사 중 대다수가 가산 명사에 속하는데
가산 명사는 ❶ 단수로 쓰면 관사가 반드시 동반되어야 하고
❷ 그렇지 않으면 복수로 써야만 해요

자 그러면 책상을 영어로 나타내 볼까요?

Ⓐ desk　　　Ⓑ a desk　　　Ⓒ desks

어떤 것이 맞는 표현일까요? 얼핏 Ⓐ desk가 정답일 것 같지만 틀렸어요. Ⓐ desk만 오답이지요. desk는 가산 명사이므로 앞에 관사를 붙이든가 (Ⓑ a desk) 아니면 복수형타 (Ⓒ desks) 나타내야만 해요.

 **다음 빈칸에 들어갈 알맞은 단어를 고르시오.**

한국어

1. 포럼의 주요 _____ 는 오전 8시까지 접수처에 도착해야 한다.

   (A) 말하기　　(B) 연설가
   (C) 말하다　　(D) 말했다.

영어

1. The forum's main _____ must arrive at the reception desk by 8:00 a.m.

   (A) speaking　　(B) speaker
   (C) speak　　　(D) spoken

2. Edge 회사는 몇몇의 _____ 을 채울 직원을 고용할 것이다.

   (A) 빈자리 (단수)　(B) 빈자리 (복수)
   (C) 비어있는　　　(D) 열다 (현재 동사)

2. Ecge Company will hire new employees for several _____.

   (A) opening　　(B) openings
   (C) open　　　 (D) opens

 엣지가 알려주는 특급 노하우
1. 보기에 사람 명사와 사물 명사가 같이 나오면 "동사" 중심으로 해석해 본다.
2. 단수 명사와 복수 명사가 같이 나오면 관사가 있는지 살펴본다.
   (a / an이 있으면 단수, 없으면 복수형태의 명사를 골라야 한다)

1. **(B) speaker** ((A) speaking (B) speaker로 사람명사와 사물명사가 같이 나왔으므로 동사를 살펴보세요. arrive 도착하다 라는 의미로 도착하는 것은 사람이 하는 것이므로 정답은 (B) speaker)
2. **(B) openings** (보기에 (A) opening (B) openings로 단 복수 형태의 명사가 나왔어요. 관사는 없고 several 몇몇의 라는 형용사는 복수를 의미하므로 정답은 (B) openings)

 엣지있는 TIP

토익시험에 가산 명사와 불가산 명사를 구별하는 문제는 종종 나와요. 그런데 이런 특징은 암기하지 않으면 이해하기는 힘든 파트거든요. 그래서 엣지있게 정리해서 암기하자고요!

■ 반드시 암기해야 하는 가산 명사와 불가산 명사

가산 명사	불가산 명사
■ 잘 낚이는 가산 명사	■ 출제빈도가 높은 불가산 명사
• 증가, 감소 　increase (증가), hike (급등), jump (급등) 　rise (증가), advance (진보) 　decrease (감소), reduction (감소) 　decline (감소, 쇠퇴), drop (감소) 　change (변화) • 돈 관련 　(money, cash 제외하고 모두 가산) 　refund (환불), price (가격) 　account (할인), cost (비용), benefit (수당) 　bonus (보너스), wage (임금) 　revenue (매출), income (소득) 　profit (이익금) • 규칙 관련 　regulations (규제) 　standards (규정), codes (규정) 　directions (방침), steps (방책) 　procedures (절차), measures (조치)	• advice (충고), scenery (풍경) 　news (뉴스), mail (우편) 　research (연구, 조사), funding (기금마련) 　information (정보), access (접근) 　equipment (장비), furniture (가구) 　clothing (의류), processing (처리) 　luggage (짐), baggage (짐, 수화물) 　machinery (기구류), seating (착석, 수용력) 　permission (허락)

토익 기초 뛰어넘기

1. His _____ on new technologies of the future was impressive.
   (A) lecture
   (B) lecturing

2. During a routine _____, all employees can't use their computers.
   (A) inspect
   (B) inspection

3. If you fill out this _____, we will give you a coupon valid for the next 10 days.
   (A) survey
   (B) research

4. The _____ told us that there will be a workshop on the new system.
   (A) supervision
   (B) supervisor

5. The applications for an accounting position should be submitted by _____ or in person.
   (A) mail
   (B) letter

토익 기초 뛰어넘기

6 In an _____ to increase its productivity, Mizno National decided to purchase new machines.

(A) effort

(B) efforts

7 Many _____ predicted that the price of dairy goods will rise due to the rising of milk prices.

(A) analysis

(B) analysts

8 SH Publishing has the exclusive _____ to sell its books.

(A) right

(B) righted

9 The _____ of the history museum is being delayed because of a financial problem.

(A) construct

(B) construction

10 There will be an orientation for new hires to explain the _____ regulations in the lab.

(A) safe

(B) safety

토익 기초 뛰어넘기 정답과 대본

1 미래의 새로운 기술에 대한 그의 강연은 인상적이었다

- 정답 (A)
- 어휘 • impressive 인상 깊은
- 해설 소유격 뒤에는 명사가 나와요. 명사와 동명사가 보기에 같이 있을 경우 [명사 우선의 법칙]이 있어요. 동명사는 뒤에 목적어를 갖는 명사로 빈칸 뒤에 목적어가 있을 때만 정답이 되죠.

2 일상적인 검진 동안에 모든 직원들은 그들의 컴퓨터를 사용할 수 없습니다.

- 정답 (B)
- 어휘 • routine 일상적인 • for a while 잠시 동안
- 해설 전치사 뒤에는 명사가 나오죠. (A) inspect '검사하다' 동사 (B) inspection '검사' 명사예요.

3 설문에 응답해 주시면, 10일 이내에 다음 쇼핑에 사용할 수 있는 쿠폰을 제공해 드립니다.

- 정답 (A)
- 어휘 • fill out a survey 설문에 응하다 • offer 제공하다 • within ~ 이내에
- 해설 해석으로는 풀 수 없는 문제예요. (A) survey '조사' 가산 명사 (B) research '조사, 연구'라는 의미로 불가산 명사이고 두 단어는 의미가 유사한 단어예요. 문제의 포인트는 빈칸 앞의 관사 'a'죠. 관사는 'a'는 가산 명사 앞에만 붙을 수 있으므로 가산 명사를 골라야 해요.

4 감독관은 우리에게 새로운 시스템에 관한 워크숍이 있을 것이라고 말했다.

- 정답 (B)
- 어휘 • on ~ 관하여 • new system 새로운 시스템
- 해설 동사 앞은 주어 자리인데 보기 모두가 명사네요. 이러면 해석을 해야 하죠. 동사가 'told' 이므로 사람주어가 어울려요.

5 회계 직책에 대한 지원서는 우편이나 직접 제출되어야 한다.

- 정답 (A)
- 어휘 • application 지원서 • accounting 회계 • in person 직접
- 해설 빈칸 앞에 관사가 없으므로 불가산 명사를 고르는 문제예요. (A) mail '우편'으로 불가산 명사이고, (B) letter '편지'로 가산 명사예요.

토익 기초 뛰어넘기 정답과 대본

6
생산성을 높이려는 노력으로, Mizno National은 새로운 기계를 도입하기로 결정했다.

정답 (A)

어휘 • in an effort to do ~하기 위하여 • productivity 생산성 • purchase 구매하다

해설 관사 an 뒤에는 단수명사가 나와야 하죠. In an effort to do '~하고자 하는 노력으로'로 토익 빈출 표현이에요.

7
많은 분석가들은 우유 가격의 상승으로 인해 유제품의 가격이 상승할 것이라고 예측했다.

정답 (B)

어휘 • predict 예언하다 • dairy goods 유제품 • rise 상승, 오르다

해설 동사 앞으로 주어를 고르는 문제예요. 보기가 모두 명사이므로 해석을 해야 하죠. 동사 predicted는 "예측하다"라는 동사이므로 사람주어가 어울려요.

8
SH 출판사는 그것의 책을 팔 독점권을 가지고 있다.

정답 (A)

어휘 • publishing 출판사 • exclusive 독점적인

해설 right to do ~할 권리라는 관용 표현이에요. 특히, exclusive right는 '독점권'으로 사용돼요.

9
역사박물관의 건설이 재정적인 문제로 인해 지연되는 중이다.

정답 (B)

어휘 • because of ~때문에 • financial 재정적인

해설 A of B의 구문은 앞의 문제에서 여러 번 풀어봤죠? 빈칸에는 명사가 들어가야 해요.

10
신입사원들을 위해 실험실에서 지켜야 할 안전 규정을 설명하는 오리엔테이션이 있을 것이다.

정답 (B)

어휘 • orientation 오리엔테이션 • explain 설명하다 • lab 실험실 • new hires 신입 사원

해설 명사 + 명사의 복합 명사 중 safety regulations "안전 규정"이라는 표현입니다. 명사 앞이므로 safe인 형용사가 정답이라고 생각하기 쉽지만 "안전한 규정"이라는 말은 없죠? 안전을 위해 만든 규정을 "안전 규정"이라고 지칭하는 거죠. 즉 "안전한"이라는 형용사가 "규정, 규칙"의 특성을 나타낼 수 있는 형용사가 아니므로 정답은 (B)가 돼요.

토익 실전 마무리

1. Fast Shipping is expanding its _____ region within Spain.

   (A) distribute
   (B) distribution
   (C) distributor
   (D) distributed

2. The motor show in Geneva offered racing drivers an _____ to share information.

   (A) opportune
   (B) opportunely
   (C) opportunity
   (D) opportunities

3. The _____ between the two banks became a social issue.

   (A) merge
   (B) merging
   (C) merger
   (D) mergers

4. You can get a low interest on balance transfers if you open a _____ account by August.

   (A) saving
   (B) savings
   (C) save
   (D) saved

5. A charity bazaar will be held to raise relief _____.

   (A) fund
   (B) funds
   (C) funded
   (D) will fund

토익 실전 마무리

6 Mr. Harold needs to hire more _____ to meet the deadline.

(A) assist
(B) assistant
(C) assistants
(D) assisted

7 The president of Jinpin Products, James Wilson, said that Jinpin Products will continue its rapid _____.

(A) growth
(B) growing
(C) grew
(D) grows

8 By changing its brand _____, Hite Beverage increased the sales volume by 7 percent over the previous year.

(A) name
(B) will name
(C) naming
(D) named

9 There will be a workshop offered by finance-related _____.

(A) professionally
(B) professional
(C) professionals
(D) profession

10 Stephanie complimented her staff on their great _____.

(A) perform
(B) performance
(C) performing
(D) performed

토익 실전 마무리 정답과 대본

1 Fast Shipping 배송회사는 스페인 지역 내에서 유통 지역을 확장하는 중이다.

정답 (B)
어휘 • expand 확장하다, 넓히다
해설 명사 앞이라 분사인 (D) distributed가 어울린다고 생각할 수 있으나 distributed region 유통된 지역이라는 의미예요. 지역은 물건이 아니므로 배달 및 유통될 수는 없죠? 그러니 복합명사로 "유통지역"을 정답으로 해야겠어요.

2 제네바에서 열린 자동차 쇼는 카레이서들에게 정보를 공유할 기회를 제공했다.

정답 (C)
어휘 • motor show 모터쇼 • racing driver 경주용 자동차 운전자, 레이싱 드라이버
• share 공유하다 • an effort to do ~하고자 하는 노력
해설 관사 "an" 뒤에는 가산 단수 명사가 정답이죠.

3 두 은행 간의 합병은 사회적 이슈가 되었다.

정답 (C)
어휘 • bank 은행 • social 사회적인 • issue 문제, 화젯거리
해설 주어 자리이므로 명사가 정답이죠. [명사 우선의 법칙] 생각나시죠? 빈칸 뒤에 목적어가 없으므로 동명사가 아니라 명사를 정답으로 골라야 하죠.

4 8월까지 저축계좌를 만들면, 낮은 이체 수수료를 낼 수 있어요

정답 (B)
어휘 • low interest 낮은 이자율 • balance 잔액 • transfer 이동하다, 송금하다, 송금
• account 계좌
해설 savings account는 복합명사로 "저축 계좌"라는 의미예요. "saving(절약)"과 헷갈리지 않도록 주의해야 해요.

5 구호 기금을 마련하기 위해 자선 바자회가 열릴 것이다.

정답 (B)
어휘 • charity 자선 • bazaar 바자회 • relief 경감, 구호
해설 relief fund 구호 기금이라는 복합명사예요. 그런데 fund는 가산 명사죠. relief 앞에 관사가 없으므로 복수형태의 명사가 어울려요.

토익 실전 마무리 정답과 대본

6 Harold 씨는 마감기한을 맞추기 위해 더 많은 비서를 고용할 필요가 있다.

정답 (C)
어휘 • meet the deadline 마감 기한을 지키다
해설 to hire의 목적어가 필요한 자리죠. 그래서 명사가 정답이에요. more는 many의 비교급이죠. many + 가산 복수명사이므로 정답도 복수명사여야 해요.

7 Jinpin Products의 사장 James Wilson은 Jinpin Products가 고속 성장을 계속할 것이라고 말했다.

정답 (A)
어휘 • president 대표, 사장 • continue 계속하다 • rapid 신속한
해설 형용사 rapid 뒤가 빈칸이므로 정답은 명사가 돼야 하죠. 보기 중 명사는 (A) growth 뿐이에요.

8 Hite Beverage는 회사의 브랜드 이름을 변경함으로써, 작년에 비해 판매량을 7퍼센트나 증가시켰다.

정답 (A)
어휘 • sales 판매, 영업 • volume 양 • over ~ 보다
해설 소유격 its 뒤에는 명사가 나와야 하고, brand name은 '브랜드 명'이라는 복합명사예요.

9 재정과 관련된 전문가들에 의해 제공되는 워크숍이 있을 것이다.

정답 (C)
어휘 • finance 재정 • related 관련된
해설 finance-related는 분사로 형용사 역할이죠. 형용사는 명사를 수식하므로 빈칸에는 명사가 들어가면 돼요. 그런데 빈칸 앞인 finance related 앞에 관사가 없으므로 복수형 명사를 골라야 해요. 그래서 정답이 (C) 입니다.

10 Stephanie는 그녀의 직원들을 그들의 뛰어난 직무 수행 때문에 칭찬했다.

정답 (B)
어휘 • compliment A on B A를 B 때문에 칭찬하다
해설 형용사 great 뒤에는 명사가 나오죠. work performance는 "직무수행"이라고 번역하면 돼요. compliment는 동사와 명사가 다 있고, 이 문장에서는 동사로 사용되었어요. compliment 사람 on 사물: 사물 때문에 사람을 칭찬하다라는 구문입니다.

Lesson 4

PART 5 & 6

theme

[품사] 대명사

1. 인칭대명사의 개념과 종류
2. 재귀대명사의 종류와 쓰임
3. 부정대명사

엣지만의 학습 목표

이런 것을 배워요~

1. 인칭대명사의 개념과 종류를 알아보아요.
2. 재귀대명사의 종류와 쓰임을 알아보아요.
3. 부정대명사를 알아보아요.

• **대명사:** 앞에 나온 명사를 대신 일컫는 말

대명사는 명사를 대신하여 쓰는 말이에요. 보통 영어에서는 같은 명사를 반복하여 쓰지 않고 한 번 나온 명사는 그 이후에 대체로 대명사로 바꾸어 사용해요.

인칭대명사의 개념과 종류

우리도 각각의 인칭마다 구별하는 단어가 있듯이 영어에도 각기 다른 단어가 있어요.
인칭(人稱)이란 "사람을 가리킨다"는 뜻으로 '나' 또는 '우리'는 1인칭, '너' 또는 '너희들'은 2인칭, '그' 또는 '그들'은 3인칭이라고 해요. 영어로는 어떻게 쓸까요?

인칭	단수	복수
1인칭	I	We
2인칭	You	You
3인칭	He, She, It, 사람 이름	They

그럼 단·복수의 형태가 조금 익숙해졌다면 본격적으로 격 변화를 암기하세요.

1. 인칭 대명사의 격과 수

	주격 (~은/는, 이/가)	소유격 (~의)	목적격 (~을/를)	소유대명사 (~의 것)
1인칭 단수	I	my	me	mine
2인칭 단수	you	your	you	yours
3인칭 단수	he	his	him	his
3인칭 단수	she	her	her	hers
3인칭 단수	it	its	it	its
1인칭 단수	we	our	us	ours
2인칭 단수	you	your	you	yours
3인칭 단수	they	their	them	theirs

(1) 주격과 목적격

 한국어

1. <u>그녀는</u> 선생님이다.
   (주격)
2. <u>Paul은</u> <u>그녀를</u> 좋아한다.
   (주격) (목적격)
3. <u>그는</u> <u>서울에</u> 산다.
   (주격) (목적격)

 영어

1. <u>She</u> is a teacher.
   주어 자리에는 주격이 사용돼요.
2. Paul likes <u>her</u>.
   타동사의 목적어 자리이므로 목적격을 사용하죠.
3. <u>He</u> lives in Seoul.
   전치사 뒤에도 목적어 자리이므로 목적격을 사용해요.

 엣지있는 TIP
① 주격 자리: 문장 제일 앞, 동사 앞자리 → 주격을 사용
② 목적격 자리: 타동사 뒤, 전치사 뒤 → 목적격을 사용

(2) 소유격과 소유대명사

 한국어

1. 이것은 그녀의 펜이다. 그러나 저것은 나의 것이다.

2. 나의 프레젠테이션은 길지만, 그의 것은 짧다.

영어

1. This is <u>her</u> pen but that is <u>my</u> pen.
   명사 앞에서 소유를 나타낼 때 소유격을 사용.
   This is her pen but that is <u>mine</u>.
   앞에 나온 pen을 반복하여 사용하지 않기 위해 소유대명사 사용

2. <u>My</u> presentation is long but <u>his</u> is short.
   (=his presentation)

 엣지있는 TIP
① 소유격 자리: 명사 앞
② 소유대명사 = 소유격 + 명사이므로 앞에 반드시 "소유격 + 명사"의 형태가 있어야만 소유대명사를 사용할 수 있어요.

 다음 괄호 안의 단어 중 알맞은 것을 고르시오.

한국어

1. Morris 씨는 그의 최신 소설로 상을 받을 것이다.

2. 마케팅 부서의 모든 직원은 그녀에게 그들의 리포트를 제출해야만 한다.

3. 나의 제안서는 좋지만, 그의 것이 이벤트를 위해 채택되었다.

영어

1. Mr. Morris will be awarded for (his / him) latest novel.

2. All staff in the marketing department should submit their reports to (she / her).

3. My proposal is good but (he / his) is chosen for the event.

1. his (명사 latest novel 앞이므로 소유격이 어울려요)
2. her (전치사 to 뒤가 빈칸이므로 전치사의 목적어를 골라야 해요. 그러므로 정답은 her이죠)
3. his (앞에 my proposal이라고 소유격 + 명사가 있죠? 여기서 his는 his proposal을 의미하는 소유대명사예요)

 엣지있는 TIP
his는 소유격과 소유대명사의 형태가 동일하다는 점을 명심해야 해요~~.

2 재귀대명사의 종류와 쓰임

재귀대명사는 [대명사의 소유격[목적격] + self]의 형태로 '~자신, ~자체'라는 의미예요.

1. 재귀대명사의 종류

주어 (단수)	재귀대명사	주어 (복수)	재귀대명사
I	myself	we	ourselves
you	yourself	you	yourselves
he	Himself	they	themselves
she	herself		

(1) 재귀적 용법

주어와 목적어가 같을 때, 즉, 주어가 주어 자신에게 행위를 할 때는 목적어로 재귀대명사를 사용해요. 재귀대명사는 주어로는 사용할 수 없어요.

1. Copper 씨는 그 스스로가 최고의 회계사임을 입증했다.

2. Maria는 거울 속의 자기 모습을 바라보았다.

1. Mr. Copper proved himself to be the best accountant.
   주어 Mr. Copper = 목적어 himself

2. Maria looked at herself in the mirror.
   주어 Maria = 목적어 herself

(2) 강조적 용법

완벽한 문장에서 재귀대명사는 주어나 목적어를 강조해 줄 수 있어요.

Collins 씨는 큰 프로젝트를 <u>직접</u> 끝마쳤다.

Mr. Collins finished a big project himself.
→ himself가 Mr. Collins 를 강조

 다음 괄호 안의 단어 중 알맞은 것을 고르시오.

한국어

1. 그 가수는 자살했다.
2. Bill's Bistro의 주인은 모든 메뉴를 직접 요리해왔다.

영어

1. The singer killed (herself / her).
2. The owner of Bill's Bistro has cooked all the dishes (him / himself).

1. herself (주어와 목적어가 동일하므로 재귀대명사의 재귀적인 용법으로 herself가 정답이에요)
2. himself (문장이 완벽한 상태에서 주어인 the owner를 강조해야 하므로 himself가 정답이죠)

3 부정대명사

1. it / one, they / ones

 **한국어**

1. 내 컴퓨터가 고장나서 나는 그것을 수리하러 갈 것이다.
2. 내 컴퓨터가 고장나서 나는 새 것을 살 것이다.

 **영어**

1. My computer is broken so I will go to repair it.❶
   My computer = it
2. My computer is broken so I will buy a new one.❷
   My computer ≠ new one

1의 it(they)는 앞에 나온 명사를 그대로 대신 받는 대명사라면 2의 one(ones)는 같은 종류의 명사를 지칭할 뿐 반드시 동일한 제품이나 사람을 의미하는 것은 아니에요.

2. one / another / the other

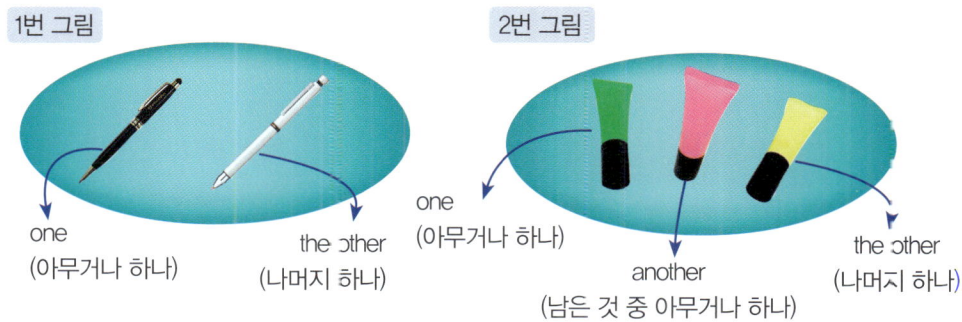

 한국어   영어

1. 여기 펜이 두 개 있어. 하나는 노란색이고 나머지 하나는 검은색이야.

2. 여기 펜이 세 개 있어. 하나는 네 것이고, 다른 하나는 Bill의 것이고 나머지 하나는 내 것이야.

1. There are two pens. One is yellow and the other is black.

2. There are three pens. One is yours and another is Bill's; the other is mine.

One: 정해지지 않은 사람이나 사물을 지칭하는 부정대명사예요.

another: "an + other"로 "또 다른 하나"라는 뜻이에요. 2번 그림에서 처럼 하나(one)가 선택이 되었어도 아직 2개의 펜 중에 선택의 여지가 남아있잖아요? 그중에 또 다른 하나라는 의미예요.

The other: "the + other"로 "나머지 하나"라는 뜻이죠. 앞 페이지의 1번 그림에서 펜이 2개인데 하나(one)를 지칭하고 나면 검정색 펜만 남죠? 2번 그림에서도 빨간색 펜과 노란색 펜을 선택하고 나면 초록색 펜만 남잖아요. 결국, 더이상 선택의 여지는 없고 마지막으로 나머지 하나만 남겨졌을 때만 사용해요.

3. some / others / the others

(1) some / others

전체 집합이 정해지지 않은 상태에서

some: '몇몇 사람들은(것들은)', others: '다른 사람들은(것들은)'으로 사용돼요.

 한국어    영어

몇몇 사람들은 영어를 좋아하지만 다른 사람들은 수학을 좋아한다.

Some like English but others like math.

(2) some / the others

전체 집합이 정해진 상태

한국어

네 명의 학생 중에, 몇몇은 영어를 좋아하고 나머지 전체는 수학을 좋아한다.

영어

Of four students, some like English but the others like math.

some: '몇몇 사람들은(것들은)', the others: '나머지 사람들은(것들은)'으로 사용돼요.

 다음 괄호 안의 단어 중 알맞은 것을 고르시오.

한국어

1. 동전의 한 면은 노란색으로 칠해져 있고, 나머지 한 면은 파란색으로 칠해져 있다.

2. 이 스웨터는 나에게 너무 작습니다. 다른 것을 입어보고 싶습니다.

영어

1. One side of the coin is painted yellow and (another / the other) is painted blue.

2. This sweater is too small for me. I want to try on (another / the other).

1. the other (동전의 면은 두 면만 존재한다는 것은 다 아는 사실이므로 one side 다음에는 the other 이 정답일 수밖에 없겠죠.)

2. another (스웨터가 맞지 않아서 다른 것을 입어 보고 싶다는 것이므로 수많은 스웨터 중 하나를 입어본다는 의미로, 정해지지 않은 것이네요. 그러므로 정답은 another이어야겠죠.)

토익 기초 뛰어넘기

1 Laura had _____ assistant attend the meeting instead of being present herself.
(A) she
(B) her

2 The sales department submitted _____ sales figures last month.
(A) their
(B) them

3 Jill's proposal is long but _____ is simple.
(A) hers
(B) mine

4 _____ have to finish this report by 6 p.m.
(A) I
(B) mine

5 Kate completed the second project _____.
(A) herself
(B) she

토익 기초 뛰어넘기

6 I lost my wallet but my friend found _____ in her house.

(A) it

(B) one

7 Because there were so many applications, it took a long time to review _____.

(A) ones

(B) them

8 Of four interns, three are good at English but _____ is good at Spanish.

(A) one

(B) the other

9 One secretary is typing the last minute and _____ is preparing a presentation.

(A) another

(B) the other

10 Some clubs have indoor activities but _____ have outdoor activities.

(A) others

(B) other

 토익 기초 뛰어넘기 정답과 대본

1   Laura는 그녀 스스로 미팅에 참석하는 대신에 그녀의 비서에게 미팅에 참석하라고 시켰다.

- 정답 (B)
- 어휘 • have 시키다 • attend 참석하다 • instead of ~ 대신에 • present 참석한
- 해설 명사 (assistant) 앞이 빈칸이라서 정답은 소유격이 좋겠네요.

2   영업부서는 그들의 판매 수치를 지난달에 제출했다.

- 정답 (A)
- 어휘 • submit 제출하다 • sales figures 판매 수치
- 해설 명사 (sales figures) 앞에 빈칸이 나왔으므로 소유격이 정답이죠.

3   Jill의 제안서는 길지만, 나의 것(나의 제안서)은 단순하다.

- 정답 (B)
- 어휘 • proposal 제안서 • simple 단순한
- 해설 주어가 Jill proposal로 [소유격+명사]이죠. [소유격+명사]=[소유대명사]이기 때문에 두 번째 문장에서의 주어는 [소유대명사] 되어야 하겠지. Jill의 제안서와 나의 제안서를 비교해야 하기 때문이죠.

4   나는 오후 6시까지 이 보고서를 끝내야만 한다.

- 정답 (A)
- 어휘 • have to ~해야만 한다 • finish 끝내다 • report 보고서
- 해설 동사 앞에 빈칸이므로 정답은 주격이 되어야 해. 그런데 무언가를 끝내야만 하는 것은 사람이 해야 하는 일이므로 사물을 받는 mine(나의 것)은 주어가 될 수 없어요. 그래서 정답은 (A)이죠.

5   Kate는 그녀 스스로 두 번째 프로젝트를 완성했다.

- 정답 (A)
- 어휘 • complete 완성하다 • project 프로젝트
- 해설 문장이 주어 + 동사 + 목적어로 완벽한 상태야. 완전한 문장에서 재귀대명사는 강조적인 용법으로 쓰일 수 있지. 그래서 정답은 (A) herself가 Kate를 강조하는 용법으로 사용된 거예요.

토익 기초 뛰어넘기 정답과 대본

6 나는 내 지갑을 잃어버렸으나 나의 친구가 그녀의 집에서 그것을 찾았다.

정답 (A)

어휘 • lose – lost – lost 잃어버리다 • wallet 지갑 • find – found – found 찾다

해설 앞에 나온 my wallet을 대신 받는 명사를 골라야 하죠. 사물이고 단수이므로 대명사 it이 좋아요. one은 불특정한 사물을 지칭할 때 사용하는 것이니 이 문장에서는 어울리지 않죠.

7 많은 지원서 때문에, 그것들을 검토하는 데 많은 시간이 걸렸다.

정답 (B)

어휘 • application 지원서 • review 검토하다

해설 앞에 나온 명사 many applications를 받는 대명사가 필요하죠. 받을 명사가 복수이므로 them이 좋죠. ones는 불특정한 사들을 지칭하는 one의 복수이므로 이 문장에서는 어울리지 않죠.

8 4명의 인턴 중의 3명은 영어를 잘하지만, 나머지 한 명은 스페인어를 잘한다.

정답 (B)

어휘 • intern 인턴 • be good at ~을 잘하다 • Spanish 스페인어, 스페인의

해설 4명 중에 3명의 긴턴은 영어를 잘한다고 했으니 남은 사람은 단 한 명뿐이죠. 나머지 한 사람을 지칭할 때 쓰는 대명사가 the order이죠.

9 한 비서는 마지막 회의록을 타이핑하고 있고 또 다른 한 명은 발표를 준비 중이다.

정답 (A)

어휘 • type 타이핑하다 • minute 회의록 • prepare 준비하다 • presentation 발표

해설 몇 명의 비서라고 정해진 상황이 아니고 한 비서는 타자를 치고 다른 비서는 다른 일을 하므로 막연하게 "또 다른 한 명"을 나타내는 단어 "another"이 해석상 어울리죠.

10 몇몇 클럽은 실내 활동을 하는 반면 다른 것들은(클럽들) 실외 활동을 한다.

정답 (A)

어휘 • indoor 실내의 • activity 활동 • outdoors 실외의

해설 동사 앞이 빈칸이므로 주어가 될 수 있는 명사가 필요하죠. (B) other은 형용사만 있을 뿐 명사가 없어요. 그러므로 "다른 사람들, 다른 것들"의 의미로 대명사인 (A) others가 정답이죠.

토익 실전 마무리

1 The hiring manager directed _____ to review the confidential documents.

(A) I
(B) my
(C) me
(D) mine

2 Please check these documents which have your information and return _____ to the HR department.

(A) they
(B) their
(C) them
(D) theirs

3 His coworkers expected that _____ will win a contract with Big Joe Market.

(A) he
(B) his
(C) him
(D) himself

4 Among many projects in our company, _____ is the most important to establish its position in the market.

(A) we
(B) our
(C) us
(D) ours

5 By obtaining another certificate, he distinguished _____ from other accountants.

(A) he
(B) his
(C) him
(D) himself

토익 실전 마무리

6 Instead of repairing old machines, Jenny's Ice Cream decided to purchase new _____.

(A) one
(B) ones
(C) it
(D) them

7 Lowcost Market has a plan to open 3 locations in Vietnam and two of them already opened but _____ is delayed owing to heavy rain.

(A) one
(B) another
(C) the other
(D) ones

8 You can get a 10% discount on a train ticket from Seoul to _____ city in Korea by presenting your Express Membership card.

(A) one
(B) another
(C) the other
(D) it

9 The development team members went to Sydney and one of _____ gave a presentation there.

(A) ones
(B) them
(C) one
(D) their

10 Please check every dish's calories and _____ ingredients before you make an order.

(A) its
(B) their
(C) others'
(D) another's

Lesson 4 • 77

토익 실전 마무리 정답과 대본

1 그 고용 매니저는 비밀 서류를 검토하는 일을 나에게 지시했다.

정답 (C)

어휘 • hiring manager 고용 매니저 • direct 지시하다 • confidential 기밀의
• document 서류

해설 동사 direct의 목적어가 필요한 자리이므로 목적격이 필요하죠.

2 당신의 정보가 담긴 이 서류들을 확인하고 인사과에 반납해주세요.

정답 (C)

어휘 • check 확인하다 • information 정보 • return 반납하다 • HR department 인사과

해설 앞에 나온 복수명사 these documents를 대신 받는 명사가 필요하고, return 동사의 목적어가 필요한 자리이므로 목적격이 필요하죠. 그래서 정답은 them이에요.

3 그의 동료들은 그가 Big Joe Market과의 거래를 성사시킬 것이라고 기대했다.

정답 (A)

어휘 • coworker 동료 • expect 기대하다 • win 이기다, 획득하다

해설 that 절의 주어가 필요한 자리이므로 주격이 정답이죠.

4 우리 회사의 많은 프로젝트들 중에서 우리의 것(우리의 프로젝트)이 시장에서 회사의 입지를 확립하는 데 가장 중요하다.

정답 (D)

어휘 • among ~ 중에, 사이에 • establish 확립하다 • position 위치, 입지

해설 많은 프로젝트 중에서라는 문자 앞의 단서가 있으므로 가장 중요한 것은 "우리"가 아니라 "우리의 프로젝트"가 되겠죠. 그러므로 소유대명사가 정답이 되어야 해요.

5 또 다른 자격증을 획득함으로써 그는 다른 회계사들로부터 그 자신을 드러냈다(구별 지었다).

정답 (D)

어휘 • obtain 얻다, 획득하다 • certificate 자격증 • distinguish 구별하다
• accountant 회계사

해설 주어와 목적어가 동일하므로 재귀대명사가 필요하죠.

토익 실전 마무리 정답과 대본

6 오래된 기계를 수리하는 대신에 Jenny's Ice Cream 가게는 새로운 기계들을 구입하기로 결정했다.

정답 (B)

어휘 • repair 수리하다 • old 오래된 • machine 기계 • purchase 구입하다

해설 앞에 나온 명사 old machines 을 그대로 받는 것이 아니라 오래된 기계 대신에 새로운 기계를 구입하겠다는 것이므로 불특정한 명사를 나타내요. 여기서 them을 쓰면 "old machines"을 그대로 받는 것이므로 해석상 어색하죠. 또한 new 앞에 관사가 없으므로 단수가 아닌 복수가 정답이어야 하죠. 그래서 (B) ones가 정답이에요.

7 Lowcost Market은 베트남에 3개의 지점을 오픈할 계획인데 그중 2개는 이미 오픈을 했지만 나머지 한 개는 심한 폭우 때문에 지연되었다.

정답 (C)

어휘 • location 지사, 분점 • already 이미, 벌써 • delay 지연하다, 뒤로 미루다
• owing to ~때문에

해설 3개의 지점 중에 2개는 이미 열렸다고 했으므로 남은 지사는 1개뿐이다. 그러므로 "나머지 하나"라는 의미의 (C) the one이 정답이죠.

8 당신의 Express Membership 카드를 제시하시면, 서울에서 한국 다른 도시로 가는 기차표를 구입할 때 10% 할인을 받을 수 있습니다.

정답 (B)

어휘 • discount 할인 • present 제시하다, 보여주다

해설 서울에서 다른 도시 어느 곳이든지 관계없이 10% 할인을 받을 수 있으므로 "막연한 하나"를 의미하는 "another"이 정답이죠.

9 개발팀 멤버는 시드니로 가서 그들 중 한 명이 거기에서 발표를 했다.

정답 (B)

어휘 • Development team 개발팀 • Sydney 시드니

해설 앞에 나온 명사 team members를 대신 받을 명사가 필요하고 전치사 of의 목적어 자리이므로 목적격이 필요하죠. 앞에 나온 명사를 그대로 대신 받으므로 them이 좋아요.

10 주문하기 전에, 음식의 칼로리와 그것의 구성성분을 확인하십시오.

정답 (A)

어휘 • calories 칼로리 • ingredient 성분

해설 앞에 나온 dish(음식)를 대신할 대명사를 고르는 문제예요. 모든 음식의 칼로리와 모든 음식의 구성성분이므로 단수명사 it으로 대체해야 하며, 명사 ingredients를 수식해야 하므로 소유격이 필요하죠. 그래서 정답이 (A) its예요.

Lesson 4 • 79

Lesson 5

PART 5 & 6

[품사] 형용사

1. 형용사의 자리
2. 형용사의 역할
3. 일반 형용사, 수량 형용사

엣지만의 학습 목표

─ 이런 것을 배워요~ ─
1. 형용사의 역할을 알아보아요.
2. 시험에 자주 출제되는 형용사의 자리를 알아보아요.
3. 일반형용사, 수량형용사, 부정형용사를 알아보아요.

여자들은 화장하는 걸 좋아하잖아요? 명사는 좀 여자 같은 성질이 있어서 명사도 화장하는 것을 좋아해요. 이때 명사의 화장품으로 사용되는 것이 바로 형용사예요.

1. 형용사의 자리

한국어에서 형용사의 위치는 어디일까?

한국어
1. (편리한 / 편리하게) 장소
2. (명확한 / 명확하게) 지시사항

영어
1. (convenient / conveniently) locations
2. (clear / clearly) directions

자, 이 문제를 모르는 사람이 있나요? 없죠? 그러면 영어로 한 번 풀어볼까~
영어라는 긴장 요소를 빼면 사실 문제는 너무너무 쉽죠?

2. 형용사의 역할

명사의 화장품 역할로 명사를 꾸며주거나, 서술해주는 역할을 하지. 또는 주격보어, 목적격 보어로 쓰여서 주어나 목적어를 보충 설명해 주는 역할을 해요.

1. 명사를 수식하는 형용사

 엣지있는 TIP
형용사 자리 I: 명사 바로 앞 (a / an / the + (부사) - 형용사 + 명사)

Lesson 5

앞에서 말했듯이 명사는 여자와 비슷한 성향이 있어요. 여자들은 혼자 다니는 것보다 친구와 다니는 걸 선호하죠. 그래서 보통 가산 명사 앞에는 "관사"라는 단짝이 있어요. 그래서 앞에서 책상은 영어로 desk가 아니라 a desk라고 배웠죠? 기억나세요? a desk의 "a"가 관사죠. 그러면 친구 만나러 나갈 때 여자는? 그래… 화장을 하겠죠? 화장은 내 얼굴에 하는 거니까 형용사는 명사 바로 앞에 있으면 좋겠네~

그래서 반드시 암기해야 하는 어순이 바로

(a / an / the + (부사) + 형용사 + 명사)

비어있는 직책   a **vacant** position
협조적인 직원   a **cooperative** employee
생생한 묘사   **vivid** descriptions

2. 보어로 쓰이는 형용사

 엣지있는 TIP
형용사 자리 2: 2형식 동사 + 형용사 (주격 보어)

형용사는 be, become 류의 동사 뒤에서 주어를 보충 설명해 주는 역할을 하기도 하죠.

■ 알아두어야 할 필수 2형식 동사들

감각동사	feel, look, sound, taste, smell	
~인 채로 남아있다.	stay, keep, remain	형용사
~처럼 보이다	appear, seem	
become 동사	get, turn, go, prove, run, grow, fall	

 엣지있는 TIP
형용사 자리 3: 6인조 걸그룹 동사 + 목적어 + 형용사 (목적격 보어)

여자친구, 에이핑크, 라붐의 공통점은? 모두 6인조 걸그룹이지. 형용사계에도 형용사를 목적 보어로 쓰는 6인조 걸그룹 동사들이 있어요.

주어	make, find, keep, consider, deem, leave	목적어	형용사

 다음 중 괄호 안에 들어갈 알맞은 단어를 고르시오.

1. 그들은 다양한 혜택뿐 아니라 경쟁력 있는 월급을 제공한다.

2. 모든 후보자들은 그 회사에 입사하기를 원한다. 왜냐하면, 그 회사는 재정적으로 튼튼하기 때문이다.

3. 근처 역에서 오는 무료 셔틀버스는 우리 호텔을 더 매력적으로 만든다.

1. They offer a (competitive / competitively) salary as well as various benefits.

2. All candidates want to join that company because it remains financially (sound / soundly).

3. Free shuttle buses from a nearby station make our hotel more (attractive / attractively)

1. competitive (명사 salary 앞에 빈칸이 나왔으므로 형용사가 정답이 돼요)
2. sound (sound는 "소리"라는 명사 말고 "튼튼한, 안전한"이라는 형용사도 있어요. remains 라는 2형식 동사 뒤에 빈칸이 나왔으므로 형용사가 정답이어야 하죠. [financially sound] [재정적으로 탄탄한]이라는 표현으로 자주 출제되므로 같이 암기해두세요)
3. attractive (make는 사역동사도 되고 3형식의 "만들다" 동사도 되지만 "5형식"의 "6인조 걸그룹 동사"이기도 하잖아? 이 문장에서는 걸그룹 동사로 사용된 거야. 그래서 make + 목적어(our hotels) + 형용사가 나와야 하죠. 그래서 정답이 attractive예요)

3 일반 형용사, 수량 형용사

1. 일반형용사의 접미사

-ic	economic authentic enthusiastic	경제의 진짜의 열광적인	-ous	famous spacious cautious	유명한 널찍한 조심스러운
-ful	hopeful successful powerful	희망찬 성공적인 강력한	-able	reasonable considerable valuable	합리적인 상당한 가치 있는
-ive	impressive productive defective	인상 깊은 생산적인 결함이 있는	-al	additional local confidential	추가의 지역의 기밀의

2. 수량 형용사

단수의 수 형용사	every, each, another	+ 가산 단수 명사
복수의 수 형용사	many (= a number of), both, several, a few, few,	+ 가산 복수 명사
양 형용사	much (=a deal of), little, a little, less	+ 불가산 명사
(수, 양) 공통 형용사	all, most, some, any, a lot of, plenty of, other	+ 가산 복수 명사 or 불가산 명사

다음 중 괄호 안에 들어갈 알맞은 단어를 고르시오.

 한국어

1. 그는 저렴한 비용으로 티켓을 구입했다.

2. 모든 직원들은 회사 규정을 따라야만 한다.

3. 이 박물관에는 작품이 거의 없다.

 영어

1. He bought a ticket at a (reason / reasonable) price.

2. (Every / All) employee should follow the company regulations.

3. There are few (work / works) in this museum.

 정답 해설

1. reasonable ("합리적인"이라는 의미도 있지만 "저렴한"이라는 의미도 있어요. 명사 price 앞에 나와야 하는 품사를 골라야 하므로 당연히 형용사인 reasonable이 정답이죠. 또한, at a reasonable price 저렴한 가격으로 를 {통째로} 암기해주세요. 시험에 잘 나오는 구문이에요)

2. every (괄호 뒤에 employee가 단수잖아? 그러므로 단수 명사를 수식하는 수량 형용사 every가 정답이죠)

3. works (few는 복수명사만 수식하는 형용사야. 그러므로 정답은 명사의 복수형태인 works가 정답이에요)

 엣지있는 TIP

■ 토익시험에 자주 등장하는 be + 형용사 + to do

• be able/unable to do
  ~할 수 있다/없다
• be about to do
  막 ~하려고 하다
• be eager to do
  ~하고 싶어 하다
• be eligible / entitled to do
  ~할 자격이 있다
• be unwilling to do
  ~하기를 꺼리다
• be sure to do
  반드시 ~하다
	• be glad/delighted/pleased to do
	  ~하게 되어 기쁘다
	• be likely /apt/ liable /prone to do
	  ~하기 쉽다
	• be free /welcome to do
	  마음껏 ~하다
	• be keen to do
	  간절히 ~하고 싶어 하다
		• be present to do
		  ~하기 위해 참석하다
		• be proud to do
		  ~해서 자랑스럽다
		• be ready to do
		  (언제든지) ~할 수 있다
		• be hesitant / reluctant to do
		  ~하기를 꺼리다
		• be willing to do
		  기꺼이 ~하다

 Wilson 씨는 Brazil로 이민 가고 싶어 한다.   Mr. Wilson <u>is eager to emigrate</u> to Brazil.
우리는 기꺼이 그를 도울 것이다.   We <u>are willing to help</u> him.

■ 토익시험에 자주 등장하는 be 형용사 + 전치사

be 형용사 to 명사	• be accessible to ~에 접근 가능하다, ~이 이용할 수 있다 • be comparable to ~에 필적하다 • be subject to ~의 대상이 되다, ~에 좌우되다 • be responsive to ~에 민감하다, 즉각 반응하다 • be similar to ~와 비슷하다
be 형용사 for 명사	• be available for/ to ~에게 이용 가능하다 • be grateful for ~에 감사하다 • be necessary for ~이 필요하다 • be ready for (언제든지) ~할 준비가 되다 • be suitable for ~에 적합하다
be 형용사 with 명사	• be familiar /unfamiliar with ~에 익숙하다/익숙하지 않다 • be consistent with ~와 일치하다

 Miami 호텔의 특별 선물은 상황에 따라 달라질 수 있습니다.
Special gifts from Miami Hotel <u>are subject to availability</u>.

오직 매니저들만 토요일에 회의실을 이용할 수 있다.
The conference room <u>is accessible</u> only <u>to managers</u> on Saturdays.

Lesson 5

토익 기초 뛰어넘기

1 He bought some items at a _____ price on the Internet.

(A) reasonable

(B) reasonably

2 Gilbert Travel will eliminate the _____ ticketing fees in July.

(A) cost

(B) costly

3 In spite of the economic downturn, Amy's company remained _____.

(A) stable

(B) stably

4 Brit Service is dedicated to keeping its customers _____ throughout their dining experience.

(A) satisfy

(B) satisfied

5 _____ of the students is required to wear his name tag during the first semester.

(A) Each

(B) All

토익 기초 뛰어넘기

6 Gini Rental leased a(n) _____ office instead of purchasing the building on 5th Avenue.

(A) spacious

(B) economic

7 Travelers like to taste _____ foods while exploring throughout the region.

(A) productive

(B) local

8 The _____ ideas made the company successful in the field.

(A) innovation

(B) innovative

9 _____ service employees in our restaurant are eager to make our patrons satisfied.

(A) All

(B) Every

10 A refrigerator is a machine which keeps food and beverages _____.

(A) cool

(B) cooling

토익 기초 뛰어넘기 정답과 대본

1 그는 인터넷에서 저렴한 가격으로 몇몇 물건을 구입했다.

정답 (A)

어휘 • bought (bring의 과거) 가져왔다 • item 상품

해설 명사 (price) 앞이므로 형용사가 정답이에요. at a reasonable price 저렴한 가격이라는 의미죠.

2 Gilbert Travel 여행사는 7월 동안 비싼 티켓 발급 수수료를 없앨 것이다.

정답 (B)

어휘 • eliminate 제거하다, 없애다

해설 명사 ticketing fees 앞이므로 형용사가 정답이에요. 그런데 cost는 '비용'이라는 의미의 명사이고 costly '비싼'이란 의미의 형용사예요. -ly로 끝나지만 형용사예요.

3 경제침체에도 불구하고, Amy의 회사는 안정적이다.

정답 (A)

어휘 • In spite of ~에도 불구하고 • economic downturn 경제 침체
• remain ~인 채로 남아있다

해설 remain은 2형식 동사로 뒤에 형용사가 오는 동사죠. 그래서 정답은 형용사를 골라야 해요.

4 Brit Service 회사는 식사 시간 내내 고객들의 만족을 유지하는 데에 헌신한다.

정답 (B)

어휘 • be dedicated to 헌신하다

해설 keep +목적어 + 형용사의 5형식 구조예요. 그러니 정답은 형용사여야 하죠. Satisfy는 '만족시키다'라는 동사이고 'satisfied'는 '만족스러운'이라는 분사죠. 분사는 동사가 변해서 형용사 역할을 하거든요. 그래서 이 문제에서 정답은 분사를 고르시면 돼요.

5 1학기 동안 학생들은 각각 이름표를 착용해야만 한다.

정답 (A)

어휘 • wear 입다, 착용하다 • name tag 이름표 • first semester 첫 번째 분기

해설 A of B의 형태에서는 A, B 두 곳에 모두 명사가 들어갈 수 있으며 진짜 주어는 A예요. 동사가 is로 단수이므로 단수 명사를 골라야 하지요. 보기 중 단수 명사는 (A) each예요.

토익 기초 뛰어넘기 정답과 대본

6

Gini 렌탈회사는 5번가의 건물을 구입하는 대신에 널찍한 사무실을 빌렸다.

정답 (A)

어휘 • lease 임대하다 • instead of ~을 대신하여

해설 명사 office를 수식할 만한 형용사를 찾는 것이 관건이죠. economic office (경제의 사무실)은 해석이 어색하죠? spacious office 널찍한 사무실이 좋겠네요.

7

여행자들은 그 지역 곳곳을 탐험하면서 지역의 음식을 맛보고 싶어 한다.

정답 (B)

어휘 • travelers 여행객 • would like to ~하고 싶다
• throughout the region 그 지역 전역에 걸쳐서

해설 명사 food를 수식할 형용사를 고르는 문제죠. local food는 그 지역의 음식이라는 의미이므로 food와 잘 어울리는 형용사는 local이에요.

8

혁신적인 아이디어들이 그 회사를 그 분야에서 성공적으로 만들었다.

정답 (B)

어휘 • image 이미지 • success 성공 • field 분야

해설 image라는 명사를 수식하는 품사는 형용사예요. (A) innovation 명사로 '혁신'이라는 의미, (B) innovative 형용사로 '혁신적인'이라는 의미예요.

9

우리 레스토랑의 모든 서비스 직원들은 고객에게 만족을 드리기를 원합니다.

정답 (A)

어휘 • be eager to ~하기를 열망하다 • patron 단골 손님 • satisfied 만족스러운

해설 employees 복수명사를 수식하는 형용사를 골라야 하므로 all이 정답이죠. every + 단수명사 라는 점을 꼭 기억하자고요

10

냉장고는 음식과 음료를 시원하게 유지해주는 기계이다.

정답 (A)

어휘 • refrigerator 냉장고 • machine 기계 • beverage 음료

해설 keep 목적어 형용사의 5형식 구문이에요. 정답은 형용사여야 하죠.

토익 실전 마무리

1. Creative ideas make a company _____.

   (A) profit
   (B) profits
   (C) profitable
   (D) profitably

2. New employees learned that the company manual is _____ and helps them familiarize themselves with their company.

   (A) inform
   (B) informative
   (C) informed
   (D) informing

3. _____ employees are asked to dress appropriately every day except on Saturdays.

   (A) Every
   (B) All
   (C) Few
   (D) A few

4. A _____ of fishermen go fishing near a reservoir in spring.

   (A) number
   (B) copy
   (C) series
   (D) school

5. Every hotel staff member is _____ to help you to have an enjoyable time during your stay.

   (A) subject
   (B) scheduled
   (C) supposed
   (D) willing

토익 실전 마무리

6 The new item developed by Ann's team seems _____.

(A) profit
(B) profits
(C) profitable
(D) profitably

7 During the peak seasons, Big Yogurt needs to hire _____ staff members.

(A) additional
(B) hopeful
(C) successful
(D) cautious

8 To be a _____ candidate, you should dress appropriately for an interview.

(A) authentic
(B) famous
(C) valuable
(D) successful

9 Beaty Corp's designs are always innovative and eye-catching, but the design of the new laptop seems especially _____.

(A) impress
(B) impressed
(C) impresses
(D) impressive

10 Proofreading needs a _____ amount of time and effort.

(A) consider
(B) considerable
(C) considered
(D) considerably

토익 실전 마무리 정답과 대본

1 창조적인 아이디어는 회사가 수익성이 좋도록 만들어준다.

정답 (C)
어휘 • creative 독창적인 • profitable 이익이 되는
해설 make 목적어 형용사의 5형식 구문이에요. 그러므로 정답은 형용사여야 하죠.

2 신입 사원들은 회사 설명서가 유익하며 자신들이 회사에 적응하는 데 도움을 준다는 것을 알았다.

정답 (B)
어휘 • company manual 회사 매뉴얼 • familiarize 친숙하게 만들다 • informative 유용한
• informed 들어서 알고 있는
해설 find 목적어 형용사 구문으로 형용사가 정답인 문제예요. 형용사는 (B) informative 유익한 (C) informed 알고 있는 (D) informing 알고 있는 이렇게 3가지가 있어요. 이 중에서 해석이 가장 알맞은 것을 골라야겠죠. 회사 설명서는 유익해야겠죠? 그래서 정답은 (B)예요.

3 모든 직원들은 토요일을 제외하고는 제대로 갖춰 입도록 요청받는다.

정답 (B)
어휘 • dress 입다 • appropriately 적절하게 • except ~을 제외하고
해설 복수명사 employees를 수식할 형용사를 고르는 문제예요. (A) every + 단수명사이므로 오답이고 (C) few + 복수명사 (D) a few + 복수명사이기는 하지만 해석상 이상하죠.

4 많은 낚시꾼들은 봄에 저수지 근처로 낚시하러 간다.

정답 (A)
어휘 • fishermen 낚시꾼 • near ~의 근처의 • reservoir 저수지 • spring 봄
해설 a number of는 many와 동일한 의미로 "수많은"이라는 뜻이에요. 토익시험에 잘 나오니 암기하세요.

5 모든 호텔 직원들은 당신이 호텔에 머무르는 동안 편하게 머무르도록 기꺼이 돕는다.

정답 (D)
어휘 • enjoyable 즐길만한, 즐거운 • while in hotel 호텔에 머무는 동안에
해설 be willing to do 기꺼이 ~한다라는 표현입니다. 토익 빈출표현이니 알아두자고요.

토익 실전 마무리 정답과 대본

6 Ann의 팀에 의해 개발된 새로운 상품은 수익성이 높을 것으로 보인다.

정답 (C)

어휘 • developed 개발된

해설 seem 뒤에는 부사가 아닌 형용사가 나와야 하는 2형식 동사죠. 그래서 정답이 형용사예요. 2형식 동사를 암기하지 못하면 부사를 골라 틀릴 확률이 높아요. 반드시 2형식 동사를 암기하세요.

7 성수기 동안, Big Yogurt는 추가적인 직원을 고용할 필요가 있다.

정답 (A)

어휘 • during peak seasons 성수기 동안에 • hire 고용하다 • additional 추가의
• cautious 경계하는

해설 staff을 수식할 알맞은 형용사를 고르는 문제예요. 성수기 동안 회사가 바빠 추가 직원 고용의 필요성을 말하고 있어요. (B) hopeful 희망찬 (C) successful 성공적인 (D) cautious 조심스러운 은 모두 문맥상 staff 을 수식하기에 어울리지 않아요.

8 성공적인 지원자가 되기 위하여, 당신은 인터뷰를 위해 적절하게 잘 갖춰 입어야만 합니다.

정답 (D)

어휘 • candidate 후보자 • interview 인터뷰 • authentic 진짜의 • valuable 소중한

해설 candidate를 수식할 형용사를 고르는 문제예요. 인터뷰에 적절하게 옷을 잘 입고 가는 지원자는 어떤 지원자가 될 가능성이 높을까요? 성공적인 지원자가 되겠군요. (A) authentic 진짜의 (B) famous 유명한 (C) valuable 소중한 의 의미예요.

9 Beaty Corp의 디자인은 항상 혁신적이며 시선을 끌지만, 새로운 노트북의 디자인은 특히 인상적이다.

정답 (D)

어휘 • innovative 혁신적인 • eye-catching 시선을 사로잡는

해설 seem은 2형식 동사예요. 뒤에 반드시 형용사가 나와야 하죠. 그런데 (B) impressed 도 '인상 깊은'이라는 의미로 분사예요. 분사는 형용사 역할을 하죠. 하지만 impressed는 사람만을 수식하는 형용사예요. 이 문제에서 수식 받는 명사는 the design으로 사물이잖아요? 그러니 오답이에요.

10 교정은 수많은 시간과 노력을 요구한다.

정답 (B)

어휘 • proofreading 교정 • amount 양 • effort 노력 • considerable 상당한

해설 명사 amount를 수식하는 품사는 형용사예요.

Lesson 6

PART 5 & 6

theme

[품사] 부사

1. 부사의 역할
2. 부사의 자리
3. 부사의 형태

엣지만의 학습 목표

이런 것을 배워요~
1. 부사형 어미에 대해 배워요.
2. 부사의 위치를 파악해보아요
3. 토익시험 빈출 부사를 암기하세요.

이 정도 되면 서로 좀 익숙해 졌겠지요? 앞으로는 말을 편하게 해도 될까요? ^^

자~ 그럼… 명사 수식을 형용사가 한다면 동사 수식은 무엇이 할까?

맞아요. 동사 수식은 부사가 하지요.

어떤 사람이 공부하는 모습을 묘사한다고 합시다. "그는 공부를 합니다."라고 묘사할 수도 있지만, "그는 공부를 '열심히' 합니다."라고 묘사할 수도 있죠? 이렇듯 "공부하다"라는 동사를 "열심히"라는 부사가 수식할 수 있죠.

1 부사의 역할

형용사는 오직 명사만 꾸미잖아? 그럼 부사는 동사만 수식할까? 사실, 부사는 명사를 뺀 나머지, 즉, 동사, 형용사, 다른 부사, 전치사 구, 문장 전체를 수식해요.

2 부사의 자리

1. 주어 + 부사 + 동사 or 주어 + 동사 + 부사

부사는 동사를 꾸며줄 때는 동사 앞에 올 때도 있고, 동사 뒤에 올 때도 있지요.

한국어	영어
1. 기차가 달린다. 　기차가 <u>빠르게</u> 달린다.	1. The train runs. 　The train runs <u>fast</u>.
2. 그가 공부를 한다. 　그가 공부를 <u>열심히</u> 한다.	2. He studies. 　He studies <u>hard</u>.

자, 이 문제를 모르는 사람이 있어? 없지? 영어버전도 너무 쉽죠?

2. 조동사 + 부사 + 동사원형

영어에서 부사는 조동사와 동사원형 사이에 나오기도 해~. 이 자리는 초급자들이 잘 모르는 부사의 자리이니 반드시 익혀둬야겠죠?

한국어	영어
1. 세 번째 지점이 오픈할 것이다.	1. The third branch will open.
2. 세 번째 지점이 <u>드디어</u> 오픈할 것이다.	2. The third branch will <u>finally</u> open.

3. have + 부사 + p.p.

한국어	영어
1. 그의 아들은 숙제를 끝냈다.	1. His son has finished his homework.
2. 그의 아들은 <u>이미</u> 숙제를 끝냈다.	2. His son has <u>already</u> finished his homework.

4. 부사 + 형용사

형용사 앞에서 형용사를 수식하기도 하죠.

한국어	영어
1. 호텔직원들이 도움이 되었다.	1. Hotel staff were helpful
2. 호텔직원들이 <u>꽤</u> 도움이 되었다.	2. Hotel staff were <u>quite</u> helpful.

부사의 자리가 한국어와는 조금 다른 경우도 있어요. 그러니 부사의 자리는 꼭 따로 암기하는 것이 좋겠어요.

부사 자리를 다 암기했다고? 그럼 암기한 내용을 문제에 적용해볼까?

 다음 중 괄호 안에 들어갈 알맞은 단어를 고르시오.

한국어

1. Sweet Sweet Home 가전제품은 한국에서 (일반적인 / 일반적으로) 널리 이용할 수 있다.
2. 모든 최종후보들이 선정되면, 매니저가 (직접적인 / 직접) 그들에게 연락할 것이다.
3. ABC 회사의 수익이 이번 분기에 (엄청난 / 엄청나게) 증가했다.

영어

1. Sweet Sweet Home appliances are (general / generally) available in Korea.
2. When all finalists are chosen, the manager will (direct / directly) contact them.
3. ABC company's profits have (significant / significantly) increased this quarter.

 문법 문제를 잘 풀 수 있는 요령!
1. 빈칸 앞뿐 아니라 빈칸 뒤에 어떤 품사가 있는지 살핀다.
2. 빈칸에 들어가야 할 품사를 찾는다.
   → 암기한 부사의 자리인지 확인한다.

1. generally (형용사 available 앞이므로 부사가 정답이에요)
2. directly (조동사 + _____ + 동사원형은 부사의 자리이죠)
3. significantly (have + _____ + p.p. 는 부사의 자리예요)

3 부사의 형태

1. 형용사 + ly

• quick 빠른	• quickly 빠르게
• innovative 혁신적인	• innovatively 혁신적으로
• potential 잠재적인	• potentially 잠재적으로
• convenient 편리한	• conveniently 편리하게

이런 식으로 대부분의 부사는 형용사 뒤에 ly만 붙이면 부사가 돼요. 참 쉽지?

2. 헷갈리기 쉬운 부사

보통 형용사에 ly 가 붙으면 의미는 같으면서 품사만 부사로 바뀌는데, 아예 다른 의미로 바뀌는 부사들도 있어요. 이런 부사들은 따로 암기해야겠지?

• close 가까이에	• closely 세심하게, 면밀하게	• high 높이	• highly 매우
• hard 열심히	• hardly 거의 ~하지 않다	• late 늦게	• lately 최근에
• most 가장	• mostly 대개	• near 가까이에	(= recently)
			• nearly 거의

[한국어]

1. 그는 <u>높은</u> 산에 올랐다.
   그는 <u>매우</u> 동기부여 되어있다.
2. 그녀는 <u>늦게</u>까지 일했다.
   그녀는 <u>최근에</u> 미국에 간 적이 있다.

[영어]

1. He climbed a <u>high</u> mountain.
   He is <u>highly</u> motivated.
2. She worked <u>late</u>.
   She has been to America <u>lately</u>.

2. 형용사와 부사가 같은 형태인 경우

영어 단어 중에는 형용사와 부사가 똑같은 형태인 경우도 있어요.

• early 이른 – 일찍	• hard 어려운, 견고한 – 열심히	• high 높은 – 높게	• far 먼 – 멀리
• fast 빠른 – 빨리	• late 늦은 – 늦게	• monthly 매달의 – 매달	• near 가까운 – 가까이
• yearly 매년의 – 매년	• well 건강한 – 잘	• long 긴 – 오랫동안	• enough 충분한 – 충분하게

[한국어]

1. 그는 <u>이른</u> 기차를 탔다.
2. 그는 오늘 아침에 <u>일찍</u> 일어났다.

[영어]

1. He caught the <u>early</u> train.
2. He got up <u>early</u> in the morning.

 **예제**

다음 중 괄호 안에 들어갈 알맞은 단어를 고르시오.

한국어

1. Fine Bistro는 이탈리아에 (근처의 / 거의) 100개의 지점을 가지고 있다.
2. FUNFUN 학원은 (편리한 / 편리하게) 위치되어 있다.
3. 그는 지난밤, 출장에서 (늦게 / 최근에) 도착했다.

영어

1. Fine Bistro has (near / nearly) 100 branches in Italy.
2. FUNFUN Institute is (convenient / conveniently) located.
3. He arrived (late / lately) from a business trip last night.

 엣지있는 TIP

1. 빈칸에 들어갈 품사를 찾는다.
2. 보기 중 부사가 두 개 이상이라면 의미를 파악해야 한다.

1. nearly (해석상 "거의 100개"가 맞으므로 정답은 nearly예요)
2. conveniently (p.p.도 일종의 형용사이므로 부사가 수식을 하죠)
3. late (보기 둘 다 부사이므로 의미를 파악해야 하는 문제이다. 해석상 "늦게 도착하다"가 더 어울리므로 정답은 late이에요)

 엣지있는 TIP

■ 시험에 자주 출제되는 부사

- 일시적으로 정지된: **temporarily** suspended
- 편리한 곳에 위치한: **conveniently** located
- 환경친화적인: **environmentally** friendly
- 철저히 조사하다 / 검토하다
  : **thoroughly** investigate / review
- 대략 250명의 사람들:
  approximately 250 people
- 주로 / 대부분 ~때문인: **largely** due to
- 초기에 예상된: **initially** estimated

- 절대 필수적인: **absolutely** essential
- 매우 자격 있는
  : **highly** qualified for the position
- 적절히 가격 매겨진: **reasonably** priced
- 완전하게 작동되는: **fully** functional
- 주문을 신속하게 처리하다
  : **promptly** handle the orders
- 효율적으로 운영되다: run **efficiently**
- 거의 ~만을 취급하다
  : deal almost **exclusively** with
- ~의 의견에 강력히 반대하다
  : **strongly** disagree with

토익 기초 뛰어넘기

1. Auto professionals _____ predicted that car buying will increase next year.

(A) cautious

(B) cautiously

2. His second restaurant was _____ successful.

(A) marginal

(B) marginally

3. The technology level at Taylor Town Technologies is _____ higher than at any other technology company.

(A) considerable

(B) considerably

4. Pantech Inc. suggested to Intel Tech Inc. that they work _____ to develop state-of-the-art technologies for robot accessories.

(A) collaboratively

(B) collaborative

5. Sloat Delivery _____ ships 10 cases of oil to Big Brothers every week.

(A) regularly

(B) regular

토익 기초 뛰어넘기

6 All Rental Shop will be _____ closed due to a renovation.

(A) temporarily

(B) permanently

7 _____ after you order your food, we start to cook.

(A) Immediately

(B) Already

8 Our engineering managers are _____ qualified.

(A) high

(B) highly

9 _____ 300 people attended the party last night.

(A) Near

(B) Nearly

10 Employees' requests for time off will _____ be declined during peak seasons.

(A) general

(B) generally

# 토익 기초 뛰어넘기 정답과 대본

1 자동차 전문가들은 내년에 자동차 판매가 늘어날 것이라고 조심스럽게 예측했다.

정답 (B)
어휘 • professional 전문가 • predict 예언하다
해설 주어 _____ 동사에서 빈칸은 부사 자리죠. 부사 자리를 암기해 두면 빠르고 정확하게 문제를 풀 수 있으므로 암기해두세요.

2 그의 두 번째 가게는 그럭저럭 성공했다.

정답 (B)
어휘 • successful 성공한
해설 be _____ 형용사의 자리, 즉 형용사 수식은 부사가 하죠. marginally successful 그럭저럭 성공한 의 의미로 토익시험에 몇 번 출제된 적이 있어요. 함께 암기해두면 도움이 되겠죠.?

3 Taylor town Technologies의 기술 수준은 다른 어떤 기술회사보다 상당하게 더 높다.

정답 (B)
어휘 • technology 기술 • level 수준
해설 비교급이더라도 그 품사가 형용사라면 부사가 수식해요.

4 Pantech 회사는 Intel Tech 회사에게 로봇 부속품을 위한 최신 기술 개발을 위해 협력하여 일하자고 제안했다.

정답 (A)
어휘 • suggest 제안하다 • develop 개발하다 • state-of-the-art 최신식의
• accessory 액세서리
해설 자동사 수식은 부사가 해요. work는 자동사예요.

5 Sloat Delivery는 매주 Big Brothers에게 10통의 오일을 배송한다.

정답 (A)
어휘 • ship 선적하다 • case 통, 케이스 • every week 매주
해설 주어 _____ 동사의 자리는 부사 자리예요.

토익 기초 뛰어넘기 정답과 대본

6   All Rental shop은 수리를 위해 잠시 문을 닫을 것이다.

  정답 (A)
  어휘 • rental 임대의   • due to ~때문에   • temporarily 일시적으로   • permanently 영원히
  해설 수리 때문에 가게는 "잠시 동안" 문을 닫는다 가 좋겠습니다. Permanently는 '영원히'라는 의미이므로 어울리지 않아요.

7   당신의 음식을 주문한 직후부터 우리는 요리하기 시작한다.

  정답 (A)
  어휘 • order 주문하다, 주문   • immediately 즉시   • already 이미
  해설 전치사 구 (after ordering ~) 수식은 부사가 한다는 것을 암기해두세요. 특히 immediately after ~한 직후에라는 의미로 빈출 표현이에요.

8   우리 엔지니어 매니저들은 매우 자격을 잘 갖췄다.

  정답 (B)
  어휘 • qualified 자격을 갖춘
  해설 high '높은', highly '매우'라는 의미로 비슷하게 생겼으나 의미가 완전히 다르죠. '자격을 갖춘'이라는 형용사는 무엇의 수식이 더 어울릴지 생각해 보세요.

9   거의 300명의 사람들이 파티에 참석했다.

  정답 (B)
  어휘 • attendee 참석자   • nearly 거의
  해설 숫자는 명사와 형용사 역할을 모두 할 수 있죠. 이 문장에서의 300은 형용사로 쓰였으므로 (뒤의 명사 people을 수식하죠) 알맞은 부사를 고르는 문제예요. Near '근처에' nearly '거의'라는 의미로 비슷하게 생겼으나 의미가 다른 부사예요.

10   성수기 동안에 직원들의 휴가 요청은 일반적으로 거절될 것이다.

  정답 (B)
  어휘 • time off 휴가
  해설 be _____ r.p. 도 부사가 수식해요.

Lesson 6 • 103

토익 실전 마무리

1 The installation of the new production equipment is _____ completed.

(A) near
(B) neared
(C) nearing
(D) nearly

2 As you know, our company has been _____ competitive.

(A) increase
(B) increases
(C) increasing
(D) increasingly

3 All staff should be _____ trained on how to use the new equipment safely.

(A) highly
(B) shortly
(C) largely
(D) high

4 Many companies have tried to change their system from a technology-intensive system to a _____ friendly one.

(A) strongly
(B) environmentally
(C) financially
(D) approximately

5 Our products were not selling well in the early days but they _____ started selling a lot better.

(A) regularly
(B) thoroughly
(C) gradually
(D) considerably

토익 실전 마무리

6 A number of pharmaceutical companies are _____ developing new drugs.

(A) continuously
(B) continues
(C) continue
(D) continuous

7 One of Director Yim's critically acclaimed movies has been _____ known as "The Housemaid".

(A) Internationalist
(B) International
(C) Internationally
(D) Internationalism

8 Most cases in his lecture were not _____ applicable to me.

(A) directly
(B) directing
(C) direct
(D) directs

9 After a long discussion, the two companies _____ signed a technology agreement.

(A) finally
(B) reasonably
(C) increasingly
(D) efficiently

10 We will _____ move out of this town in order to reduce operating costs.

(A) short
(B) soon
(C) effectively
(D) exclusively

토익 실전 마무리 정답과 대본

1
새로운 생산 장비의 설치가 거의 완성되었다.

정답 (D)

어휘 • installation 설치 • completed 완료된

해설 be _____ p.p. 의 자리로 부사가 정답인 문제예요. Near '근처에' nearly '거의'라는 의미로 혼동하기 쉬운 부사이죠.

2
당신도 알다시피, 우리 회사는 점점 더 경쟁력이 있다.

정답 (D)

어휘 • as you know 당신도 알다시피 • competitive 경쟁력 있는

해설 be _____ 형용사, 형용사 수식은 부사가 하죠.

3
모든 직원들은 새로운 장비를 안전하게 사용하는 방법에 대해 고도로 훈련되어야 한다.

정답 (A)

어휘 • trained 훈련된 • on ~에 관하여 • how to use 이용하는 방법 • safely 안전하게

해설 trained를 수식할 알맞은 부사를 고르는 문제예요. 'highly trained' 고도로 훈련된 의 의미로 빈출 표현이니 함께 익혀두세요.

4
많은 회사들이 그들의 시스템을 기술 집약적인 시스템에서 환경친화적인 것으로 바꾸려고 노력하고 있다.

정답 (B)

어휘 • technology – intensive system 기술 집약적인 시스템

해설 environmentally friendly는 함께 잘 어울리는 관용표현으로 '환경친화적인'이라는 의미예요. friendly가 ~ly로 끝나지만, 형용사라는 것도 알아두세요.

5
우리의 상품은 초창기에는 잘 팔리지 않았으나 점차적으로 잘 팔리기 시작하였다.

정답 (C)

어휘 • selling well 잘 팔리는 • in the early days 초창기에

해설 상품이 초창기에는 잘 팔리지 않았다는 앞 문장을 힌트로 하지만 서서히 잘 팔리기 시작했다가 문맥상 알맞죠. (A) regularly 정기적으로 (B) thoroughly 철저하게 (D) considerably 상당라는 의미로 특히 (D) considerably는 증가 감소 동사와 어울리는 부사예요.

토익 실전 마무리 정답과 대본

6

수많은 제약회사들이 끊임없이 신약을 개발하고 있다.

정답 (A)

어휘 • a number of 수많은 • pharmaceutical companies 제약 회사

해설 be _____ ~ing는 부사의 자리예요.

7

평론가들에게 칭찬을 받는 임 감독의 영화들 중 하나는 국제적으로 "하녀"로 알려졌다.

정답 (C)

어휘 • be known as ~로 알려지다

해설 be _____ p.p.는 부사 자리예요.

8

그의 강연의 대부분 예시는 나에게 직접적으로 적용되지 않았다.

정답 (A)

어휘 • applicable 적용될 수 있는 • directly 직접적으로

해설 형용사 수식은 부사가 하죠. applicable to 명사 '~에 적용되는'으로 뒤에 나오는 전치사까지 함께 암기해두면 좋아요.

9

오랜 토의 끝에 그 두 회사는 마침내 기술 협약을 맺었다.

정답 (A)

어휘 • sign 서명하다 • agreement 계약서

해설 after a long discussion에서 "오랜 기간의 토의 이후에"라고 하였으니 시간이 오래 걸려 드디어 마침내 ~ 하게 되었다? - 문맥상 어울리죠. 이렇듯, 오랫동안 ~~을 한 이후라는 표현은 "마침내"라는 부사와 잘 어울려요.

10

우리는 운영비를 줄이기 위하여 이 타운에서 곧 이사 갈 것이다.

정답 (B)

어휘 • in order to ~하기 위하여 • reduce 줄이다 • operating cost 운영비

해설 조동사 _____ 동사원형 자리도 부사의 자리죠. 또한, soon은 "미래" 시제의 단서이기도 해요. 'In order to do ~하기 위하여'의 구문으로 빈출 표현이니 알아두세요.

Lesson 6 • 107

Lesson 7

PART 5 & 6
[동사] 동사의 이해

1. be 동사
2. 일반동사
3. 자동사와 타동사
4. 문장의 형식

엣지만의 학습 목표

이런 것을 배워요~

1. be 동사의 다양한 형태를 알 수 있어요.
2. 자·타동사를 구별하고 특징을 알 수 있어요.
3. 5개의 문장의 형식을 알 수 있어요.

영어의 동사는 다음과 같이 세 부류로 나눌 수 있어요.

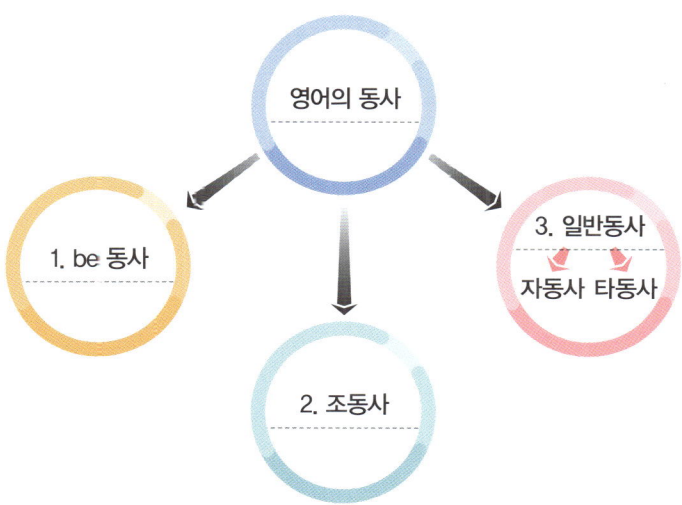

1 be 동사

be 동사는 '~가 있다.', '~이다.'라는 두 가지의 의미를 가진 동사예요.
be 동사는 시제와 인칭에 따라 그 모습이 달라져요. 한국어랑은 많이 다르죠.

인칭		be 동사
1인칭	I (단수)	am (현재), was (과거)
	We (복수)	are (현재), were (과거)
2인칭	You (단 복수 동일)	are (현재), were (과거)
3인칭	He, She, It (단수)	is (현재), was (과거)
	they (복수)	are (현재), were (과거)

Lesson 7 • 109

한국어	영어
1. 우리는 친구**입니다**. 　나는 과거에 선생님**이었다**.	1. We <u>are</u> friends. 　I <u>was</u> a teacher.
2. 너희들은 남자아이들**이다**. 　너는 방 안에 **있었다**.	2. You <u>are</u> boys. 　You <u>were</u> in the room.
3. 그것들은 큰 공**이다**. 　그는 중학생**이다**.	3. They <u>are</u> big balls. 　He <u>is</u> a middle school student.

두 번째 예문에서처럼 (You were in the room.) be 동사는 "~에 있다"라고 존재를 나타내기도 합니다. 조금 헷갈린다면 확인문제로 연습해 볼까요?

다음 중 괄호 안에 들어갈 알맞은 말을 고르시오.

한국어	영어
1. 그는 매우 친절하다.	1. He (am / are / is) very kind.
2. 이 박스들은 매우 무겁다.	2. These boxes (am / are / is) very heavy.
3. 나는 무척 행복하다.	3. I (am / are / is) very happy.

> 1. is　2. are　3. am

조동사: 뒤에 무조건 동사원형이 나와야 해요.
　❶ can: "~할 수 있다"라는 의미의 조동사
　❷ must / should: "~을 해야 한다"라는 의미의 조동사
　❸ may: "~일지도 모른다"라는 의미의 조동사

한국어	영어
1. 그는 수영을 <u>할 수 있다</u>.	1. He <u>can</u> swim.
2. 모든 자동차들은 빨간불에 <u>멈춰야 한다</u>.	2. All cars <u>should</u> stop at the red light.
3. 그녀는 이번 컨퍼런스에 불참할 <u>수도 있다</u>.	3. She <u>may</u> not be present at this conference.

2 일반동사

일반동사도 be 동사와 마찬가지로 인칭에 따라 형태가 바뀌지요.
일반동사의 현재형은 주어가 3인칭 단수일 때만 [동사원형 + ~(e)s]로 변형해요.

한국어

1. 나는 음악을 좋아한다.
   그는 음악을 좋아한다.

2. 너는 피아노를 친다.
   그녀는 피아노를 친다.

3. 그들은 영어 공부를 한다.
   김 씨는 영어 공부를 한다.

영어

1. I like music.
   He likes music.

2. You play the piano.
   She plays the piano.

3. They study English.
   Mr. Kim studies English.

 예제 다음 중 괄호 안에 들어갈 알맞은 단어를 고르시오.

한국어

1. 그녀는 영어를 말할 수 있다.

2. Lopez 씨는 그 서류를 조심스럽게 읽는다.

3. 이사회는 많은 일을 결정한다.

영어

1. She can (speak / speaks) English.

2. Ms. Lopez (read / reads) the document carefully.

3. The board of directors (decide / decides) a lot of things.

 **정답 해설**

1. speak (조동사 뒤에는 항상 동사원형만 써야 해요)
2. reads (주어가 Ms. Lopez로 고유명사군요. 고유명사는 단수 취급을 해야 하며 3인칭 단수이므로 동사 뒤에 ~s가 붙어있어야 하죠)
3. decides (The board가 3인칭 단수 주어이므로 동사 뒤에 ~s가 붙어 있어야 해요)

3 자동사와 타동사

일반동사는 크게 자동사와 타동사로 나뉘어요. 목적어가 필요 없는 동사를 자동사, 목적어가 필요한 동사를 타동사라고 하죠. 토익시험에 자/타동사를 구별하는 문제가 자주 출제되므로 시험에 자주 출제되는 자/타동사는 반드시 암기해야 해요.

■ 대표적인 자동사

• exist 존재하다	• appear 나타나다	• hesitate 망설이다	• fall 떨어지다	• happen 발생하다	
• arrive 도착하다	• rise 올라가다	• lie 놓다, 놓여있다	• matter 중요하다	• occur 발생하다	1) 수동태 불가
• work 일하다	• function 기능하다	• talk 말하다	• last 지속하다	• take place 발생하다	2) 뒤에 부사 가능
• proceed 나아가다	• emerge 출현하다	• convene 소집하다	• vary 다양하다	• commute 통근하다	3) 뒤에 전치사구 가능
• retire 은퇴하다	• resign 사임하다	• culminate 절정에 이르다		• expire 끝나다	

■ 특정한 전치사와 함께 쓰이는 자동사

with	comply with ~을 따르다 = abide by = adhere to = observe	deal with ~을 다루다 = handle = take care of (취급하다)	merge with ~와 합병하다 be merged with
	cooperate with = collaborate with 협동하다	cope with 대처하다 = overcome	content with ~와 다투다, 투쟁하다
	interfere with 간섭, 방해하다	interact with 상호작용하다	coincide with 시기가 겹치다
on	focus on ~에 집중하다 = concentrate on	count on / upon ~에 의지하다	
for	call for 요청 요구하다	compensate for 보상하다 compensate A for B (A에게 B에 대해 보상하다)	compete for ~을 위해 경쟁 compete with ~와 경쟁하다

for	qualify for ~에 대한 자격이 있다 = be qualified for	leave for ~를 향하여 출발하다 leave A ~를 떠나다	vote for 찬성투표하다 vote against 반대투표하다
to	adapt to 명사 / ing = adjust to ~에 적응하다 correspond to ~에 상응하다	appeal to ~에 호소하다 lead to ~로 이끌다	object to ~에 반대하다 = oppose N = be opposed to N

4 문장의 형식

영어에는 크게 5종류의 문장의 형태가 있어요. 그 형태를 알고 있으면 영어 문장을 이해하는데 훨씬 수월할 뿐 아니라 토익 시험에도 자주 나오고 있어요. 5형식에 대해 쉽게 알아봐요.

1. 1형식

주어 + 자동사 + (전치사 + 명사)의 형태로 [주어는 동사한다]라고 해석하죠.

온라인으로 기금을 마련하는 아이디어는 나에게 떠오르지 않았다.

The idea of generating funds online never occurred to me.
(주어)   (동사)

occur는 자동사라서 동사 뒤에 목적어가 나오지 않고 전치사 구 to me가 나왔어요.

2. 2형식

주어 + 자동사 + 보어의 형태로 동사 뒤의 보어가 주어를 설명해줘요. 여기서 특이한 점은 동사 뒤에는 주로 부사가 나오는데 2형식은 동사 뒤에 보어로 [형용사]가 나오도록 암기해 두세요.

감각 동사	Feel, look, sound, taste, smell	형용사
~인 채로 남아있다.	Stay, keep, remain	
~처럼 보이다	Appear, seem	

그녀의 재킷은 멋져 보인다.

Her jacket **looks** nice.
주어 　동사　보어

3. 3형식

주어 + 동사 + 목적어의 형태예요. 3형식 동사부터 타동사예요. [주어가 목적어를 동사한다] 라고 해석하죠.

그는 편지를 썼다.

He wrote a letter.
주어 동사 목적어

4. 4형식

주어 + 동사 + 간접목적어 + 직접목적어의 형태로 [주어는 간접 목적어에게 직접목적어를 동사한다]라고 해석해요. 4형식 동사는 특이하게 목적어가 2개 나오는 형태를 취하는데 그래서 4형식 동사를 꼭 암기할 필요가 있어요.

그는 나에게 책을 주었다.

He gave me a book.
주어 동사 간목 직목

■ 시험에 자주 출제되는 4형식 동사

주어	give, grant, send, offer, award, charge	사람 목적어 (IO)	사물 목적어 (DO)
	tell, inform, notify, advise, remind, assure	사람 목적어 (IO)	that 절

5. 5형식

주어 + 동사 + 목적어 + 목적 보어의 형태예요. 5형식은 목적 보어 자리에 들어갈 수 있는 품사가 다양해서 5형식도 여러 종류가 있어요. 그중에서 토익 시험에 잘 나오는 5형식 유형 2가지만 살펴볼게요.

■ 주어 + 동사 + 목적어 + 형용사 형태

 한국어

안전규정은 생산직 근로자들을 안전하게 한다.

 영어

Safety regulations keep workers safe.
(주어) (동사) (목적어) (형용사)

■ 반드시 암기해야 하는 5형식 동사 (1)

주어	make, find, keep, consider, deem, leave	목적어	형용사

■ 주어 + 동사 + 목적어 + to 부정사 형태

한국어

그 고객은 우리에게 자신의 디자인을 변경해달라고 요청했다.

영어

The client asked us to change his design.
(주어) (동사) (목적어) (to 부정사)

■ 반드시 암기해야 하는 5형식 동사 (2)

주어	advise, allow, cause, enable, ask, encourage, expect, force, persuade, require, request	목적어	to do

 다음 중 괄호 안에 들어갈 알맞은 단어를 고르시오.

한국어

1. 그녀는 여전히 침묵을 지키고 있다.
2. 오스카 시상식에서 "Moonlight"는 최고의 작품상을 받았다.
3. 그는 문을 열어 둔 채로 나갔다.

영어

1. She still remains (silent / silently).
2. At the Oscars, "Moonlight" was (awarded / provided) the best picture Oscar.
3. He left the door (open / openly) and went out.

1. silent (remain이 2형식 동사이므로 뒤에 형용사가 나와야 하죠)
2. awarded (4형식 동사는 목적어가 2개이므로 수동태 뒤에도 목적어가 하나 나올 수 있어요)
3. open (left(leave)는 5형식 동사 중에서 목적 보어 자리에 형용사가 나오는 동사예요)

토익 기초 뛰어넘기

1. Please _____ your reports before submitting them.
   (A) review
   (B) reviews

2. She _____ the senior supervisor due to her outstanding performances.
   (A) became
   (B) become

3. Ms. Davis _____ been nominated for the Best Actress.
   (A) have
   (B) has

4. It _____ almost 3 hours from Seoul to Busan by KTX.
   (A) take
   (B) takes

5. She _____ at the airport at 3 p.m.
   (A) arrived
   (B) reached

토익 기초 뛰어넘기

6 Greg _____ fluent in English and Spanish.

(A) is

(B) are

7 The sales team expected Alex _____ the deal.

(A) to win

(B) wins

8 The new product _____ perfect.

(A) seem

(B) seems

9 The employees found the revised company policies _____.

(A) practical

(B) practically

10 The vacation plan must _____ submitted by March 30.

(A) is

(B) be

토익 기초 뛰어넘기 정답과 대본

1 보고서를 제출하기 전에 검토해 주십시오.

정답 (A)

어휘 • review 검토하다 • report 보고서 • submit 제출하다

해설 please 뒤에는 동사원형을 써야 하죠. 또한, please가 없어도 명령문은 동사원형으로 시작해요.

2 그녀는 그녀의 뛰어난 성과 때문에 고위 관리자가 되었다.

정답 (A)

어휘 • senior supervisor 고위 관리자 • outstanding 뛰어난 • performance 성과, 일

해설 주어가 3인칭 단수이므로 단수 동사를 써야 하는데 (B) become은 동사원형이라서 오답이에요.

3 Davis 씨는 여우 주연상 후보에 올랐다.

정답 (B)

어휘 • nominate 후보에 오르다

해설 주어가 3인칭 단수이므로 단수 동사가 정답이죠.

4 KTX로 서울에서 부산까지 거의 3시간 걸린다.

정답 (B)

어휘 • it takes 시간 시간이 걸리다 • almost 거의

해설 주어가 3인칭 단수이므로 단수 동사가 필요한데 (A) take는 복수 동사라서 오답이죠.

5 그녀는 3시에 공항에 도착했다.

정답 (A)

어휘 • airport 공항

해설 빈칸 뒤에 목적어가 없이 전치사 at이 나왔으므로 자동사를 고르는 문제예요. arrive 도착하다 라는 자동사이고, reach는 도착하다라는 타동사예요.

토익 기초 뛰어넘기 정답과 대본

6 Greg 씨는 영어와 스페인어에 능통하다.

정답 (A)
어휘 • fluent 능통한, 유창한
해설 주어가 3인칭 단수이므로 단수 동사가 필요하죠.

7 그 영업부서는 Alex 씨가 거래를 성사시킬 것이라고 기대했다.

정답 (A)
어휘 • sales team 영업부서 • deal 거래
해설 expect라는 동사는 동사 + 목적어 + to 부정사의 형태를 띠는 5형식 동사예요. 그러므로 빈칸에는 to 부정사가 들어가야 하죠.

8 새로운 상품은 완벽한 것처럼 보인다.

정답 (B)
어휘 • product 상품 • perfect 완벽한
해설 주어가 3인칭 단수이므로 동사도 단수 형태를 골라야 해요.

9 직원들은 개정된 회사 정책이 현실적이라고 생각했다.

정답 (A)
어휘 • revised 개정된 • policy 정책
해설 동사 find(found)는 동사 + 목적어 + 형용사의 형태를 띠는 5형식 동사예요. 그러므로 정답은 형용사가 되어야 하죠.

10 휴가 계획서는 3월 30일까지 제출되어야 한다.

정답 (B)
어휘 • vacation 휴가 • plan 계획
해설 조동사 뒤에는 무조건 동사 원형만 나와야 하죠.

토익 실전 마무리

1. All manufacturers should _____ with safety regulations.

(A) follow
(B) abide
(C) adhere
(D) comply

2. He _____ his client's office for the meeting.

(A) went
(B) traveled
(C) came
(D) visited

3. Ben & Bean Bistro will _____ its regular customers a 20% discount this month.

(A) provide
(B) include
(C) work
(D) offer

4. Delta construction company requires visitors _____ protective helmets.

(A) wear
(B) wearing
(C) to wear
(D) worn

5. Despite a bad rumor, Amor Inc. remains _____.

(A) competitive
(B) compete
(C) competent
(D) competitively

토익 실전 마무리

6 Before renting cars, you _____ check them carefully.

(A) can
(B) may
(C) should
(D) could

7 Beach Hotel keeps its rooms _____.

(A) warm
(B) warmly
(C) warming
(D) warmed

8 The results of the studies are _____.

(A) succeed
(B) success
(C) successful
(D) successfully

9 The construction of a new shopping mall _____ local residents to get new jobs.

(A) enables
(B) forces
(C) subscribes
(D) competes

10 Ice cream prices are _____ because of a milk shortage.

(A) rising
(B) raising
(C) lifting
(D) lefting

토익 실전 마무리 정답과 대본

1 모든 제조업체들은 안전 규정을 준수해야 한다.

정답 (D)

어휘 • manufacturer 제조업체 • safety regulations 안전 규정

해설 빈칸 뒤에 전치사 with가 있으므로 자동사를 고르는 문제예요. 특히 comply with 따르다, 준수하다 동사는 빈출 자동사이므로 전치사와 함께 암기해야 하죠. 전치사 with를 힌트로 comply를 골라야 하는 문제예요.

2 그는 미팅 때문에 고객의 사무실을 방문했다.

정답 (D)

어휘 • client 고객

해설 빈칸 뒤에 바로 목적어가 나왔으므로 타동사를 고르는 문제예요. (A) went 갔다 (B) traveled 여행했다 (C) came 왔다 모두 자동사이므로 오답이죠.

3 Ben & Bean Bistro는 이번 달에 단골고객에게 20% 할인을 제공할 것이다.

정답 (D)

어휘 • regular customer 단골 고객

해설 빈칸 뒤에 regular customers 간접 목적어 20% discount 직접 목적어로 목적어가 2개 나왔으므로 4형식 동사를 고르는 문제예요. 해석으로 (A) provide를 고르시면 안 되는 문제죠.

4 Delta 건설 회사는 방문객들에게 안전모를 착용할 것을 요구한다.

정답 (C)

어휘 • protective 보호의 • helmet 모자, 헬멧

해설 동사 require는 동사 + 목적어 + to 부정사의 형태를 띠는 5형식 동사예요. 그러므로 빈칸에는 to 부정사가 들어가야 하죠.

5 안 좋은 소문에도 불구하고 Amor 회사는 경쟁력 있는 상태이다.

정답 (A)

어휘 • despite ~에도 불구하고 • rumor 소문

해설 remain은 2형식 동사이므로 동사 뒤에 형용사가 나와야 하죠. 형용사는 (A) competitive 경쟁력 있는 (C) competent 유능한 인데 (C) competent는 주로 사람을 수식하는 형용사예요. 해석상 어색해서 오답이죠.

 **토익 실전 마무리 정답과 대본**

6 차를 빌리기 전에, 당신은 주의 깊게 그 차들을 살펴야 한다.

정답 (C)
어휘 • rent 빌리다, 대여하다 • check 확인하다 • carefully 주의 깊게
해설 해석상 알맞은 조동사를 고르는 문제예요. ~해야 한다라는 의미의 조동사가 필요하죠.

7 Beach 호텔은 방을 따뜻하게 유지한다.

정답 (A)
어휘 • room 방
해설 keep은 동사 + 목적어 + 형용사 형태의 5형식 동사예요. 형용사가 정답이죠.

8 연구 결과가 성공적이다.

정답 (C)
어휘 • result 결과 • study 연구
해설 be 동사 뒤에는 형용사가 나와요.

9 새로운 쇼핑몰 건설은 그 지역 주민이 새로운 일자리를 얻는 것을 가능하게 한다.

정답 (A)
어휘 • construction 건설 • local residents 지역 주민 • get 얻다
해설 빈칸 뒤에 목적어 (local residents) + to 부정사 (to get) 형태예요. 즉, [동사 + 목적어 + to 부정사] 형태의 동사를 고르면 되죠.

10 우유 부족으로 인해 아이스크림 가격이 오르는 중이다.

정답 (A)
어휘 • because of ~때문에 • shortage 부족
해설 빈칸 뒤에 전치사가 있으므로 자동사를 고르는 문제예요. (B) raising은 원형이 raise 로 "올리다"라는 타동사라서 오답이죠.

Lesson 7 • 125

Lesson 8

PART 5 & 6

theme

[동사] 수일치

① 꼭 알아두어야 할 단수 주어
② 꼭 알아두어야 할 복수 주어
③ 수량 형용사에 따른 수일치

엣지만의 학습 목표

이런 것을 배워요~

1. 토익에 자주 나오는 대표적인 단수 주어를 알아보아요.
2. 토익에 자주 나오는 대표적인 복수 주어를 알아보아요.

수일치란 주어와 동사의 "수"를 맞춘다는 의미야. 영어의 명사는 "단수"와 "복수"의 개념이 있잖아? 주어가 단수면 동사도 "단수"로, 주어가 복수면 동사도 "복수"로 맞춰서 사용해야 한다는 뜻이죠.

특히, 주어가 될 수 있는 품사는 대개 명사로 단수명사가 주어로 쓰였느냐 복수로 쓰였느냐에 따라 동사가 변해야 해요. 그래서 이번 단원에서는 대표적인 단수 주어와 복수 주어에 대해서 배워볼 거예요.

수일치가 주어가 단수이면 단수 동사를 복수이면 복수 동사를 사용한다는 것은 앞장에서 이미 언급했죠. 또한, 주어가 될 수 있는 가장 대표적인 품사가 명사인 것도 알 거예요. 그렇다면 명사의 단·복수 및 동사의 단·복수는 어떻게 표현할까요?

■ be 동사, have 동사, 일반 동사의 단·복수 형태

시제	주어	Be 동사	Have 동사	일반동사
현재	1인칭 단수 주어	am	have	동사원형
	3인칭 단수 주어	is	has	동사원형+(e)s
	복수 주어와 2인칭 단수 주어	are	have	동사원형
과거	1인칭, 3인칭 단수	Was	had	동사원형+(e)d 불규칙 과거형
	모든 복수 주어 및 2인칭 단수 주어	were	had	동사원형+(e)d 불규칙 고-거형

과거형 동사는 be 동사를 제외하고는 단·복수 형태가 동일해요.

- The orientation is helpful.
  단수 주어   단수 동사
- The orientations are helpful.
  복수 주어   복수 동사

- A girl has a hat.
  단수 주어 단수 동사
- Two girls have hats.
  복수 주어 복수 동사

Lesson 8

┌ The food at Lala restaurant tastes good.
│   단수 주어   단수 동사
└ The foods at Lala restaurant taste good.
    복수 주어   복수 동사

엣지있는 TIP

A of B의 형태가 주어로 쓰이면 진짜 주어는 A
The food at Lala restaurant tastes good. 에서 A 자리에 있는 명사는 The food예요. 그래서 단수 주어가 된 것이고,
The foods at Lala restaurant taste good. 에서는 A 자리에 있는 명사는 the foods죠. 그래서 복수 주어가 된 것이에요. 토익 시험에 A of B의 형태가 자주 나오므로 꼭 알아두세요!

1 꼭 알아두어야 할 단수 주어

■ 단수 명사 / to 부정사, 동명사, 명사절이 주어인 경우

한국어	영어
1. 그 회사는 다양한 화장품을 제조한다.	1. <u>The company</u> <u>manufactures</u> various cosmetics. 　　단수 주어　　　단수 동사
2. 신약을 개발하는 것은 어렵다.	2. <u>Developing new medicines</u> <u>is</u> difficult. 　　단수 주어 (동명사 주어)　　　단수 동사
3. 동우 회사의 CEO가 은퇴한다는 것은 사실이다.	3. <u>It</u> <u>is</u> true <u>that the CEO of DongWoo Company will retire</u>. 　가주어　단수 동사　　단수 주어 (명사절 주어)

 다음 중 괄호 안에 들어갈 알맞은 단어를 고르시오.

한국어	영어
1. 그는 지난달에 승진했다.	1. He (was / were) promoted last month.
2. 여기에서 Lincoln 박물관까지 버스로 2시간 걸린다.	2. It (take / takes) 2 hours to go to Lincoln Museum from here by bus.
3. 그 호텔은 전망이 좋다.	3. The hotel (have / has) a great view.

1. was (주어인 he는 3인칭 단수이므로 be 동사는 was를 써야 한다. were는 복수 및 2인칭 단수 주어일 때 사용하죠)
2. takes (가주어 it이 사용되었고 진주어는 to go to Lincoln Museum으로 to 부정사가 주어군요. to 부정사가 주어로 쓰이면 단수 취급하므로 동사도 단수 동사를 써야 해요)
3. has (주어인 The hotel 뒤에 ~s가 없으므로 단수 주어죠. 그러므로 단수 동사를 써야 해요)

2. 꼭 알아두어야 할 복수 주어

■ 복수 명사 / 항상 복수명사만 수식하는 형용사 various, multiple

한국어

1. 많은 여행객들은 제3세계 국가로의 여행을 꿈꾼다.
2. 다양한 페스티벌이 스페인에서 열린다.

영어

1. Many travelers dream of traveling to a third world country.
   (복수 주어) (복수 동사)
2. Various festivals are held in Spain.
   (복수 주어) (복수 동사)

엣지있는 TIP
항상 복수 명사만 수식하는 형용사
various(다양한), multiple(많은, 다수의)과 같은 형용사는 뒤에 복수 명사만 온다는 것을 기억하자!

예제
다음 중 괄호 안에 들어갈 알맞은 단어를 고르시오.

한국어

1. 신선한 채소는 건강에 좋다.
2. 자동차는 네 개의 바퀴를 가지고 있다.
3. 다수의 영업 사원들은 회사의 복장 규정의 개선을 요구했다.

영어

1. Fresh vegetables (is / are) good for health.
2. Cars (has / have) four wheels.
3. Multiple sales representatives (demands / demanded) improvements to the company's dress codes.

정답 해설
1. are (주어가 Fresh vegetables로 복수 주어군요. 그래서 복수 동사가 어울리죠)
2. have (복수 주어 cars가 사용되어서 복수 동사가 정답이죠)
3. required (주어는 Multiple sales representatives로 복수예요. 특히 형용사 multiple 뒤에는 꼭 복수 명사만 온다는 것을 기억해주세요. 복수 동사가 필요한 자리인데 demands는 단수 동사예요. 그러므로 정답이 될 수 없죠. 그래서 과거형 동사인 demanded가 정답이에요. 과거형은 단 복수가 동일해요)

Lesson 8 • 129

3. 수량 형용사에 따른 수일치

1. 단수 명사만 수식하는 수량 형용사

every, each, another +	단수 명사 + 단수 동사

한국어
1. 모든 직원들은 회사 규정을 따라야 한다.
2. 각 방마다 에어컨이 있다.

영어
1. Every employee <u>is</u> required to comply with the company regulations.
2. Each room <u>has</u> an air conditioner.

2. 복수 명사만 수식하는 수량 형용사

Many (= a number of), both, several, a few, few +	복수 명사 + 복수 동사

한국어
1. 몇몇 사람들이 공원에서 조깅을 하고 있다.
2. 극히 소수의 관리인들만 그 정책에 동의한다. (거의 동의하지 않는다.)

영어
1. Several people <u>are</u> jogging in the park.
2. Few officials <u>agree</u> with that policy.

3. 가산 단수와 복수 명사를 모두 수식하는 수량 형용사

all, most, some, any, a lot of + plenty of, other +	가산 복수 명사 불가산 명사

한국어
1. 모든 학생들은 교복을 입어야 한다.
2. 이 파일에 있는 모든 정보는 기밀이다.

영어
1. All students <u>are</u> required to wear their uniforms.
2. All information in this file <u>is</u> confidential.

 다음 중 괄호 안에 들어갈 알맞은 단어를 고르시오.

1. 대부분의 후보자들은 그 직책에 대한 자격을 갖추고 있다.

2. 각각의 예약은 무료 아침을 포함하고 있다.

3. 우리는 몇몇 결함 있는 상품을 발견하였다.

1. (Every / Most) candidates are qualified for the position.

2. (All / Each) reservation includes free breakfast.

3. We found (another / a few) defective products.

1. most (수식해야 할 명사가 candidates로 복수 형태이므로 복수명사를 꾸며줄 수 있는 형용사가 필요해. Every는 단수 명사만 수식하므로 오답이지요)

2. each (수식해야 할 명사가 reservation으로 단수 형태이므로 단수 명사를 꾸며줄 수 있는 형용사가 필요해. All은 가산 단수 명사와 불가산 명사를 수식하는데 reservation은 가산 명사의 단수 형태이므로 all이 수식할 수 없어요)

3. a few (수식해야 할 명사가 defective products로 복수 형태이므로 복수 명사를 꾸며줄 수 있는 형용사를 골라야 하죠. Another은 단수 명사만 수식할 수 있어서 오답이에요)

토익 기초 뛰어넘기

1 Mr. Collins _____ looking for a travel agency for his upcoming vacation.
(A) are
(B) is

2 Each of the lucky boxes _____ one coupon for the next purchase.
(A) have
(B) has

3 Some boys are wearing blue shirts but _____ boys are wearing white shirts.
(A) other
(B) another

4 The information from his supervisor _____ true.
(A) is
(B) are

5 _____ new plans for this building is one of his responsibilities.
(A) Development
(B) Developing

토익 기초 뛰어넘기

6 The construction of two wings _____ approved instead of leasing several offices.

(A) was

(B) were

7 _____ passengers should arrive at the airport at least 2 hours before their departure time.

(A) Every

(B) All

8 Hiring new employees _____ needed.

(A) was

(B) were

9 Lily's Café sells _____ coffee beans as well as sweet ice cream.

(A) various

(B) monotonous

10 It _____ critical that even new hires be aware of the company's regulations.

(A) be

(B) is

토익 기초 뛰어넘기 정답과 대본

1 Collins 씨는 그의 다가오는 휴가를 위해 여행사를 찾는 중이다.

정답 (B)
어휘 • look for 찾다 • travel agency 여행사 • upcoming 다가오는 • vacation 휴가
해설 고유명사 Collins는 단수 취급하므로 정답은 단수 형태의 동사여야 하죠.

2 행운의 박스들은 각각 다음 구매에 쓸 수 있는 한 개의 쿠폰을 가지고 있다.

정답 (B)
어휘 • lucky 행운의 • next 다음의 • purchase 구매 / 구매하다
해설 A of B에서 진짜 주어는 A였죠. 그래서 이 문장에서 주어는 each예요. Each는 단수 취급하므로 동사도 단수 형태여야 하죠.

3 몇몇 소년들은 파란 셔츠를 입고 있는 반면 다른 소년들은 하얀 셔츠를 입고 있다.

정답 (A)
어휘 • wear 입다 • shirt 셔츠
해설 꾸며줄 명사가 boys로 복수 형태예요. another은 가산 단수 명사만 수식할 수 있으므로 오답이죠. other은 가산 복수와 불가산 명사를 모두 수식할 수 있어서 정답이 될 수 있어요.

4 그의 상사로부터 들은 정보는 사실이다.

정답 (A)
어휘 • information 정보 • supervisor 감독관, 상사
해설 이 문장에서 주어는 the information이죠. 그러므로 단수 동사가 필요해요.

5 이 빌딩을 위한 새로운 계획들을 개발하는 것이 그의 책임 중 하나이다.

정답 (B)
어휘 • new 새로운 • plan 계획 • building 빌딩 • responsibility 책임
해설 문장 전체의 동사가 is로 단수 형태예요. 만약 new plans가 주어였다면 동사는 are였겠죠. 그러므로 new plans가 주어가 되어서는 안돼요. 그래서 new plans를 목적어로 가질 수 있는 동명사 주어를 만들어 주면 되는 거죠. 동명사 주어는 단수 취급이므로 수일치도 잘 맞아요.

토익 기초 뛰어넘기 정답과 대본

6

여러 개의 사무실을 임대하는 것 대신에, 두 개의 별관의 건설이 승인되었다.

정답 (A)

어휘 • construction 건설 • wing 별관 • approve 승인하다 • instead of ~ 대신에
• lease 임대하다

해설 A of B에서 A가 주어이므로 construction이 주어가 되는 거죠. Wings가 주어가 아니에요. 그래서 단수 동사가 필요하죠.

7

모든 승객들은 적어도 그들의 출발시간 2시간 전에 공항에 도착해야만 한다.

정답 (B)

어휘 • passenger 승객 • arrive 도착하다 • airport 공항 • at least 적어도
• departure 도착

해설 복수명사 passengers를 수식할 수 있는 수량 형용사를 고르는 문제예요. Every는 가산 단수 명사만 수식할 수 있어서 오답이죠.

8

새로운 직원을 고용하는 것이 요구되었다.

정답 (A)

어휘 • hire 고용하다 • need 필요하다

해설 이 문장도 new employees가 주어가 아니라 hiring 즉, 동명사가 주어죠. 그래서 단수 동사가 필요해요.

9

Lily's Café는 달콤한 아이스크림뿐 아니라 다양한 원두도 판매한다.

정답 (A)

어휘 • sell 팔다 • bean 콩 (coffee bean 원두) • as well as ~ ~뿐만 아니라

해설 수식해야 할 명사가 coffee beans로 복수 형태예요. 복수 명사만 수식하는 형용사 various가 잘 어울리겠죠.

10

신입사원들조차 회사의 규정을 알아야 한다는 것은 매우 중요하다.

정답 (B)

어휘 • critical 중요한, 결정적인 • new hires 신입사원 • aware of ~대해 알고 있다
• regulations 규정

해설 명사절 that 주어 + 동사가 주어로 쓰였고 맨 앞의 It은 가주어예요. 명사절이 주어로 사용되면 단수 취급해야 하므로 정답은 is가 되죠.

토익 실전 마무리

1 To accommodate more guests, the _____ of Callender Hotel was required.

(A) renovate
(B) renovating
(C) renovated
(D) renovation

2 The terms of a small business loan can _____ changed without notice.

(A) be
(B) am
(C) are
(D) is

3 Mr. Flores _____ promoted to regional manager in recognition of his contributions to the company.

(A) are
(B) were
(C) was
(D) be

4 Due to the inclement weather, _____ flights were canceled.

(A) much
(B) many
(C) little
(D) a little

5 _____ existing buildings is more economical than acquiring another building.

(A) Expand
(B) Expanding
(C) Expanded
(D) Expansion

토익 실전 마무리

6 The board of directors _____ pleased to announce that all employees will get bonuses next month.

(A) am
(B) are
(C) is
(D) be

7 _____ voters voted in this presidential election.

(A) Much
(B) Every
(C) Plenty
(D) Few

8 Mr. Johnson had his secretary make _____ copy of the evaluation form.

(A) the other
(B) other
(C) another
(D) others

9 In Spain, various festivals _____ held in May.

(A) are
(B) is
(C) was
(D) be

10 Guests with green cards _____ park in the area marked green.

(A) have to
(B) has to
(C) have
(D) has

토익 실전 마무리 정답과 대본

1 더 많은 손님을 수용하기 위해 Callender 호텔의 보수가 요구되었다.

- 정답 (D)
- 어휘 • accommodate 수용하다 • guest 손님 • require 요구하다
- 해설 A of B에서 진짜 주어는 A예요. 동사가 was로 단수이므로 단수 명사를 정답으로 골라야 하죠. (B) renovating은 동명사인데 명사하고 동명사 중 선택 시에는 명사 우선의 법칙이 있어요. 그래서 명사가 정답이에요.

2 중소기업 대출의 계약 조건은 통보 없이 변경될 수 있다.

- 정답 (A)
- 어휘 • term 조건, 용어, 학기 • loan 대출 • without notice 통보 없이
- 해설 조동사 can 뒤에는 항상 동사 원형이 나와야 하죠. 주어가 terms이기 때문에 복수 동사를 고르면 안돼요.

3 Flores씨는 회사에 대한 그의 공헌을 인정받아 지역 매니저로 승진되었다.

- 정답 (C)
- 어휘 • promote 승진시키다 • regional manager 지역 매니저
  • in recognition of ~을 인정하여 • contribution 공헌, 헌신
- 해설 주어인 Mr. Flores는 고유명사이므로 단수 취급을 해야 해요. 그러므로 단수 동사가 정답이에요.

4 악천후 때문에 많은 비행이 취소되었다.

- 정답 (B)
- 어휘 • due to ~때문에 • inclement weather 악천후 • flight 비행 • cancel 취소하다
- 해설 복수명사 flights를 수식할 수 있는 수량 형용사를 고르는 문제예요. '(A) much 많은 (C) little 거의 없는 (D) a little 약간 있는'은 모두 불가산 명사만 수식할 수 있어서 오답이죠.

5 기존 건물을 확장하는 것이 또 다른 건물을 인수하는 것보다 더 저렴하다.

- 정답 (B)
- 어휘 • existing 기존의 • economical 저렴한, 경제적인 • acquire 인수하다
- 해설 동사가 is이기 때문에 existing buildings는 복수명사여서 주어가 될 수 없어요. Existing buildings를 목적어로 쓰는 동명사 주어가 필요하죠. 그래서 동명사가 정답이에요.

토익 실전 마무리 정답과 대본

6 이사회는 다음 달에 모든 직원들이 보너스를 받게 될 것이라고 발표하게 되어 기쁘다.

정답 (C)
어휘 • the board of directors 이사회 • be pleased to ~해서 기쁘다 • announce 발표하다
• bonus 보너스
해설 A of B에서 진짜 주어는 A이므로 the board가 주어예요. 그래서 단수 동사가 필요하죠.

7 극소수의 유권자들만 이번 대통령 선거에서 투표했다.

정답 (D)
어휘 • voter 유권자 • vote 투표하다 • presidential election 대통령 선거
해설 복수명사 voters를 수식할 수량 형용사를 고르는 문제예요. (A) much는 불가산 명사단 수식하고 (B) every는 가산 단수 경사만 수식하죠. (C) plenty는 plenty of가 복수 명사를 수식하는데 of가 없어서 오답이에요.

8 Johnson 씨는 그의 비서에게 평가 양식서를 또 하나 복사하라고 시켰다.

정답 (C)
어휘 • secretary 비서 • evaluation form 평가 양식서
해설 가산 단수 명사 copy를 수식할 수량형용사를 고르는 문제예요. (A) the other 은 둘 중에 나머지 하나라는 뜻이죠. 문제 앞에 어디에도 '둘 중에'라는 표현이 없으므로 정답이 될 수 없어요. (3) other 뒤에는 가산 복수명사 혹은 불가산 명사가 나와야 하므로 오답이고, (D) others는 대명사로 "나머지 것들"이라는 의미이므로 명사를 수식할 수 없어요.

9 스페인에서는 5월에 다양한 페스티벌이 열린다.

정답 (A)
어휘 • various 다양한 • festival 페스티벌 • be held 개최되다
해설 various festivals는 복수 주어이므로 복수 동사가 필요하죠.

10 초록색 카드를 소지한 손님들은 초록색으로 표시된 지역에 주차해야 한다.

정답 (A)
어휘 • park 주차하다 • marked 표시된
해설 주어는 guests로 복수이므로 복수 동사가 필요해요. Have to 동사원형은 ~을 해야만 한다는 조동사예요. 빈칸 뒤에 park가 동사원형이므로 have to / has to 중의 하나를 골라야 해요.

Lesson 8 • 139

Lesson 9

PART 5 & 6

[동사] 시제

1. 단순시제
2. 완료시제
3. 진행시제

엣지만의 학습 목표

이런 것을 배워요~

1. 단순시제를 이해하고 단순시제와 잘 어울리는 단서를 알아보아요.
2. 완료시제를 이해하고 완료시제와 어울리는 단서를 알아보아요.
3. 진행시제를 이해해보아요.

영어는 시제가 크게 단순시제, 완료시제, 진행시제 세 부류지. 한국어 문법에는 존재하지 않는 시제들이 있어 당황스럽다고? 전혀 어렵지 않으니 밑의 수식을 보며 이해해보자.

■ 단순시제

현재, 과거, 미래 시제 이렇지 3종류가 있어요.

3 시제는 서로가 서로에게 영향을 미치지 않는 시제지. 그림처럼 과거에 일어나서 과거에 끝난 시제가 과거시제이고, 미래 역시 현재와 관련 없는 앞으로 일어날 일에 대한 시제라고 할 수 있어요.

■ 완료시제

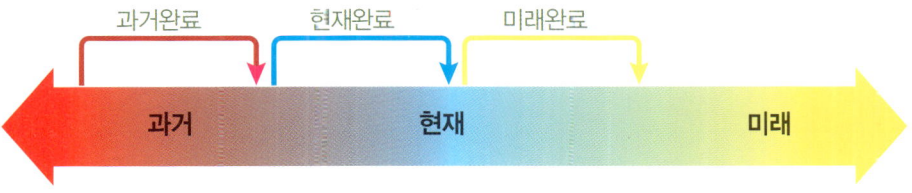

위의 수직선처럼 과거 이전부터 과거까지 이어지는 시제를 과거완료, 과거부터 현재까지 이어지는 시제는 현재완료, 현재부터 미래까지 이어지는 시제를 미래완료라고 하죠.

앞에서 언급했던 것처럼 영어의 시제는 크게 단순시제, 완료시제, 진행시제로 분류할 수 있어. 각각의 시제는 잘 어울리는 단서들이 있으므로, 시제를 이해한 후에는 단서를 같이 암기하면 문제 푸는 데 많은 도움이 될 거예요.

1 단순시제

1. 현재시제: 동사원형 or 동사+(e)s

일반적인 사실이나 반복, 습관적인 일을 나타낼 때 사용하는 시제예요.

 한국어

 영어

1. 새로운 프로그램들은 매달 업데이트된다. (반복)

2. 한국의 겨울에는 눈이 많이 온다. (일반적 사실)

1. New programs <u>are</u> updated every month.

2. It <u>snows</u> heavily in winter in Korea.

 현재 시점의 단서

Always, usually, often, every(매 ~마다), currently, presently 등의 반복적인 의미의 부사들과 잘 어울려요.

2. 과거시제: 동사ed or 불규칙변화

역사적 사건뿐 아니라 과거에 실제로 일어났던 일을 나타낼 때 사용하는 시제죠.

 한국어

 영어

1. Lopez 씨는 어제 마드리드로 갔다.

2. Lewis 씨는 3년 전에 입사했다.

1. Ms. Lopez <u>went</u> to Madrid yesterday.

2. Mr. Lewis <u>joined</u> the company 3 years ago.

 과거 시점의 단서

Last(지난~), ago(~전에), yesterday(어제), in the past(과거에), at that time(그때) 등의 단서들과 같이 잘 쓰여. 암기해두면 문제풀이에 도움이 될 거예요.

3. 미래시제: will+동사원형 / be going to 동사원형

앞으로 일어날 일에 대한 시제를 나타내죠.

한국어	영어
1. Mike 씨는 2주 후에 부사장으로 승진될 것이다.	1. Mike will be promoted to vice president in 2 weeks.
2. 그 오래된 건물은 다음 달에 보수될 것이다.	2. The old building will be renovated next month.

  미래 시점의 단서

Next, shortly, soon, in the future, tomorrow 등과 같이 미래를 나타내는 부사와 잘 어울려요.

 **다음 중 괄호 안에 들어갈 알맞은 단어를 고르시오.**

한국어	영어
1. 김 씨는 항상 아침을 먹는다.	1. Mr. Kim always (eats / ate / will eat) breakfast.
2. 지난달, Violet은 시험에 통과했다.	2. Last month, Violet (passes / passed / will pass) the exam.
3. 다음 달부터, 새로운 정책의 효력이 발생할 것이다.	3. As of next month, new policies (are / were / will be) effective.

2 완료시제

1. 현재완료시제

과거에 시작한 일이 현재까지 영향을 미칠 때 사용하는 시제

경험, 계속, 완료, 결과 4가지 용법이 있으나 토익 RC에서는 주로 "계속"의 용법으로 출제돼요.

현재완료의 기본 형태: 능동: have / has p.p.   수동: have / has been p.p.

그러니 토익에서 have p.p. 시제가 나오면 [쭉 ~해 왔다(계속적 용법)] 이라고 해석하면 돼~ 쉽죠?

한국어	영어
1. 그는 20년 동안 경찰관으로 일해왔다.	1. He has served as a police officer for 20 years.
2. Nancy는 4년 동안 큰 프로젝트를 3개 끝냈다.	2. Nancy has finished 3 big projects since she joined this team 4 years ago.

 현재완료 시점의 단서
- since + 과거시제 / 과거 시점 명사
- for 시간명사

In	the last	
over		시간 명사
for	the past	

- in the recent years
- recently: 현재완료와 과거에 주로 쓰임 (쓰임이 다른 단서에 비해 좀 다양함)

2. 과거완료시제

과거보다 더 먼저 일어난 일을 나타낼 때 쓰는 시제야.

기본형태 능동: had p.p.　수동: had been p.p.

한국어	영어
1. Paul이 이 회사에 입사하기 전에 그는 IBM에서 일했었다.	1. Before Paul joined this company, he had worked for IBM.
2. Johnston 씨는 공항에 도착하기 전에 회사로부터 전화를 받았다.	2. Mr. Johnston had answered the phone call from the company before he arrived at the airport.

 과거완료 시점의 단서

Before 주어 과거동사 (~과거에 ~하기 전에), 주어 had p.p.

3. 미래완료시제

현재 하고 있는 일이 특정한 미래까지 진행될 때 쓰는 시제

기본형태 능동: will have p.p. 수동: will have been p.p.

한국어

1. 다음 달이면, 나는 토익을 공부한 지 2달이 될 것이다.
2. 그녀가 출장에서 돌아올 때까지, 그녀의 비서가 그녀의 일을 거의 다 끝냈을 것이다.

영어

1. By next month, I will have studied for the TOEIC for 2 months.
2. By the time she comes back from her business trip, her assistant will have finished most of her work for the month.

미래완료 시점의 단서
By the time 주어 동사 (~할 때까지), 주어 will have p.p.

예제 다음 중 괄호 안에 들어갈 알맞은 단어를 고르시오.

한국어

1. 나는 대학교를 졸업한 후, 세 권의 소설을 썼다.
2. Holnbroke 씨가 사무실에 도착하기 전에, 그들은 그 안건에 대해 토론을 시작했다.
3. 부장님이 돌아올 때까지, 우리는 제안서 검토를 끝낼 것이다.

영어

1. Since I graduated from university, I (wrote / have written) three novels.
2. They (discussed / had discussed) the issue before Mr. Holnbroke arrived at the office.
3. We (finish / will have finished) reviewing the proposal by the time our director comes back.

1. have written (종속절이 since + 주어 + 과거동사(graduated)로 되어 있는데 이것은 현재완료의 단서가 되죠. 그러므로 정답은 현재완료 시제여야 해요)
2. had discussed (종속절에 before + 주어 + 과거동사(arrived)로 되어 있으므로 주절의 시제는 과거완료여야 해요)
3. will have finished (종속절에 by the time + 주어 + 현재동사(comes)가 나왔으므로 주절의 시제는 미래완료여야 하죠)

3 진행시제

1. 현재진행시제: am/are/is+-ing

현재 진행 중이거나 일시적인 상황을 언급할 때 사용하는 시제예요.

The Revvers가 무대에서 공연 중이다.

The Revvers is performing on the stage.

2. 과거진행시제: was/were+-ing

과거 어느 시점에 이루어지는 동작을 묘사할 때 쓰는 시제죠.

그가 피아노 치고 있는 동안 그의 엄마가 도착했다.

영어
While he was playing the piano, his mother arrived.

3. 미래시제: will be -ing

미래 어느 시점에 일이 진행되고 있음을 나타내는 시제야.

한국어
내일 오후 2시에는 3층 사무실의 모든 컴퓨터들은 업그레이드 작업이 한창 진행 중일 것이다.

At 2 p.m. tomorrow, all computers in the office on the third floor will be being upgraded.

 **다음 중 괄호 안에 들어갈 알맞은 단어를 고르시오.**

한국어

1. Simon이 집으로 돌아왔을 때, 나는 야구 경기를 TV로 보고 있었다.

2. 그는 지금 회의실에서 프레젠테이션을 하는 중이다.

영어

1. When Simon came back home, I (was / am) watching a baseball game on TV.

2. He (was / is) giving a presentation in the conference room now.

1. was (종속절의 시제가 과거(came)이므로 주절의 시제도 과거로 맞춰주세요. 이런 것을 시제일치라고 하죠. 그래서 과거형이 정답이에요.)

2. now (문장 제일 뒤의 now가 힌트네요. 정답은 현재진행으로 써야 하죠.)

Lesson 9 • 147

토익 기초 뛰어넘기

1 West Tech's new laptops recently _____ a lot of bad reviews.
   (A) get
   (B) got

2 I always _____ tennis on Wednesdays with my training partner.
   (A) will play
   (B) play

3 Norman _____ an emergency meeting right now.
   (A) organizing
   (B) is organizing

4 David and his entire team _____ overtime every day last week.
   (A) working
   (B) worked

5 The train bound for Prague _____ at 5:15 p.m.
   (A) is leaving
   (B) leave

토익 기초 뛰어넘기

6 Tomorrow, you _____ your new coworkers.

(A) will meet

(B) meet

7 When Mr. Sandova called, I _____ to other clients.

(A) was talking

(B) talk

8 Tatama, a seatbelt company, is currently _____ marketing staff.

(A) hiring

(B) hired

9 The midsummer festival _____ this coming Wednesday at 3 p.m.

(A) will start

(B) started

10 Tell Dr. Paxton to call back later because I _____ clients now.

(A) met

(B) am meeting

토익 기초 뛰어넘기 정답과 대본

1
West Tech의 새로운 노트북은 최근에 많은 안 좋은 후기를 받았다.

정답 (A)
어휘 •laptop 노트북 •recently 최근에 •a lot of 수많은 •review 후기
해설 빈칸 앞의 recently가 과거의 단서죠. 그러므로 정답은 과거형이에요.

2
나는 수요일마다 항상 나의 훈련 파트너와 테니스를 친다.

정답 (B)
어휘 •usually 대개
해설 빈칸 앞의 usually는 반복을 나타내므로 단순현재와 어울려요.

3
Norman은 지금 당장 긴급회의를 소집 중이다.

정답 (B)
어휘 •emergency 긴급한 •right now 지금 당장
해설 빈칸은 동사의 자리죠. (주어 뒤고 빈칸 뒤에 동사가 없어요) 그런데 (A) organizing은 동사가 아니군요. 또한, 문장 제일 뒤의 right now는 현재 시제의 단서가 되네요. 그러므로 현재시제가 정답이에요.

4
David과 그의 전체 팀은 지난주에 매일 야근을 했다.

정답 (B)
어휘 •whole 전체의 •overtime 초과 근무 •last week 지난주
해설 3번 문제처럼 동사 자리가 빈칸이므로 (A) working은 정답이 되기 어려워요. 또한, 문장 제일 뒤의 last week은 과거 시제의 단서예요. 그러므로 과거시제가 정답이죠.

5
Prague(프라하)로 향하는 기차는 5시 15분에 출발할 것이다.

정답 (A)
어휘 •bound for ~로 향하는
해설 주어가 train이므로 단수동사가 어울리죠. 그러므로 정답은 (A) is leaving이에요. come, go, leave, arrive와 같이 "가다", "오다"의 의미를 가진 동사들을 "왕래 발착 동사"라고 하는데 이런 동사들은 be + ~ing 형태를 띠면 "가까운 미래"를 나타내요. 그러니 해석은 미래로 하는 게 좋아요.

토익 기초 뛰어넘기 정답과 대본

6
내일, 당신은 새로운 동료를 만날 것이다.

정답 (A)
어휘 • coworker 동료
해설 tomorrow는 미래시점의 단서이므로 정답은 (A).

7
Sandoval 씨가 전화했을 때, 나는 다른 고객과 이야기 중이었다.

정답 (A)
어휘 • call 전화하다 • client 고객
해설 종속절의 시점이 과거(called) 이므로 주절의 시제도 과거로 맞춰주어야 시제일치가 되죠. 그래서 정답은 과거 시제예요.

8
Tatama 안전 벨트 회사는 현재 마케팅 직원을 모집 중이다.

정답 (A)
어휘 • seatbelt 안전 벨트 • currently 현재
해설 빈칸 뒤에 목적어인 marketing staff가 있으므로 수동형은 정답이 될 수 없죠. 또한, 해석상 지금 현재 마케팅 직원을 모집 중에 있는 상황이므로 현재진행 시제가 어울려요. 정답은 그래서 (A).

9
한여름 페스티벌은 다음 주 수요일 3시에 시작할 것이다.

정답 (A)
어휘 • midsummer 한여름 • festival 페스티벌 • coming 다가오는
해설 빈칸 뒤의 coming은 '다가오는'의 의미로 미래시제를 나타내요. 그래서 정답은 (A).

10
내가 지금 고객을 만나고 있는 중이기 때문에 Paxton에게 나중에 전화 걸어달라고 말해주십시오.

정답 (B)
어휘 • call back later 나중에 다시 전화하다
해설 빈칸 뒤의 now는 현재시제와 어울리죠. 특히, 이 문장에서 해석을 해보면 나는 지금 고객을 만나고 있는 중이다. 즉, 현재 진행 시제가 잘 어울려요. 그래서 정답은 (B)예요

Lesson 9 • 151

토익 실전 마무리

1. A lot of phone service centers _____ recently on the east side of town.

   (A) will open
   (B) are opening
   (C) have opened
   (D) will have opened

2. Until he joined our company, Nelson _____ for Big Burgers.

   (A) worked
   (B) had worked
   (C) will work
   (D) has been working

3. Our department currently _____ a simple strategy.

   (A) followed
   (B) has followed
   (C) following
   (D) follows

4. Next Sunday, the local football team _____ an important game.

   (A) play
   (B) will play
   (C) has played
   (D) playing

5. The Sunshine gym presently _____ more members than any other gym in town.

   (A) will have
   (B) has had
   (C) to have
   (D) has

토익 실전 마무리

6 These photographs show people who _____ at this branch before you were hired.

(A) works
(B) will work
(C) are working
(D) had worked

7 Swiss candy manufacturer Alpine _____ for the past 20 years due to its great advertisements.

(A) succeeds
(B) has succeeded
(C) will succeed
(D) succeeding

8 Because it rained yesterday, Mr. Spencer _____ home instead of walking his dog.

(A) has stayed
(B) stayed
(C) is staying
(D) stay

9 Several manufacturers _____ their websites already to announce their new prices.

(A) will update
(B) updates
(C) have updated
(D) are updated

10 By 2050, this company _____ for 100 years.

(A) existed
(B) has existed
(C) is existing
(D) will have existed

토익 실전 마무리 정답과 대본

1 많은 전화 서비스가 최근, 타운의 동쪽에 많이 생겼다.

정답 (C)

어휘 • recently 최근에 • on the east side 동쪽에

해설 빈칸 뒤의 recently(최근에)는 과거와 현재완료의 단서죠. 보기에 현재완료만 있으므로 정답은 (C)예요.

2 그가 우리 회사에 들어오기 전에, Nelson씨는 Big Burgers에서 일했었다.

정답 (B)

어휘 • join 가입하다, 들어가다

해설 by the time 주어 + 과거 동사는 과거완료의 단서였죠. 그가 우리 회사에 들어온 시점이 과거이니 그 이전의 시제는 과거완료겠죠. 그래서 정답은 (B)예요.

3 우리 부서는 현재 간단한 전략을 따른다.

정답 (D)

어휘 • simple 단순한 • strategy 전략

해설 빈칸 앞의 currently(현재)는 현재 시점의 단서죠. 그래서 현재 시제를 정답으로 고르면 되죠.

4 다음 주 일요일, 지역 축구팀은 중요한 경기를 치를 것이다.

정답 (B)

어휘 • local 지역의 • important 중요한

해설 Next Sunday는 미래 시제의 단서예요. 그래서 미래가 정답이죠.

5 Sunshine 체육관은 현재 타운 내에서 다른 어떤 체육관보다 더 많은 고객을 보유하고 있다.

정답 (C)

어휘 • presently 현재 • gym 체육관

해설 빈칸 앞의 presently는 현재 시점의 단서예요. (B) has had는 현재완료 시제이므로 오답이죠. 그래서 정답은 (D) has 단순현재 시제예요.

토익 실전 마무리 정답과 대본

6 이 사진들은 당신이 고용되기 전, 이 지점에서 일했었던 사람들을 보여줍니다.

정답 (D)

어휘 • photographs 사진 • branch 지점

해설 before 주어 과거동사는 과거완료의 단서예요. Before you were hired 당신이 고용되기 전이라는 표현이 종속절에 나와서 주절의 시제는 과거완료가 되어야 하죠. 정답 (D).

7 Swiss candy 제조사 Alpine은 엄청난 광고 덕택에 20년 동안 성공해왔다.

정답 (B)

어휘 • manufacturer 제조업체 • advertising 광고

해설 빈칸 뒤의 for the past 20 years는 현재완료의 단서예요. 그래서 정답은 (B)예요.

8 어제 비가 왔기 때문에, Spencer씨는 개를 산책시키는 것 대신에 집에 머물렀다.

정답 (C)

어휘 • walking 산책

해설 종속절의 시제가 과거(rained)이므로 주절의 시제도 과거로 시제일치를 시켜줘야 해요.

9 몇몇 제조사들은 그들의 새로운 가격을 알리기 위해 이미 웹사이트를 업데이트했다.

정답 (C)

어휘 • announce 발표하다 • price 가격

해설 already "벌써"도 현재완료의 단서가 돼요. Already는 이미 벌어진 사건을 나타낼 때 많이 쓰는 부사죠. 이미 일어난 사건이 현재에 영향을 미치지 않으면 과거, 일어난 사건이 현재까지 영향을 미치고 있으면 현재완료시제를 사용하므로 already는 현재완료와 어울리는 부사예요. 그래서 정답은 (C).

10 2050년이 되면 이 회사는 100년 동안 건재하게 될 것이다.

정답 (D)

어휘 • exist 존재하다

해설 지금 현재 진행되는 일이 특정 미래까지 계속되었을 때를 나타내는 시제가 미래완료였죠. 지금 존재하는 회사가 2050년까지 존재하면 100년이 된다는 의미이므로 미래완료가 어울려요. 그래서 정답이 (D)죠.

Lesson 10

PART 5 & 6

theme

[동사] 수동태

1. 수동태의 기본 형태: be + p.p.+ by
2. 시제에 따른 수동태의 기본 형태
3. 4형식의 수동태
4. 5형식의 수동태

엣지만의 학습 목표

이런 것을 배워요~
1. 능동태와 수동태를 이해해보아요.
2. 시제에 따른 수동태의 변화를 이해해보아요.
3. 4형식과 5형식의 수동태에 대해 알아보아요.

■ **능동태와 수동태**

능동태   그 남자가 꽃병을 깼다.

수동태   꽃병이 그 남자에 의해 깨어졌다.

이렇게 능동태를 수동태로 변형시킬 수가 있죠. 그럼 영어버전의 수동태는 어떻게 생겼을까?

능동태   주어 + 동사 + 목적어

수동태   주어 + be p.p. + by 목적어

1 수동태의 기본 형태: be + p.p.+ by

be + p.p. + by	기본형태
Active: Many people love Nell's lecture. Passive: Nell's lecture is loved by many people.	1. 능동태의 목적어를 수동태의 주어로 2. 능동태의 동사를 be p.p.로 (시제, 수일치에 유의!) 3. 능동태의 주어를 by + 목적격으로

2 시제에 따른 수동태의 기본 형태

시제가 바뀌면서 수동태의 형태도 조금씩 바뀌거든. 아무래도 헷갈릴테니 시제에 따른 수동태의 기본 형태를 정리하고 가보자.

	기본형태	수동태 변형 (Sally writes the novel.)
기본 시제	현재 (am/are/is p.p.)	The novel is written by Sally.
	과거 (was/were p.p.)	The novel was written by Sally.
	미래 (will be p.p.)	The novel will be written by Sally.
완료 시제	현재완료(have/has been p.p.)	The novel has been written by Sally.
	과거완료(had been p.p.)	The novel had been written by Sally.
	미래완료(will have been p.p.)	The novel will have been written by Sally.
진행형	현재진행 (am/are/is being p.p.)	The novel is being written by Sally.
	과거진행 (was/were being p.p.)	The novel was being written by Sally.
	미래진행 (will be being p.p.)	The novel will be being written by Sally.

 다음 문장을 수동태로 변형하시오.

1. Wilson has checked all data.
   →

2. I bought a camera through Internet.
   →

3. She had gained the certificate before she graduated from a high school.
   →

1. All data have been checked by Wilson.
   능동태의 목적어(all data)가 수동태의 주어 자리에 오고 시제가 현재완료이므로 기본형태는 have / has been p.p.겠지. 주어가 단수이므로 has been p.p.로 변형시켜야 하는거야.

2. A camera was bought on the Internet by me.
   능동태의 목적어(a camera)가 수동태의 주어 자리에 오고, 시제가 과거이므로 기본형태는 was / were p.p.지. 주어가 단수이므로 동사는 was를 사용해서 수동태를 만들면 되겠네.

3. The certificate had been gained before she graduated from high school.
   주절의 시제를 수동태로 변형시켜 보는 거야. 그러면 능동태의 목적어(the certificate)가 수동태의 주어 자리에 와야겠지? 그 이후 시제는 과거완료이므로 과거완료 수동형은 had been p.p. 잖아. 동사자리에 had been p.p.로 넣어주면 돼.

3 4형식의 수동태

4형식은 [주어 + 동사 + 간접 목적어 + 직접 목적어]로 쓰였잖아 기억나? 엄밀히 말하면 4형식은 목적어가 2개이므로 수동태도 2가지 종류가 있어. 하지만 토익 시험에는 간접 목적어가 주어로 나오는 수동태 구문만 출제되므로 우리는 간접 목적어가 주어로 되는 수동태만 배워볼게.

한국어		영어
능동태	그는 나에게 장미꽃 한 다발을 주었다.	1. He gave me a bunch of roses.
수동태	나는 그에 의해 장미꽃 한 다발을 받았다.	2. I was given a bunch of roses by him.

수동태 be p.p. 뒤에 목적어 (a bunch of roses) 가 나왔지? 이상하지? 원래 수동태 be p.p. 뒤에는 목적어가 나오지 않는데 말이야. 그런데 4형식의 수동태에서 간접 목적어가 주어로 나가는 경우에는 be p.p. 뒤에도 명사가 나와! 이 점을 명심해야 해. 그럼 이런 특이한 형태의 수동태를 취하는 4형식 동사들 앞에서 배웠는데 다 기억나요?

■ 4형식 동사들

주어	give, grant, send, offer, award, charge	사람 목적어 (IO)	사물 목적어 (DO)
	tell, inform, notify, advise, remind, assure	사람 목적어 (IO)	that 절

■ 4형식 동사들의 수동태

be	given, granted, sent, offered, awarded, charged	사물 목적어 (DO)
	told, informed, notified, advised, reminded, assured	that 절

 **확인문제**

1 다음 4형식의 문장을 간접 목적어가 주어인 수동태로 변형하시오.

(1) The company offered all employees bonuses for achieving its goals.
→ _____

(2) The owner of Jenny's Bistro notified us that their third branch will soon open in London.
→ _____

2 다음 중 괄호 안에 들어갈 알맞은 단어를 고르시오.

(1) She was (awarded / provided) the prize.

(2) We were (reminded / remained) that we should go to work one hour later because of the renovation.

1. (1) All employees were offered bonuses for achieving the company's goals by the company.
   간접목적어 all employees가 주어로 나와야 하고 offer가 4형식 동사이므로 수동태 뒤에도 목적어가 나올 수 있다는 점을 명심해야겠지!

   (2) We were notified that the third branch will soon open in London by the owner of Jenny's Bistro.
   간접 목적어 us가 주어 자리로 와서 We가 되었고, notice는 직접 목적어 자리에 that 절이 나오니까 be notified 뒤에 직접 목적어인 that 절을 써주면 되는 거야.

2. (1) awarded
   award는 4형식 동사이므로 수동태 뒤에 직접목적어가 올 수 있지만 provide는 3형식 동사라서 수동태 뒤에 직접목적어가 올 수 없어요. 이렇게 한국어 해석으로는 풀 수 없는 문제들이 있으므로 4형식 동사는 반드시 암기해야 하죠.

   (2) reminded
   remind는 4형식 동사이므로 수동태 뒤에 that 절의 직접 목적어가 올 수 있어요. 하지만 remain은 2형식 동사로 수동태가 불가능하죠.

4 5형식의 수동태

1. S + V + N + N 형태로 쓰이는 5형식

5형식 제일 마지막 자리에 오는 성분을 보어라고 하는데 저 보어 자리에 명사가 와서 마치 4형식처럼 어순이 주어 + 동사 + 명사 + 명사(목적보어, 직접 목적어 아님) 인 경우가 있어.

한국어	영어
1. 그는 나에게 장미꽃을 주었다. (give는 4형식 동사)	1. He gave me a bunch of roses. (me ≠ a bunch of roses)
2. 그들은 그를 올해의 직원으로 선출했다. (elect는 5형식 동사)	2. They elected him the best employee of the year. (him = the best employee of the year)

4형식과 5형식을 어떻게 구분하냐고? 위의 그림에서처럼 4형식은 간접목적어(me)와 직접 목적어(a bunch of roses)가 동일한 것이 아니지. 그런데 5형식은 목적어인(him)고 목적보어(the best employee of the year)와 동일하지.

한국어	영어
그들은 그를 올해의 직원으로 선출했다.	They elected him the best employee of the year.
→ 그는 올해의 직원으로 선출되었다.	He was elected the best employee of the year (by them).

 엣지있게 정리하기!
4형식과 동일한 수동태의 모양을 갖는 동사들
Call, consider, elect, name

2. 주어 + 동사 + 목적어 + to do 형태

능동태	수동태
• advise A to do A에게 to do 하라고 충고하다	• A be advised to do A가 to do 할 것을 충고받다
• allow A to do A에게 to do 하는 것을 허락하다	• A be allowed to do A가 to do 할 것을 허락받다
• ask A to do A에게 to do 하라고 요청하다	• A be asked to do A가 to do 할 것을 요청받다
• require A to do A에게 to do 하라고 요구하다	• A be required to do A가 to do 할 것을 요청받다
• cause A to do A가 to do 하도록 야기하다	• A be caused to do A가 to do 하도록 초래되다
• expect A to do A가 to do 할 것이라 기대하다	• A be expected to do A가 to do 할 것을 기대되다
• enable A to do A가 to do 하게 하다	• A be enabled to do A가 to do 하는 것이 가능하게 되다
• encourage A to do A가 to do 하는 것을 장려하다	• A be encouraged to do A가 to do 할 것을 장려되다
• force A to do A에게 to do 하라고 강요하다	• A be forced to do A가 to do 할 것을 강요받다
• persuade A to do A에게 to do 하라고 설득하다	• A be persuaded to do A가 to do 할 것을 설득되다

한국어

Nelson은 그의 비서에게 다음 미팅을 스케줄을 다시 잡아달라고 요청했다.

→ 그의 비서는 다음 미팅 스케줄을 다시 잡아달라고 요청받았다.

영어

Nelson asked his assistant to reschedule the next meeting.

His assistant **was asked to** reschedule the next meeting by Nelson.

 **예제** 다음 중 괄호 안에 들어갈 알맞은 단어를 고르시오.

한국어

1. Susie는 시험에 통과할 것이라고 기대된다.
2. 그는 장관직을 맡게 되었다.

영어

1. Susie (expect / is expected) to pass the exam.
2. He (named / was named) the minister.

1. is expected (Susie가 기대한 것이 아니고 Susie가 통과할 것이라 기대를 받는 상황이므로 수동태가 어울린다. 또한, 능동인 경우 Susie는 3인칭 단수 이기 때문에 동사는 expects가 되어야 해. 그러므로 정답은 수동형인 is expected 야)
2. was named (그가 장관직에 임명을 받은 것이므로 정답은 수동태여야 하겠지요. 그래서 정답은 was named 일거야)

 엔지만의 TIP: by 이외의 전치사를 사용하는 수동태.

be amused at ~을 즐기다	be surprised at ~에 놀라다
be worried about ~을 걱정하다	be pleased with ~을 기뻐하다
be alarmed at ~에 놀라다	be concerned about ~을 걱정하다
be delighted with ~을 기뻐하다	be astonished at ~에 놀라다
be bored with ~에 지루하다	be satisfied with ~에 만족하다
be frightened at ~에 놀라다	be tired of ~에 싫증 나다
be gratified with ~에 만족하다	be shocked at ~에 놀라다
be ashamed of 부끄러워하다	be convinced of ~을 확신하다
be interested in ~에 관심 있다	be absorbed in ~에 열중하다
be equipped with ~을 갖추다	be involved in ~에 관여하다
be indulged in ~에 빠지다	be covered with ~으로 덮이다
be engaged in ~에 종사하다	be devoted to ~에 헌신하다
be crowded with ~으로 붐비다	be associated with ~와 관련되다
be dedicated to 헌신하다	be based on ~에 근거하다
be related to ~와 관계가 있다	be skilled in ~에 숙련되다
be exposed to ~에 노출되다	

토익 기초 뛰어넘기

1 Airplane tickets should _____ early while they are cheap.
(A) buy
(B) be bought

2 The manual _____ in English, German, and Japanese.
(A) writes
(B) is written

3 Many people _____ to music while running.
(A) listen
(B) are listened

4 The researchers _____ by the unexpected results.
(A) surprise
(B) were surprised

5 The directors were not satisfied _____ the sales figures last year.
(A) with
(B) in

토익 기초 뛰어넘기

6 Tom is involved _____ many projects.

(A) in

(B) to

7 The old post office building _____ in 1924.

(A) was constructed

(B) is constructing

8 Please read the frequently asked questions that are _____ on our website.

(A) posting

(B) posted

9 Jean and Scott _____ to work together by Mr. Glenn.

(A) have chosen

(B) have been chosen

10 Visitors to our factory will _____ the chance to see our production line from up close.

(A) give

(B) be given

토익 기초 뛰어넘기 정답과 대본

1 비행기 티켓은 저렴할 때 일찍 사 둬야 한다.

정답 (B)

어휘 •Airplane 비행기 •early 일찍, 이른 •cheap 저렴한

해설 buy는 3형식 동사죠. 빈칸 뒤에 목적어가 없기 때문에 수동태를 써야 하는 문제야. 조동사 should 뒤에는 동사원형을 써야 하므로 be bought가 어울리겠죠. 정답 (B).

2 설명서는 영어, 독일어, 일본어로 쓰여진다.

정답 (B)

어휘 •manual 설명서 •German 독어 •Japanese 일본어

해설 write는 3형식 동사죠. 그러므로 빈칸 뒤의 목적어의 유무를 판단해야 해요. 목적어가 없으므로 수동태가 어울리겠네. 정답은 (B) is written.

3 많은 사람들이 달리면서 음악을 듣는다.

정답 (A)

어휘 •while running 달리는 동안에

해설 listen은 자동사예요. 자동사는 수동태를 사용할 수가 없어요. 그러므로 항상 능동태 형태로만 사용할 수 있지요. 그래서 정답도 능동형이 정답이 되는 거죠.

4 조사관들은 예상치 못한 결과에 놀랐다.

정답 (B)

어휘 •researchers 연구가, 조사가 •unexpected 예상치 못한

해설 동사 surprise는 3형식 동사로 빈칸 뒤에 목적어가 없네요. 그러니 수동태가 정답이겠죠. 정답은 (B) 수동형태예요.

5 임원들은 작년 판매 수치에 만족하지 않았다.

정답 (A)

어휘 •director 부장, 임원 •satisfied 만족스러운

해설 by 이외의 전치사를 사용해야 하는 구문이네요. Be satisfied with는 ~에 만족한다라는 의미예요. 그래서 전치사 with가 정답이죠.

토익 기초 뛰어넘기 정답과 대본

6
Tom은 많은 프로젝트와 관련되어 있다.

정답 (A)

어휘 • involved in 관련된

해설 by 이외의 전치사를 사용해야 하는 구문이네요. Be involved in은 ~에 관련되다 라는 의미예요. 그래서 정답은 in이 된 거죠.

7
그 오래된 우체국 건물은 1924년에 건설되었다.

정답 (A)

어휘 • post office 우체국

해설 construct는 3형식 동사예요. 빈칸 뒤에 목적어가 없어서 수동태가 좋아요. 정답은 (A)죠. 특히 in 1924처럼 과거 년도가 나오면 시제는 과거로 써야 하잖아요? 그러니 동사가 is가 아니라 was가 맞는 거죠.

8
웹사이트에 게시된 자주 하는 질문을 읽어주십시오.

정답 (B)

어휘 • frequently 자주

해설 빈칸 뒤에 목적어가 없으므로 수동태가 어울려요. 그래서 정답은 (B)예요.

9
Jean가 Scott은 Glenn에 의하여 함께 일하도록 선택되어졌다.

정답 (B)

어휘 • work together 함께 일하다

해설 빈칸 뒤에 목적어가 없으니 수동태가 정답이겠죠? 그런데 현재완료의 수동태 기억나세요? 맞아요. Have been p.p.였죠. 그러니 정답은 (B)예요.

10
우리 회사에 오신 방문객들은 우리의 생산라인을 더 가까이에서 볼 기회를 얻을 것이다.

정답 (B)

어휘 • Visitor 방문객 • factory 공장 • chance 기회 • from up close 가까이에서

해설 give가 4형식 동사였다는 것이 기억나셨나요? 빈칸 뒤에 목적어가 1개 있지만, 4형식 동사에서는 목적어가 있어도 수동형이 가능했죠. 그러니 이 문제는 해석을 해봐야 해요. 방문객들이 기회를 준 것이 아니라 기회를 얻은 것이니 수동태가 좋겠네요. 정답은 그래서 (B)예요.

Lesson 10 • 167

토익 실전 마무리

1. The presentation was much better when it was _____ by Mr. Brown.
   (A) holds
   (B) to hold
   (C) holding
   (D) held

2. If the pamphlet is not _____ today, it will be too late.
   (A) printed
   (B) printing
   (C) printer
   (D) prints

3. Since Mr. Li does not speak English, Karen _____ the email into Chinese.
   (A) was translated
   (B) to translate
   (C) translating
   (D) had to translate

4. Customers with children _____ their children at all times.
   (A) should watch
   (B) are watched
   (C) must be watched
   (D) is watching

5. Many hardworking employees are never _____ to higher positions.
   (A) promoting
   (B) promoted
   (C) promote
   (D) to promote

토익 실전 마무리

6 The conference room will be _____ with a new projector.

(A) satisfied
(B) covered
(C) relevant
(D) equipped

7 The new travel guide _____ readers a lot of information about Scandinavia.

(A) sending
(B) is sent
(C) sends
(D) send

8 When visiting Blue Springs Park, visitors are _____ to bring their own bicycles.

(A) encouraged
(B) encouraging
(C) encourages
(D) encourage

9 When you get an important email, you _____ immediately.

(A) are replied
(B) is replying
(C) should reply
(D) replies

10 Hotel rooms _____ every day by the hotel's staff.

(A) are cleaning
(B) cleaned
(C) clean
(D) are cleaned

토익 실전 마무리 정답과 대본

1 Brown 씨에 의해 행해졌을 때, 그 프레젠테이션은 훨씬 더 좋았었다.

정답 (D)

어휘 • presentation 프레젠테이션

해설 be 동사 뒤가 빈칸이고 빈칸 뒤에는 목적어가 없네요. 그러니 수동태가 좋겠죠. hold가 동사원형이고, p.p.는 held예요. 그래서 정답은 (D)죠.

2 그 팸플릿이 오늘 인쇄되지 않는다면 너무 늦어질 것이다.

정답 (A)

어휘 • pamphlet 팸플릿

해설 빈칸 뒤에 목적어가 없으므로 동사는 수동태가 좋겠네요. 그래서 정답은 (A)이죠.

3 Li 씨가 영어를 할 수 없기 때문에 Karen은 이메일을 중국어로 번역해야 했다.

정답 (D)

어휘 • translate 번역하다

해설 빈칸 뒤에 목적어가 있어요.(the email) 그러므로 능동형을 골라야 하죠. 그러니 (A) was translated의 수동형은 정답이 될 수 없어요. 또한, 빈칸이 동사자리이기 때문에 동사가 아닌 (B) to translate, (C) translating은 정답이 될 수 없어요. 그러므로 정답은 (D) had to translate예요. Had to do ~는 ~해야 했었다라는 의무를 나타내는 조동사 표현이에요.

4 아이를 동반한 고객들은 항상 그들의 아이를 살펴야 한다.

정답 (A)

어휘 • customer 손님 • at all times 항상

해설 빈칸 뒤에 목적어가 있으므로 능동형 동사를 골라야 하는 문제군요. (B) are watched는 수동형이죠. (C) must be watched도 be p.p.의 형태이므로 수동형이에요. 그래서 (B), (C)는 오답이죠. 이 문장에서 주어는 guests로 복수형태이므로 (C) is watching도 오답이에요. 그러므로 정답은 (A).

5 많은 생산직 노동자들은 더 높은 직책으로 승진되지 못한다.

정답 (B)

어휘 • hardworking 생산직의

해설 빈칸 뒤에 목적어가 없으므로 수동형이 정답이죠. 빈칸 앞에 are이 있으므로 p.p.만 정답으로 고르면 되는 문제예요. 그러므로 정답은 (B)죠.

6 컨퍼런스에 새로운 프로젝터가 갖추어질 것이다.

정답 (D)

어휘 • conference 컨퍼런스, 회의 • projector 프로젝터

해설 by 이외에 with의 전치사와 잘 어울리는 동사를 골라야 하는 문제군요. 앞에서 배운 내용을 모두 암기하신 거죠? 이 문제에서는 with와 어울리는 동사들은 be satisfied with ~에 만족하다, be covered with ~으로 덮여있다, be equipped with ~이 갖추어져 있다 군요. 이 중에서 projector가 갖추어져 있다가 해석상 어울리므로 정답은 (D)예요.

토익 실전 마무리 정답과 대본

7 새로운 여행 가이드는 Scandinavia에 대한 많은 정보를 독자들에게 보낸다.

정답 (C)
어휘 • travel guide 여행 가이드
해설 보기의 동사 send는 4형식 동사예요. 빈칸 뒤에 간접 목적어 (readers)와 직접 목적어(a lot of information)가 둘 다 나와 있으므로 능동형을 골라야 하죠. 그런데 주어가 guide로 단수 형태이므로 정답은 (C)가 돼요.

8 Blue Springs 공원을 방문할 때, 방문객들은 그들의 자전거를 가져오도록 장려된다.

정답 (A)
어휘 • bring 가져오다 • bicycle 자전거
해설 be 동사 뒤에는 ~ing / p.p. 중 하나가 정답이죠. 그러니 (C) encourages (D) encourage는 오답이에요. 해석상 방문객들은 그들의 자전거를 가져오도록 장려되는 것이므로 수동형이 어울려요.

9 당신이 중요한 이메일을 받았을 때, 즉시, 답장을 해야 한다.

정답 (D)
어휘 • immediately 즉시
해설 reply는 자동사예요. 자동사는 수동태가 없어요. 그러므로 능동형을 정답으로 골라야 하죠. 그래서 (A) are replied는 오답이에요. (C) is replying은 주어가 you이므로 동사 형태가 맞지 않고, (D) replies는 주어가 3인칭 단수일 때만 쓸 수 있죠. 그러므로 정답은 (C) should reply예요.

10 호텔 방은 호텔 직원들에 의해 매일 청소된다.

정답 (D)
어휘 • every day 매일
해설 빈칸 뒤의 every day는 목적어일까? 토익시험에 every day처럼 "시간"을 나타내는 표현들이 자주 등장을 하죠. 그런데 이런 "시간" 표현은 품사가 "명사"도 되지만 "부사"도 되는 경우가 참 많아요. 이 문장에서도 부사로 사용됐죠. 어떻게 아냐고요? 목적어로 쓰였다면 단어 뒤에 반드시 "~을 /를"이라는 조사가 붙어야 해요. 그런데 해석해 보면 "매일을" 청소하다는 말이 안 되죠. 그러므로 every day는 부사로 사용되었어요. 그러니 10번 문제에서 빈칸 뒤에는 목적어가 없어요. 그러므로 수동형을 골라야 하는 문제예요.

 1. 자동사는 수동태가 되지 않는다!
문장의 형식에서 배웠던 형식동사 중 1형식, 2형식 동사가 자동사예요. 자동사는 수동태가 되지 않는다는 것을 다시 한번 상기하세요!

2. 토익 시험에서의 시간을 나타내는 표현
Today, yesterday, tomorrow처럼 시간을 나타내는 표현을 명사와 부사가 모두 되는 경우가 많아요. 토익시험에서 이들 명사들은 주로 "부사"로 사용된다는 점을 기억하자고요!

Lesson 11

PART 5 & 6

theme

[준동사] to 부정사

1. to 부정사의 형태
2. to 부정사의 용법
3. to 부정사와 함께 쓰이는 동사와 형용사

엣지만의 학습 목표

이런 것을 배워요~
1. to 부정사의 형태를 알아보아요.
2. to 부정사의 명사적, 형용사적, 부사적 용법을 구분해보아요.
3. 시험에 자주 출제되는 to 부정사를 암기해요.

한국어

1. 그녀는 댄서가 <u>되는 것</u>을 원한다.
2. 그는 일을 <u>구하기 위해</u> 열심히 공부했다.

영어

1. She wants <u>to be</u> a dancer.
2. He studied hard <u>to get</u> a job.

---

to 부정사는 to+동사원형의 형태로 동사가 명사, 형용사, 부사로 변한 것이에요. 이렇게 품사가 변했음에도 불구하고 동사의 성질을 그대로 가지고 있어서 [준동사]라고 부르죠.

앞으로 to 부정사, 동명사, 분사의 준동사를 배울 예정인데 우선 그 첫 번째로 to 부정사의 쓰임을 알아보도록 해요.

1 to 부정사의 형태

1. to 부정사의 기본 형태

> 기본형: to + 동사원형
> 부정형: not to 동사원형
> 의미상의 주어: for + 목적어 to do

한국어	영어
1. 그녀는 댄서가 <u>되기로</u> 결심했다.	1. She decided <u>to become</u> a dancer.
2. 그녀는 댄서가 <u>되지 않기로</u> 결심했다.	2. She decided <u>not to become</u> a dancer.
3. 이 수업은 그녀가 <u>이해하기에</u> 너무 어렵다.	3. This class is too difficult for her <u>to understand</u>.

2. to 부정사의 수동형

수동형: to be p.p.: to 부정사의 목적어가 없이 주어와 to 부정사의 관계가 수동일 때 사용하죠.

한국어	영어
조사관은 신상품 출시가 <u>연기될 것을</u> 요청했다.	The inspector asked the release of a new product <u>to be postponed</u>.

예제
다음 중 괄호 안에 들어갈 알맞은 단어를 고르시오.

한국어	영어
1. 그녀는 시험에 통과할 것이라고 기대했다.	1. She expected (pass / to pass) the exam.
2. 그는 그녀가 의장으로 선출되는 것을 원했다.	2. He wanted her (to elect / to be elected) as the chairperson.
3. Washington 씨는 그 법안이 통과되지 않기를 바란다.	3. Mr. Washington wants the bill (not to be / to not be) passed.

1. to pass (동사 expected가 이미 나왔으므로 더 이상 동사는 필요없죠. 또한 to pass는 동사 expected의 목적어로 사용되었어요.)
2. to be elected (괄호 뒤에 바로 목적어가 나오지 않고 전치사 as가 나왔어요. 이렇게 to 부정사는 동사처럼 목적어를 필요로 하는데 목적어가 없으면 to 부정사의 수동형을 써야 해요)
3. not to be (to 부정사의 부정형태는 not to do예요.)

2 to 부정사의 용법

1. to 부정사의 명사적 용법

to 부정사가 문장 내에서 [주어], [보어], [목적어]로 쓰이고 해석은 [~하는 것]이라고 되는 경우예요.

한국어

1. 수학을 마스터 하는 <u>것은</u> 어렵다. [주어]
2. 그녀는 댄서가 <u>될 것을</u> 결심했다. [목적어]
3. 이 기관의 목적은 실직자들에게 직장을 <u>마련해 주는 것</u>이다. [보어]

영어

1. **To master** mathematics is difficult.
2. She decided **to become** a dancer.
3. The purpose of this organization is **to provide** jobs for the unemployed.

2. to 부정사의 형용사적 용법

to 부정사가 명사를 수식하는 역할을 하는 경우예요. 보통 일반 형용사는 명사를 앞에서 꾸미지만 to 부정사는 명사 뒤에서 꾸며주죠.

한국어

마케팅팀은 신상품을 <u>광고할 방법을</u> 찾는 중이다.

영어

The marketing division is finding **a way to advertise** a new product.

■ 토익 시험에 자주 출제되는 to 부정사의 형용사적 용법

ability to do	~할 능력	opportunity to do	~할 기회
refusal to do	~에 대한 거절	plan to do	~할 계획
failure to do	~에 대한 실패	wish to do	~할 바람
way to do	~할 방법	in an effort to do	~하고자 하는 노력으로
time to do	~할 시간	right to do	~할 권리
chance to do	~할 기회		

3. to 부정사의 부사적 용법

to 부정사가 부사적 역할을 하는 경우로 [~하기 위하여]로 해석이 되는 경우가 가장 흔한 예죠.

to 부정사가 [~하기 위하여]로 해석이 되는 경우 in order to do로 사용되기도 하므로 꼭 암기해 두세요.

 한국어

Garfield 씨는 첫 기차를 <u>타기 위해</u> 일찍 일어났다.

 영어

Mr. Garfield got up early **to catch** the first train.

 예제   다음 중 괄호 안에 들어갈 알맞은 단어를 고르시오.

한국어

1. 워크숍은 직원들에게 CEO를 직접 만날 기회를 제공한다.

2. 그들은 마감기한을 맞추기 위하여 이번 주에 초과 근무를 했다.

3. 그 시는 도로를 확장하기로 결정했다.

영어

1. The workshop gives employees an opportunity (meeting / to meet) the CEO directly.

2. They worked overtime this week (to meet / meeting) the deadlines.

3. The city decided (expand / to expand) the road.

 정답 해설

1. to meet (an opportunity를 뒤에서 꾸며주는 형용사적 용법으로 사용되는 to 부정사예요. 동명사 meeting은 형용사적 용법이 없어요)

2. to meet (앞에 나온 완전한 문장을 수식하는 부사적인 용법으로 사용되었어요. ~하기 위하여로 해석되죠)

3. to expand (동사 decided의 목적어로 쓰일 준동사를 고르는 문제예요. 동사가 이미 나왔으므로 동사원형은 오답이에요)

2. to 부정사와 함께 쓰이는 동사와 형용사

사실, 이 부분은 암기를 해야 하는 파트예요. 그런데 시험에 자주 출제되므로 반드시 암기해주셔야 하죠.

■ to 부정사만을 목적어로 취하는 동사 (3형식 동사)

agree to do	~할 것에 동의하다	refuse to do	~하는 것을 거절하다
want to do	~하는 것을 원하다	promise to do	~할 것을 약속하다
expect to do	~할 것을 기대하다	decide to do	~할 것을 결정하다
plan to do	~할 것을 계획하다	intend to do	~할 의도이다
manage to do	가까스로 ~ 하다	fail to do	~할 것을 실패하다
wish to do	~하는 것을 바라다	hope to do	~할 것을 바라다
ask to do	~할 것을 요청하다	need to do	~할 필요가 있다
offer to do	~하는 것을 제공하다		

한국어

1. The Kitchen 레스토랑은 올해 말 까지 7개의 지사를 오픈할 계획이다. (형용사적 용법)
2. 그는 나쁜 습관을 고칠 필요가 있다. (명사적 용법의 목적어)

영어

1. The Kitchen Restaurant plans **to open** 7 branches by the end of this year.
2. He needs **to break** his bad habits.

■ to 부정사를 취하는 형용사: A + to do

be able (unable) to do	~할 수 있다(없다).
be ready to do	~할 준비가 되어 있다.
be willing (unwilling) to do	기꺼이 ~하다 / (~하기를 꺼리다)
be pleased to do	~해서 기쁘다
be likely to do	~일 것 같다.
be eager to do	~하기를 열망하다
be reluctant to do	~하기를 꺼리다

한국어	영어
1. The Kitchen 레스토랑은 세 번째 지사의 완공을 <u>발표하게 되어 기쁘다</u>.	1. The Kitchen Restaurant <u>is pleased to announce</u> the completion of the third branch.
2. 서비스 센터 직원들은 고객을 <u>기꺼이 도와준다</u>.	2. The service center staff members <u>are willing to help</u> the customers.

■ 주어 + 동사 + 목적어 + to do 형태

능동태	수동태
• **advise A to do** A에게 to do 하라고 충고하다	• **A be advised to do** A가 to do 할 것을 충고받다
• **allow A to do** A에게 to do 하는 것을 허락하다	• **A be allowed to do** A가 to do 할 것을 허락받다
• **ask A to do** A에게 to do 하라고 요청하다	• **A be asked to do** A가 to do 할 것을 요청받다
• **require A to do** A에게 to do 하라고 요구하다	• **A be required to do** A가 to do 할 것을 요청받다
• **cause A to do** A가 to do 하도록 야기하다	• **A be caused to do** A가 to do 하도록 초래되다
• **expect A to do** A가 to do 할 것이라 기대하다	• **A be expected to do** A가 to do 할 것을 기대되다
• **enable A to do** A가 to do 하게 하다	• **A be enabled to do** A가 to do 하는 것이 가능하게 되다
• **encourage A to do** A에게 to do 하는 것을 장려하다	• **A be encouraged to do** A가 to do 할 것을 장려되다
• **force A to do** A에게 to do 하라고 강요하다	• **A be forced to do** A가 to do 할 것을 강요받다
• **persuade A to do** A에게 to do 하라고 설득하다	• **A be persuaded to do** A가 to do 할 것을 설득되다

한국어	영어
1. 그 회사는 직원들이 자기계발하는 것을 장려한다.	1. The company **encourages** employees **to develop** themselves.
2. 지난밤의 허리케인은 많은 비행이 취소되는 것을 야기시켰다.	2. The last night's hurricane **caused** many flights **to be** canceled.

 다음 중 괄호 안에 들어갈 알맞은 단어를 고르시오.

한국어	영어
1. 그 계약자는 우리와 계약을 갱신하는 것을 거절했다.	1. The contractor refused (renew / to renew) the contract with us.
2. 우리는 출장 갈 준비가 되어 있다.	2. We are ready (to go / going) on a business trip.
3. 회계사는 우리 회사가 조치를 취할 것을 충고했다.	3. The accountant advised our company (take / to take) measures.

1. to renew (동사 refuse는 to 부정사를 목적어로 쓰는 동사예요)
2. to go (be ready to do ~할 준비가 되어 있다라는 뜻이죠)
3. to take (advise 목적어 to do의 구문으로 사용되는 동사예요)

토익 기초 뛰어넘기

1 Please fill out the questionnaire _____ our products.

   (A) improves

   (B) to improve

2 Our company strives _____ defective products.

   (A) not to produce

   (B) to not produce

3 _____ be a successful applicant, you have to dress appropriately for the interview.

   (A) In order to

   (B) By

4 Let's meet at my office at 2 p.m. _____ contractual details of the acquisition.

   (A) not to discuss

   (B) to discuss

5 I have heard that your company has plans _____ a new oven.

   (A) launching

   (B) to launch

토익 기초 뛰어넘기

6 We will send you an invitation _____ our rewards club.

(A) to join

(B) joining

7 Feel free _____ us if you have any inconveniences.

(A) contact

(B) to contact

8 Bearing Inc. was _____ to purchase another company due to its lack of capital.

(A) reluctant

(B) subject

9 Concert tickets are _____ to be sold out quickly.

(A) probable

(B) likely

10 It is not easy _____ a bid.

(A) to win

(B) win

토익 기초 뛰어넘기 정답과 대본

1 우리 상품의 개선을 위해 설문지를 작성해 주시기 바랍니다.

정답 (B)

어휘 • fill out 작성하다 • questionnaire 설문지

해설 문장 앞에 동사 fill out이 있어서 더 이상 동사는 필요가 없고, 해석상 향상하기 위하여가 좋으므로 '~하기 위하여'의 의미를 가진 to 부정사의 부사적 용법을 고르시는 문제예요.

2 우리 회사는 결함 있는 제품을 생산하지 않기 위해 노력한다.

정답 (A)

어휘 • strive to do ~하기 위해 노력하다, 애쓰다 • defective 결함 있는

해설 해석을 해 보면 결함 있는 제품을 생산하지 않기 위해 노력을 해야 하므로 to 부정사의 부정형이 필요해요. to 부정사의 부정형태는 not to do예요.

3 성공적인 지원자가 되기 위해, 당신은 인터뷰에 적절하게 옷을 입어야 한다.

정답 (A)

어휘 • applicant 지원자 • dress 옷을 입다 • appropriately 적절하게

해설 ~하기 위하여 는 in order to do라는 구문도 있어요. 전치사 by 뒤에는 명사가 와야 하죠.

4 인수에 관한 토론을 하기 위하여, 2시에 제 사무실에서 만납시다.

정답 (B)

어휘 • contractual 계약의 • details 세부사항 • acquisition 인수

해설 해석을 해 보면 토론을 하기 위하여 만나자는 이야기예요. 토론을 하지 않기 위해 만날 수는 없죠. 그러므로 to 부정사의 긍정형을 정답으로 해야 하죠.

5 나는 당신의 회사가 새로운 오븐을 출시할 계획을 가지고 있다는 것을 들었습니다.

정답 (B)

어휘 • launch 출시하다 • oven 오븐

해설 계획이라는 명사 plans를 수식할 형용사적 용법의 to 부정사가 필요해요.

토익 기초 뛰어넘기 정답과 대본

6
우리는 당신에게 우리의 리워드 클럽에 가입할 초대장을 보낼 것입니다.

정답 (A)

어휘 • invitation 초대장

해설 초대장이라는 명사 the invitation을 뒤에서 수식하는 형용사적 용법의 to 부정사가 필요해요.

7
불편한 점이 있으시면 으리에게 편하게 연락하세요.

정답 (B)

어휘 • feel free to do 편하게 to do 하다 • inconvenience 불편

해설 feel free to do도 구문으로 쓰이죠. feel이 이미 동사이므로 동사원형인 contact는 오답에요.

8
Bearing 회사는 자금 부족으로 인해 다른 회사를 인수하는 것을 꺼렸다.

정답 (A)

어휘 • be reluctant to do ~하기를 꺼리다 • due to ~때문에 • capital 자본

해설 be reluctant to do도 구문으로 사용돼요. 해석상 ~하기를 꺼리다가 좋으므로 reluctant가 정답 이죠.

9
콘서트 표는 빠르게 매진될 것 같다.

정답 (B)

어휘 • be sold out 매진되다 • quickly 빠르게

해설 be likely to do ~일 것 같다라는 구문이므로 정답은 likely예요. 해석상 probable이 [아마-도]라고 해서 무조건 정답이 될 수는 없어요. Be probable to do라는 구문은 없으므로 오답이에요.

10
입찰에서 이기는 것은 쉽지 않다.

정답 (A)

어휘 • bid 입찰

해설 It이 가주어 to do가 진주어로 사용되는 구문이에요. to 부정사가 주어로 쓰일 경우 가주어 it을 앞에 쓰고 진주어 to do를 뒤에 쓰는 구문이 더 일반적이죠.

Lesson 11 • 183

토익 실전 마무리

1. The quarterly earnings are expected _____ substantial.

   (A) being
   (B) be
   (C) to be
   (D) to have been

2. The supermarket manager asked shoppers _____ a big bag.

   (A) bring
   (B) not to bring
   (C) to have bring
   (D) to be brought

3. After the renovation, all guests are _____ to use the parking lot.

   (A) able
   (B) possible
   (C) probable
   (D) present

4. The workshop is expected _____ to meet the deadlines.

   (A) to cancel
   (B) to have cancel
   (C) cancel
   (D) to be canceled

5. When the red light comes on the printer, it is time _____ the cartridge.

   (A) to replace
   (B) to be replaced
   (C) to have replaced
   (D) to have been replaced

토익 실전 마무리

6 _____ is not easy to take over the job of a predecessor.

(A) It
(B) There
(C) That
(D) This

7 New employees are _____ to participate in the orientation.

(A) require
(B) required
(C) requiring
(D) to require

8 The restaurant owner has consulted an expert about the ways _____ the profits.

(A) maximize
(B) maximized
(C) maximizing
(D) to maximize

9 The president of GEO Electronics is pleased _____ the new refrigerator has been successfully launched.

(A) announce
(B) to announce
(C) announced
(D) to be announced

10 In the library, you should try _____ others.

(A) not to disturb
(B) to disturb
(C) to not disturb
(D) not disturb

토익 기초 뛰어넘기 정답과 대본

1 이번 분기 수익이 상당할 것으로 기대된다.

정답 (C)

어휘 • quarterly 분기의 • earnings 소득 • substantial 상당한

해설 문장에서 주어와 동사가 다 나와 있어서 더 이상 동사는 나올 수 없는 상황이므로 준동사인 to 부정사를 정답으로 고르면 되는 문제예요. 그런데 (D) to have been은 주절과 to 부정사의 시제가 다를 때 사용하는 완료 부정사의 형태인데 이 문제에서는 이번 분기 소득이 많을 것이다 라는 의미이므로 시제가 같아요. 그래서 (D)는 오답이에요.

2 슈퍼마켓 매니저는 쇼핑객들에게 큰 가방을 가져오지 말라고 요청했다.

정답 (B)

어휘 • shopper 쇼핑객

해설 동사 ask는 [동사 + 목적아 + to 부정사]의 형태를 띠는 5형식으로 사용되는 동사이죠. 따라서 동사원형 (A) bring은 오답이고, (C) to have bring은 형태가 잘못되었죠. to have p.p.여야 하니까요. 빈칸 뒤에 목적어 a big bag이 있으므로 능동형 to 부정사가 정답이 되어야 해요. (D) to be brought는 수동형이라서 오답이죠.

3 보수공사가 끝나고 나면, 모든 손님들은 주차장을 이용할 수 있다.

정답 (A)

어휘 • renovation 보수 • parking lot 주차장

해설 형용사 중 to 부정사를 동반하는 형용사를 고르는 문제예요. Be able to do ~할 수 있다이므로 정답은 (A)죠. (B) possible과 (C) probable은 사람을 수식할 수 없는 형용사이므로 오답이에요.

4 마감기한을 맞추기 위하여 워크숍이 취소될 것이라 예상된다.

정답 (D)

어휘 • meet 맞추다 • deadlines 마감 기한

해설 주어와 동사가 모두 나와 있으므로 준동사 to 부정사를 정답으로 하는 문제예요. (B) to have cancel 는 형태가 잘못되었고, (C) cancel 는 동사 원형이라 오답이죠. 빈칸 뒤에 목적어가 없으므로 to 부정사의 수동형이 필요해요. 그래서 정답은 (D)예요.

5 프린터에 빨간불이 들어오면 카트리지를 교체할 때입니다.

정답 (A)

어휘 • red light 빨간 불 • cartridge 카트리지

해설 명사를 수식하는 형용사적 용법을 고르는 문제예요. 빈칸 뒤에 목적어가 있으므로 능동형 to 부정사를 고르면 됩니다. 능동형은 (A), (C) 두 보기인데 (C) to have replaced는 시제가 다를 때 사용하는 완료부정사죠. 이 문장에서는 주절인 카트리지를 교환할 시기이다라는 표현으로 시제가 다르지 않아요. 그래서 정답은 (A)예요.

토익 실전 마무리 정답과 대본

6
전임자의 일을 떠맡는 것은 쉽지 않다.

정답 (A)

어휘 • take over 떠맡다 • predecessor 전임자

해설 to take over the job of a predecessor가 주어인 문장이에요. to 부정사가 주어로 사용되는 경우 가주어 it을 문장 제일 앞에 쓰고 진주어 to 부정사를 뒤에 쓰죠. 그래서 정답은 가주어 It이에요.

7
신입사원들은 오리엔테이션에 참가하는 것이 요구된다.

정답 (B)

어휘 • participate in 참가하다 • orientation 오리엔테이션

해설 require 목적어 to do 형태의 문장이 수동형으로 바뀐 형태예요. be required to do로 바뀌어야 하므로 정답은 required가 되죠.

8
레스토랑 주인은 이익을 극대화할 수 있는 방법들에 대해 전문가와 상담했다.

정답 (D)

어휘 • owner 주인 • consult 상담하다 • expert 전문가

해설 명사를 수식하는 형용사적 용법의 to 부정사를 고르는 문제예요. a way to do ~할 방법이라는 의미로 자주 사용되죠.

9
GEO 전자회사 대표는 새로운 냉장고가 성공적으로 출시된 것을 발표하게 되어 기쁘다.

정답 (B)

어휘 • president 대표, 사장 • refrigerator 냉장고

해설 to 부정사를 동반하는 형용사 pleased가 사용되었어요. be pleased to do ~해서 기쁘다라는 의미이며 to 부정사가 pleased의 원인을 나타내죠.

10
도서관에서는 다른 사람들을 방해하지 않으려고 노력해야 한다.

정답 (A)

어휘 • library 도서관 • others 다른 사람들

해설 try는 to 부정사를 목적어로 사용하는 동사이므로 (A) not to disturb, (B) to disturb 중 하나가 정답이죠. 그런데 해석을 해보면 다른 사람들을 방해하지 않으려고 노력해야 하므로 to 부정사의 부정형태가 필요하죠.

Lesson 12

PART 5 & 6
[준동사] 동명사

1. 동명사의 형태
2. 동명사의 역할
3. 동명사와 to 부정사

PREVIEW

엣지만의 학습목표
1. 동명사의 형태를 익히고 쓰임을 알 수 있어요.
2. 명사와 동명사의 차이를 알 수 있어요.
3. 동명사의 관용표현을 암기해요.

동사가 명사로 변신한 단어를 동명사라고 해. 그럼 동명사는 동사일까, 명사일까? 정답은 [명사]이지. 우선 역할은 명사 역할을 담당해. 하지만 순수한 명사와 다른 점이 있다면 동사의 성질을 가지고 있는 명사라는 점이죠.

1 동명사의 형태

『동사원형 + ~ing』이고 해석은 『~하는 것』이라고 하면 돼요.

2 동명사의 역할

1. 주어

한국어	영어
1. 다양한 경력을 (가지다 / 가지는 것)은 중요하다.	1. (Have / having) various work experiences is important.
2. 책을 (읽는 것 / 읽다)은 좋은 습관이다.	2. (Read / Reading) books is a good hobby.

having, reading

동명사도 명사잖아요? 그러므로 주어 역할을 할 수 있죠. 그렇다면 명사와의 차이점은 뭘까요? 단순 명사와 다른 점은 바로 동명사 뒤에 목적어가 또 나온다는 거죠.

Having various work experiences에서 주어는 having이고 various work experiences가 having의 목적어가 되는 거예요. 그래서 해석이 "다양한 경력을 가지는 것은"이 되는 거죠. 또한, 동명사가 주어로 쓰일 때 동사가 단수인 거 확인했어요? 동명사가 주어로 쓰이면 동사는 "단수" 형태를 써야 해요.

 엣지있게 정리하기!
1. 동명사는 목적어를 갖는 명사이다.
2. 동명사가 주어로 쓰이면 단수취급을 한다.

2. 목적어

명사가 타동사와 전치사의 목적어 역할을 하듯이 동명사도 타동사와 전치사의 목적어 역할을 할 수 있어요.

 한국어

1. 그 양식을 작성하자마자, 고객 서비스 부서로 보내주세요.
2. 그는 음악 듣는 것을 즐겨한다.

 영어

1. On (filling / to fill) out the form, send it to the customer service department.
2. He enjoys (listening / to listen) music.

1. filling
2. listening

이렇게 동명사는 전치사의 목적어가 되기도 하고, 타동사의 목적어가 되기도 하죠.

3. 보어

be 동사 뒤에 나와서 주어를 보충해 주는 역할을 해요.

 한국어

김 씨가 오전에 제일 먼저 하는 일은 이메일을 확인하는 것이다.

 영어

The first thing Mr. Kim does in the morning is checking his e-mail.

 다음 중 괄호 안에 들어갈 알맞은 단어를 고르시오.

1. 업무를 평가하는 것은 매우 중요하다.

2. 오늘 내가 할 일은 보고서를 제출하는 것이다.

3. 이 여행 패키지는 관광명소를 방문하는 것을 포함한다.

1. (Evaluating / Evaluation) performances is very important.

2. My job today is (submit / submitting) a report.

3. This tour package includes (to visit / visiting) tourist attractions.

  엣지가 알려주는 특급 노하우
1. 명사 자리 뒤에 목적어가 또 있을 경우는 동명사가 정답이다.

1. evaluating (문장 제일 앞은 명사 자리야. 그래서 명사인 evaluation을 성급하게 고를 위험이 있는 문제였게. 빈칸 뒤에 performances라는 명사가 또 나와 있고, 동사가 is로 단수이므로 이들 모두 만족시키는 것은 동명사 주어예요.)

2. submitting (be 동사 뒤에 보어가 필요하죠. 보어가 될 수 있는 품사는 명사인데, 지금 보기 중 명사는 submitting 뿐이에요. Be 동사 뒤에 동사원형이 나올 수는 없죠.)

3. visiting (동사 include의 목적어는 ~ing 형태를 띠어요. 이는 조금 후에 우리 책에 나오므로 ~ing 만을 목적어로 갖는 동사들은 반드시 암기하셔야 해요.)

3 동명사와 to 부정사

동명사를 목적어로 취하는 동사

The hiring manager is considering (to recruit / recruiting) additional employees.

위의 예문의 정답은 얼핏 to recruit 같죠? 이미 앞에 considering이라는 ~ing 형태의 단어가 있기 때문에 더 헷갈릴 수 있지요. 하지만 영어에는 동명사만을 목적어로 쓰는 동사가 따로 있는데, consider도 그중 하나이기 때문에 정답은 recruiting이랍니다. 그러므로 이렇게 동명사만을 목적어로 쓰는 동사들은 반드시 암기해야만 하죠.

■ 동명사만 목적어로 쓰는 동사

• mind ~하기를 꺼리다	• discontinue 중단하다
• enjoy ~하는 것을 즐기다	• deny 부정하다
• give up 포기하다	• include 포함하다
• avoid 피하다	• recommend 추천하다 ~ing
• finish 끝마치다	• postpone 연기하다
• abandon 버리다, 포기하다	• admit 인정하다
• suggest 제안하다	• consider 고려하다

■ to 부정사만 목적어로 취하는 동사

• agree to ~에 동의하다	• refuse to ~을 거절하다
• want to ~을 원하다	• promise to ~을 약속하다
• expect to ~을 기대하다	• decide to ~을 결심하다
• plan to ~을 계획하다	• intend to ~을 의도하다
• manage to 가까스로 ~하다	• fail to ~하는 것에 실패하다
• wish to ~하기를 소망하다	• hope to ~을 희망하다
• ask to ~을 요청하다	• need to ~을 필요로 하다
• offer to ~을 제공하다	

엣지있는 토익 TIP!

to 부정사를 목적어로 취하는 동사와 동명사를 목적어로 취하는 동사는 이해하기 어려운 부분이에요. 물론, to 부정사는 주로 "미래를 의미하는 동사"와 사용하고, 동명사는 주로 "과거를 의미하는 동사"와 사용하는 경향이 있지만, 문제를 풀 때마다 매번 이를 확인하기는 어려우니 반드시 암기해야 해.

■ 동명사의 관용 표현 (1) (전치사 to ~ing 형태)

• look forward to N / ~ing 　　　　　　　　~을 고대하다	• be devoted to N / ~ing ~에 헌신하다
	• be committed to N / ~ing
• be opposed to N / ~ing	~에 헌신하다
~에 반대하다	• prior to N / ~ing 　　~보다 이전에
• when it comes to N / ~ing	• be accustomed to N / ~ing
~에 대해 말하자면	~에 익숙하다
• be dedicated to N / ~ing	• be used to N / ~ing 　~에 익숙하다
~에 헌신하다	• be subject to N / ~ing ~되기 쉬운

■ 동명사의 관용 표현 (2)

• go ~ing　~하러 가다	• be worth ~ing ~할만한 가치가 있다
• no use ~ing　~해봐야 소용없다	• be busy ~ing ~하느라 바쁘다
• feel like ~ing　~하고 싶다	• have a hard time ~ing
• cannot help ~ing	= have difficulty ~ing
~하지 않을 수 없다	= have trouble ~ing
• on(upon) ~ing ~하자마자	~하는 데 어려움을 겪다
• by ~ing　~함으로써	• spend A ~ing ~하는 데 A를 쓰다

 엣지있는 토익 TIP!

동명사의 관용 표현 (1)과 (2)의 차이점은 (1)의 경우는 전치사 to 뒤에 동명사가 나온다는 점이야. 흔히, to 부정사어 익숙해지면 to 뒤에는 동사원형만 나올 것이라고 생각하기 쉬워지지. 그러 건 문제를 풀 때 헷갈릴 수 있으므로 반드시 구별하여 외우자!

 다음 중 괄호 안에 들어갈 알맞은 단어를 고르시오.

한국어

1. 창문 좀 닫아 주시겠습니까?

2. 나는 당신을 만나기를 고대하고 있다.

3. 고등학교를 졸업하자마자, 그는 대학에 들어가는 대신에 공장에 취직했다.

영어

1. Would you mind (to close / closing) the window?

2. I am looking forward to (meet / meeting) you.

3. (Upon / By) graduating from high school, he got a job at a factory instead of going to university.

1. closing (동사 mind는 목적어로 ~ing만 쓴다고 암기해야 하죠. to 부정사는 목적어로 가질 수 없죠)

2. meeting (look forward to ~ing도 반드시 암기해야 할 숙어예요. 특히, 전치사 to 뒤에 흔히 동사원형을 쓰는 실수를 많이 할 수 있어요. 그러니 이렇게 헷갈리기 쉬운 구문은 반드시 암기해 두셔야 해요)

3. upon (upon ~ing, by ~ing 모두 토익에 자주 출제되는 숙어 표현이에요. upon ~ing "~하자마자" 와 by ~ing "~함으로써"는 해석이 다르므로 해석으로 문제를 풀어야 하죠. 위 문제에서는 "고등학교를 졸업하자마자" 라고 하였으므로 upon 이 정답이 되어야 해요)

토익 기초 뛰어넘기

1 _____ a new building creates many jobs.

(A) Constructing

(B) Construction

2 I enjoyed _____ at Passion Hotel.

(A) to stay

(B) staying

3 Upon _____ of a task, another task is given.

(A) completion

(B) completing

4 By _____ this certificate, the cook now has three certificates in cooking.

(A) acquisition

(B) acquiring

5 He is seriously considering _____ his job.

(A) to quit

(B) quitting

토익 기초 뛰어넘기

6 He is busy _____ for the presentation.

(A) preparing

(B) preparation

7 He has difficulty _____ foreign novels.

(A) translating

(B) to translate

8 Using a computer for a long period of time _____ harmful.

(A) are

(B) is

9 By exercising _____, you can keep your body in shape.

(A) regularly

(B) regular

10 Please read the manual carefully prior to _____ the speakers.

(A) install

(B) installing

토익 기초 뛰어넘기 정답과 대본

1 새 건물을 짓는 것은 많은 일자리를 창출합니다.

정답 (A)
어휘 • building 건물 • create 창출한다.
해설 문장 제일 앞은 주로 주어인 명사가 정답인 자리이나 빈칸 뒤에 목적어가 될 수 있는 a new building이 나와 있어서 동명사를 주어로 골라야 해요. 명사는 뒤에 또 명사를 목적어로 가질 수 없다는 점을 명심하세요!

2 나는 Passion 호텔에 머물면서 즐거웠다.

정답 (B)
어휘 • enjoy 즐기다
해설 enjoy는 동명사만을 목적어로 쓰는 동사예요. 반드시 암기해야 하죠.

3 한 업무를 마무리하자마자, 다른 업무가 주어진다.

정답 (A)
어휘 • task 작업, 일
해설 upon 뒤라고 무조건 ~ing가 나오는 것은 아니에요. 명사도 나올 수 있죠. 항상 기억할 건, 명사와 동명사 중 명사 우선의 법칙에 의해 항상 명사가 먼저 정답이 될 수 있다는 점이에요. 명사 자리 뒤에 목적어인 명사가 또 나올 경우에만 명사가 정답이 될 수 없고 동명사만 정답이 되는 거죠. 이 문제에서는 빈칸 뒤에 목적어가 없으므로 명사 우선의 법칙에 따라 명사가 정답이 돼요.

4 이번에 자격증을 따게 됨으로써, 그 요리사는 요리 자격증을 3개 보유하게 되었다.

정답 (B)
어휘 • acquisition 인수, 획득 • acquire 얻다, 인수하다 • certification 자격증
해설 이번에는 3번과 다르게 빈칸 뒤에 목적어인 the certification이 있어요. 이런 경우에만 명사는 정답이 될 수 없어요. 그래서 동명사가 정답이 되는 거죠.

5 그는 진지하게 직장을 그만둘 것을 고려하고 있다.

정답 (B)
어휘 • quit 그만두다 • seriously 진지하게, 심각하게
해설 앞의 동사 시제가 진행시제(is considering)라고 해서 뒤에 무조건 to 부정사가 나와야 한다고 생각해서는 안돼요!! consider는 동명사만을 목적어로 취하는 동사이므로 정답은 동명사여야 해요.

토익 기초 뛰어넘기 정답과 대본

6 그는 발표준비를 하느라 바쁘다.

정답 (A)

어휘 • busy 바쁜 • presentation 발표

해설 be busy ~ing는 "~하느라 바쁘다"라는 뜻이에요. 숙어니까 암기해야 하죠.

7 그는 외국 소설을 번역하는 데 어려움을 겪고 있다.

정답 (A)

어휘 • translate 번역하다 • foreign 외국의 • novel 소설

해설 have difficulty ~ing는 "~하는 데 어려움을 겪다"라는 숙어예요. 암기해주세요.

8 장시간 컴퓨터를 사용하는 것은 건강을 해친다.

정답 (B)

어휘 • for a long time 장시간 동안 • harmful 해로운

해설 동명사가 주어로 쓰이면 단수 취급을 해야 해요. 이 문제도 토익시험에 자주 나오므로 암기하두세요.

9 규칙적으로 운동을 함으로써 당신은 당신의 몸매를 유지할 수 있다.

정답 (A)

어휘 • exercise 운동하다 • regularly 규칙적으로
• keep one's body in shape 몸매를 유지하다

해설 동명사를 수식하는 품사를 물어보는 문제예요. 동명사는 동사적인 특징을 가지고 있어서 부사가 수식해요. 알아둡시다!

10 스피커를 설치하기 전에 설명서를 꼼꼼하게 읽으십시오.

정답 (B)

어휘 • carefully 자세하게, 꼼꼼하게 • manual 설명서 • prior to ~하기 전에

해설 prior to ~ing "~하기 전에"라는 관용표현이에요. to 뒤라고 해서 무조건 동사원형을 정답으로 골라서는 안돼요.

토익 실전 마무리

1 _____ the quality of the product is his first task.

(A) Improving
(B) Improve
(C) Improved
(D) Improvement

2 He dedicated his life to _____ artificial intelligence.

(A) develop
(B) developed
(C) developing
(D) development

3 You can maintain your health by regularly _____ a physical checkup.

(A) take
(B) takes
(C) to take
(D) taking

4 Mr. Albert, who was _____ to given tasks, was easily promoted.

(A) dedicate
(B) dedicated
(C) dedicating
(D) dedication

5 Because of the bad weather, Gilbert postponed _____ the roof.

(A) repair
(B) repairing
(C) to repair
(D) repaired

토익 실전 마무리

6 _____ finding engine problems, QM Motors recalled the "Zisen" model.

(A) In
(B) For
(C) To
(D) On

7 He spent the rest of his life _____.

(A) gardening
(B) garden
(C) to gardening
(D) to garden

8 Engineers recommended _____ computer software.

(A) change
(B) changing
(C) to change
(D) changed

9 Coordination between teams is necessary _____ the goal.

(A) achieve
(B) achieving
(C) achieved
(D) to achieve

10 He suggested _____ a skilled engineer.

(A) hiring
(B) to hire
(C) hire
(D) hired

토익 기초 뛰어넘기 정답과 대본

1 제품의 품질을 향상시키는 것이 그의 첫 번째 과제입니다.
- 정답 (A)
- 어휘 • quality 품질
- 해설 문장 제일 처음에는 명사가 주어로 나올 수 있으나 빈칸 뒤에 목적어(the quality of the product)가 있어서 동명사가 정답인 문제예요.

2 그는 그의 일생을 인공지능을 개발하는 데 헌신했다.
- 정답 (C)
- 어휘 • dedicate 목적어 to 명사 / ~ing, 목적어를 명사하는 데 바치다, 헌신하다
  • artificial intelligence 인공지능
- 해설 dedicate 목적어 to 명사 / ~ing 관용표현은 암기해 두세요. 이 문제에서는 빈칸 뒤에 목적어(artificial intelligence)가 나왔으므로 명사는 정답이 될 수 없죠.

3 정기적으로 건강검진을 받음으로써, 건강을 유지할 수 있다.
- 정답 (D)
- 어휘 • maintain 유지하다 • health 건강 • physical 신체적인 • checkup 검진, 검사
- 해설 by ~ing는 "~을 함으로써"라는 숙어로 쓰이죠. 또한, 빈칸 앞의 regularly는 부사로 동명사를 수식할 수 있어요. 그러므로 동명사가 정답이죠.

4 주어진 과제에 전념한 Albert 씨는 쉽게 승진했습니다.
- 정답 (B)
- 어휘 • given task 주어진 과제 • easily 쉽게
- 해설 be dedicated to ~ing / 명사 ~에 헌신하다라는 관용 표현이죠. 암기해 두세요.

5 악천후 때문에, Gilbert 씨는 지붕을 수리하는 것을 연기했다.
- 정답 (B)
- 어휘 • bad weather 안 좋은 날씨, 악천후 • postpone 연기하다 • roof 지붕
- 해설 동사 postpone은 동명사를 목적어로 취하는 동사예요.

토익 실전 마무리 정답과 대본

6 엔진 문제를 발견하자마자, QM Motors는 "Zisen" 모델의 리콜을 실시했다.

정답 (D)

어휘 • engine 엔진 • recall 리콜하다

해설 On / Upon ~ing이 "~하자마자"라는 의미예요. 따라서 해석상 On이 들어가야 하죠.

7 그는 그의 여생을 정원을 가꾸는 일에 썼다.

정답 (A)

어휘 • the rest of one's life 여생

해설 spend 시간 / 돈 ~ing, 시간 / 돈을 ~ing 하는 데 쓰다라는 숙어죠. 암기하세요.

8 기술자는 컴퓨터 소프트웨어를 바꾸는 것을 추천했다.

정답 (B)

어휘 • engineer 엔지니어, 기술자

해설 동사 recommend는 동명사를 목적어로 쓰는 동사예요.

9 목표를 달성하기 위해서, 팀 간의 협조가 필요하다.

정답 (D)

어휘 • coordination 협력 • necessary 꼭 필요한 • goal 목표
  • achieve 달성하다, 성취하다

해설 "목표를 달성하기 위하여"라고 해석이 되네요. "~하기 위해서"는 to 부정사의 부사적 용법에 해당하므로 to 부정사가 정답이 되죠.

10 그는 숙련된 기술자를 고용하는 것을 제안했다.

정답 (A)

어휘 • skilled 숙련된

해설 동사 suggest는 동명사를 목적어로 쓰는 동사예요.

Lesson 12 • 201

Lesson 13

PART 5 & 6

theme

[준동사] 분사, 분사구문

1. 현재분사와 과거분사
2. 감정동사에서 파생된 분사
3. 분사구문

엣지만의 학습 목표

이런 것을 배워요~

1. 현재분사와 과거분사의 쓰임을 이해해보아요.
2. 감정동사에서 파생된 분사의 쓰임을 이해해보아요.
3. 분사구문을 이해해보아요.

 만약, 한 단어가 한 가지 의미, 한 가지 품사만 담당한다면 우린 얼마나 많은 단어를 암기해야 하는 걸까요? 다행히, 모든 언어는 동사를 중심으로 어미를 바꿔가며 여러 품사를 나타낼 수 있죠. 특히 수식어가 더욱 그러한데요. 그래서 이번 단원에서는 동사에서 파생된 단어 중, 형용사의 역할을 하는 분사를 배워보도록 하죠.

현재분사와 과거분사

분사는 형용사 역할을 한다고 생각하면 돼. 다만 형용사가 명사의 성격이나 성질을 드러내기 위한 단어라면 분사는 동사의 어미를 변화시켜서 '형용사화했다'라고 생각하면 돼. '노란'은 형용사지만 '훈련된'이라는 단어는 '훈련하다'라는 동사의 어미를 변화시켜 형용사처럼 쓸 수 있게 만든 거예요.

1. 분사의 형태

	현재분사	과거분사
형태	R + ~ing	p.p. (주로 동사원형 + ed, 불규칙 변화)
의미	~하는, ~가 진행중인, (능동, 진행)	~해진, ~된 (수동, 완료)

 다음 표의 빈칸에 알맞게 동사를 변형시키시오.

동사원형	현재분사	과거분사
take		
satisfy		
give		
impress		

동사원형	현재분사	과거분사
take	taking (맨 뒤의 e 탈락 후 ~ing)	taken (불규칙 변화)
satisfy	satisfying	satisfied (y를 i로 고친 후 ~ed)
give	giving (맨 뒤의 e 탈락 후 ~ing)	given (불규칙 변화)
impress	impressing	impressed

2. 분사의 역할

(1) 명사 앞에서 수식하는 경우

분사 + 명사

한국어

개정된 책 ('개정을 하게 된'의 의미로 수동)
까다로운 고객 ('까다로운 행동을 하는' 능동)

영어

a revised book (과거분사)
a demanding customer (현재분사)

위의 경우는 한국어와 어순이 동일하게 형용사 역할을 하는 분사가 명사 앞에서 수식하는 경우예요.

(2) 명사 뒤에서 수식하는 경우

명사 + 분사

한국어

1. 나는 선명한 색상으로 아름답게 색칠된 액자를 구입했다.
2. 우리는 우리의 투자의 수익성을 모니터링 하는 리스크 분석가를 찾는 중이다.

영어

1. I bought the frame painted beautifully with vivid colors. (부사 및 전치사구를 수반하는 경우)
2. We are looking for risk analysts monitoring the profitability of our investments. (목적어를 동반한 채 다른 명사를 수식하는 경우)

한국어의 경우는 어떤 형태의 형용사든 모두 명사 앞에서 수식하지만, 영어의 경우에는
❶ 부사 및 전치사구를 수반하여 분사가 길어진 경우,
❷ 현재분사가 목적어를 가져 길어진 경우에는 명사를 뒤에서 수식해요.

(3) 현재분사와 과거분사의 구별

한국어

개정된 책 ('책을 개정하다' → '책이 목적어')
까다로운 고객 ('고객이 요구하다' → '고객이 주어')

영어

a revised book (과거분사)
a demanding customer (현재분사)

Lesson 13

❶ 과거분사: 수식을 받는 명사가 목적어
❷ 현재분사: 수식을 받는 명사가 주어

물론, ❶ 개정된 책에서 '수동'의 의미라서 과거분사이고, ❷ 까다로운 고객에서 '능동'의 관계이므로 현재분사라는 설명을 들어본 적이 있을 거야. 물론, 이 역시 맞는 표현이기는 하지만, 한국어와 영어가 다른 나라 언어이다 보니 한국어에서 능동으로 쓰일 것 같은데 영어 표현으로는 과거분사이기도 한 경우가 있어. 그래서 해석상 '~하는' = 능동, '~되는' = 수동뿐 아니라 수식을 받는 명사가 주어인지 목적어인지도 파악한다면 더 정확히 문제를 풀 수 있어요.

 **다음 중 괄호 안에 들어갈 알맞은 단어를 고르시오.**

 한국어

1. 영수증이 동반된 상품만 환불될 수 있다.

2. 설치 전에, 동봉된 설명서를 꼼꼼하게 읽으세요.

3. 그는 힘든 역할을 잘 해냈다.

 영어

1. Only the items (accompanying / accompanied) the original receipt can be refunded.

2. Before installing, please thoroughly read the (enclosing / enclosed) instructions.

3. He played a (challenging / challenged) role well.

 정답 해설

1. accompanied
수식을 받는 명사 items가 목적어 역할이지. (상품을 동반하다) 또한 '동반된', '수반된'으로 해석되어 수동의 의미이므로 과거분사가 정답이죠.

2. enclosed
'동봉된'의 의미로 과거분사가 좋겠죠. 또한, '설명서를 동봉하다'로 해석되어 수식을 받는 명사인 instructions가 목적어 역할을 하므로 과거분사가 정답이라고 말할 수도 있어요.

3. challenging
동사 'challenge'는 '도전하다, 힘겹게 하다'라는 의미의 동사야. '도전적인 역할'이라고 번역하여 능동이므로 현재분사가 정답이죠. 'Challenging'은 '도전적인'의 의미도 되지만 결국 도전해야 하는 건 힘든 일을 의미하므로 '힘겨운 역할, 힘든 역할'로 번역해도 돼요.

2 감정동사에서 파생된 분사

분사 중에는 '감정동사'에서 파생된 분사들이 있어. '감정동사'란 사람의 감정을 나타내는 동사를 말하는 거예요. 예를 들면, '만족스럽게 하다', '인상을 남기다', '관심을 갖다', '실망스럽게 하다' 등과 같은 동사들이죠. 이런 감정동사들은 사람을 수식할 때는 무조건 p.p. 사물을 수식할 때는 무조건 ~ing를 써요.

사람 수식		사물 수식	
excited	흥분된	exciting	흥분하게 하는
interested	흥미 있는, 재미있는	interesting	흥미를 유발하는
disappointed	실망한	disappointing	실망스러운
embarrassed	당황한	embarrassing	당황하게 하는
confused	혼란스러운	confusing	혼란스럽게 하는
fascinated	매료된	fascinating	매혹시키는
frightened	두려운	frightening	두렵게 하는
worried	걱정하는	worrying	걱정하게 하는
impressed	인상 깊은	impressing	인상을 남기는
satisfied	만족스러운	satisfying	만족하게 하는

다음 중 괄호 안에 들어갈 알맞은 단어를 고르시오.

1. Hilson Beach Hotel은 재미있는 활동으로 가득하다.

2. 그녀는 실망스러운 결과에 놀랐다.

3. 그 직책에 지원하고 싶은 사람은 7월 31일까지 지원서를 제출해야 한다.

1. Hilson Beach Hotel is filled with (amusing / amused) activities.

2. She was surprised with (disappointing / disappointed) results.

3. Those who are (interesting / interested) in applying for the position should submit the application form by July 31.

1. amusing (amuse는 감정동사인데 사물인 activities를 수식하므로 현재분사가 정답이죠)
2. disappointing (disappoint는 감정동사인데 사물인 results를 수식하므로 현재분사가 정답이죠)
3. interested (interest는 감정동사인데 사람인 those who (~하는 사람들)을 수식하죠. 그래서 정답은 과거분사여야 해요)

3 분사구문

1. 분사구문의 개념

[부사절의 접속사 + 주어 + 동사]를 간결하게 줄여 [R+ing]의 형태로 변형한 것을 말해요.

한국어	영어
1. 일단 그 회사가 합병되고 나면, Pantec Korea는 이름을 변경할 것이다.	1. Once the company is merged, Pantec Korea will change its name.
2. 일단 합병되고 나면, Pantec Korea는 이름을 변경할 것이다.	2. Once merged, Pantec Korea will change its name.

분사구문을 이용한 문장이 더 간결하죠? 이렇게 간결하게 표현하기 위해 분사구문을 이용하는 거죠.

2. 분사구문 만들기

❶ 접속사는 생략해도 되고 생략하지 않아도 된다.
(일반적으로 접속사는 생략하죠. 그런데 시험문제 등 해석상 애매모호한 부분을 없애기 위해 접속사를 써도 상관없어요. 시험문제에서는 두 경우 모두 출제돼요.)

❷ **주어**를 비교: 같으면 → <u>**생략한다**</u>   다르면 → <u>**생략하지 않는다**</u>

❸ 동사의 **시제**를 비교: 같으면 → <u>Ring</u>   다르면 → <u>having p.p.</u>

❹ being은 생략 가능 (∴ 수동태는 p.p.만 써도 됨)

★ 분사구문 이용하여 문장 변형하기

① **When** you send your order by fax, please write down your name on the form.
(접속사는 그대로 두는 편을 택하겠다, 그러나 생략해도 무관하다)

② When ~~you~~ send your order by fax, please write down your name on the form.
(명령문의 주어는 you인데 생략된 것이므로 주어는 같다고 본다)

③ When ~~you~~ **send** your order by fax, please **write** down your name on the form.
Sending (시제가 동일하다)

④ **When sending your order by fax**, please write down your name on the form

다음 문장을 분사구문을 이용하여 변형하시오.

1. Mr. Kim took 2 days off after he completed the big project by himself.

2. She bought a new car because she was elected the best employee this year.

3. After the book was revised several times, it was finally published last month.

1. Mr. Kim took 2 days off, (after) completing the big project by himself.
2. She bought a new car, elected the best employee this year.
3. (After being) revised several times, it was finally published last month.

토익 기초 뛰어넘기

1 The TV program is not popular because it is _____.
(A) boring
(B) bored

2 A _____ monitor was shipped and I want to request an exchange.
(A) damaging
(B) damaged

3 Brooklyn bridge will be closed for the repair of the _____ parts.
(A) cracking
(B) cracked

4 Due to frequent schedule changes, Mr. Kim is so _____.
(A) confusing
(B) confused

5 Everyone was _____ at the news of a famous singer's car accident.
(A) surprised
(B) surprise

토익 기초 뛰어넘기

6 When _____ the design award, Mr. Washington honored his entire team.

(A) receiving

(B) received

7 Insa-dong, _____ as the center of traditional Korean culture, is one of many famous tourist attractions in Seoul.

(A) known

(B) know

8 Although _____ for a long time, the problem was not resolved at all.

(A) discussing

(B) discussed

9 Due to the _____ popularity, the show will be extended to the end of the year.

(A) growing

(B) grown

10 When _____ the report, make sure to include your name and department.

(A) review

(B) reviewing

토익 기초 뛰어넘기 정답과 대본

1 그 TV 프로그램은 인기가 없다. 왜냐하면 지루하기 때문이다.

정답 (A)
어휘 • bore 지루하게 하다
해설 감정동사는 사물을 수식할 때는 항상 ~ing 형태로 수식하죠.

2 손상된 모니터가 배송되어 교환을 요청하고 싶다.

정답 (B)
어휘 • ship 배송하다 • exchange 교환
해설 monitor를 수식하는 분사를 고르는 문제예요. [손상된 모니터] 즉, 수동형으로 해석하는 것이 자연스러우므로 정답은 p.p.여야 하죠.

3 Brooklyn 다리는 부서진 곳을 보수하기 위하여 폐쇄될 것이다.

정답 (B)
어휘 • bridge 다리 • be closed 폐쇄되다 • spot 장소, 지점
해설 part를 수식하는 분사를 고르는 문제예요. [깨는 부분, 깨진 부분] 즉, 수동으로 해석이 더 자연스러우므로 p.p.가 정답이에요.

4 잦은 일정 변경으로 인해 김 씨는 너무 혼란스럽다.

정답 (B)
어휘 • frequent 잦은, 빈번한 • confuse 혼란스럽게 하다
해설 감정동사는 사람을 수식할 때는 p.p. 형태로 수식하죠.

5 유명한 가수의 갑작스러운 교통사고 소식에 모두가 놀랐다.

정답 (A)
어휘 • sudden 갑작스러운 • traffic accident 교통사고 • famous 유명한 • singer 가수
해설 감정동사는 사람을 수식할 때는 p.p. 형태로 수식하죠.

토익 기초 뛰어넘기 정답과 대본

6 Washington 씨가 디자인 상을 수상했을 때 그는 팀 전체에게 영광을 돌렸다.

정답 (A)

어휘 • honor 영광을 돌리다 • entire 전체의

해설 분사구문 문제예요. 원래 문장은 when he received the design award였어요. 주어가 동일해서 he를 지우고 동사를 분사구문 형태인 [동사원형 + ~ing]로 변형하여 receiving으로 바꾸면 되죠.

7 인사동은 한국의 전통문화의 장소로 알려진 서울의 명소 중 하나입니다

정답 (A)

어휘 • place 장소 • traditional 전통적인 • culture 문화 • attractions 관광 명소

해설 Insa-dong을 뒤에서 수식하는 분사를 고르는 문제예요. 한국의 전문 문화의 장소로 '알려진' 인사동이라고 해석해야 자연스러우므로 수동형 분사가 필요하죠.

8 오랜 시간 의논되었지만, 그 문제는 전혀 해결되지 않았다.

정답 (B)

어휘 • discuss 토론하다 • resolve 해결하다

해설 분사구문 문제예요. 원래 문장은 Although the problem was discussed for a long time이었어요. 주어가 같아서 the problem이 없어지고 동사 was discussed가 being + discussed의 형태로 바뀌고, being이 생략되어 discussed가 정답이 되죠.

9 증가하는 인기 때문에 그 공연은 올해 말까지로 연장될 것이다.

정답 (A)

어휘 • popularity 인기 • show 공연 • extend 연장하다 • the end of the year 올해 말

해설 명사 popularity를 수식하는 분사를 고르는 문제예요. 인기가 계속 증가하고 있음을 나타내므로 [증가하고 있는 인기]가 해석상 자연스럽죠. 그래서 능동형분사인 ~ing 형태가 알맞아요.

10 리포트를 검토할 때, 당신의 이름과 부서가 포함되어 있는지 꼭 확인해주세요.

정답 (B)

어휘 • make sure 확실히 하다 • include 포함하다

해설 분사구문 문제예요. 빈칸 뒤에 목적어가 있어서 능동형 reviewing을 고르면 간단하게 문제를 풀 수 있죠. 물론 원래 문장을 다 살펴보셔도 좋아요. 원래 문장은 when you review the report였어요. 주어가 사라지고 동사 review를 분사구문인 reviewing 형태로 변형시키면 되죠.

Lesson 13

토익 실전 마무리

1 The CEO decided to move the headquarters to a different building after learning about the _____ costs for repairs.

(A) expect
(B) expected
(C) expecting
(D) to expecting

2 Customers who are not _____ with the product may request a return within 30 days of purchase.

(A) satisfy
(B) satisfied
(C) satisfying
(D) to satisfy

3 The fence _____ the backyard must be repaired.

(A) surrounding
(B) surrounded
(C) surround
(D) to surround

4 The road _____ along the lake is good for walks.

(A) running
(B) run
(C) to run
(D) will run

5 Items _____ on the Internet are non-refundable.

(A) purchase
(B) to purchase
(C) purchasing
(D) purchased

토익 실전 마무리

6 When submitting a vacation plan, you need a _____ consent of your immediate supervisor.

(A) written
(B) writing
(C) write
(D) wrote

7 I was _____ by his lecture on environmental pollution.

(A) impress
(B) impressive
(C) impressed
(D) impressing

8 You will receive a timetable _____ the conference schedule.

(A) detail
(B) detailed
(C) detailing
(D) to detail

9 _____ graduating from university, he worked for a cement manufacturer.

(A) After
(B) Once
(C) Although
(D) So that

10 _____ by Schubert's music, he painted a wonderful work.

(A) Inspire
(B) to inspired
(C) Inspiring
(D) Inspired

토익 기초 뛰어넘기 정답과 대본

1 CEO는 수리를 위해 예상되는 비용에 대해서 알게 된 후, 본부를 다른 빌딩으로 옮기기로 결정했다.

정답 (B)
어휘 • headquarters 본부 • cost 비용
해설 [예상된] 비용이라고 해석하여 수동의 의미이므로 p.p.가 정답이에요.

2 상품에 만족하지 못한 고객들은 구매 후 30일 이내에 반품을 요구할 수 있다.

정답 (B)
어휘 • request 요청하다 • within ~이내에
해설 satisfy는 [만족시키다]라는 감정동사예요. 사람을 수식할 때 감정동사는 무조건 p.p로 수식하죠.

3 뒷마당을 둘러싸고 있는 담장이 수리되어야 한다.

정답 (A)
어휘 • fence 담장 • backyard 뒷마당
해설 fence를 뒤에서 수식하는 분사를 고르는 문제예요. 담장이 뒷마당을 둘러싸고 있으므로 [담장]과 [둘러싸다]의 관계가 주어-동사 관계이죠. 앞 설명에서 분사가 헷갈리는 경우 주어-동사 관계이면 ~ing를 목적어-동사의 관계이면 p.p로 꾸며주면 된다고 했었던 것 기억나시나요? 그래서 정답은 surrounding이 되는 거예요.

4 호수를 따라 뻗어있는 길은 산책하기에 좋다.

정답 (A)
어휘 • run 달리다, (길 따위가) 뻗어있다 • lake 호수 • for a walk 산책
해설 이 문제 역시 3번과 동일하게 road-run [길]과 [뻗어있다]와의 관계가 주어-동사의 관계죠. 길이 뻗어 있는 것이니까요. 그래서 ~ing 형태로 꾸며주면 돼요.

5 인터넷으로 구매된 상품은 환불이 불가능하다.

정답 (D)
어휘 • items 상품 • on the Internet 인터넷으로 • non-refundable 환불이 불가능한
해설 명사 뒤에서 꾸며주는 분사를 고르는 문제예요. 이번에는 items-purchase [상품]과 [구매하다]라는 동사의 관계를 살펴보면 "상품을 구매하다"라고 해석하니까 목적어-동사의 관계라고 할 수 있어요. "상품이 구매하다"라는 문장은 틀린 문장이니까요. 그래서 이번에는 p.p. 형태로 명사를 꾸며주면 되는 거죠.

토익 실전 마무리 정답과 대본

6 휴가 계획서를 제출할 때는 직속 상관의 서면동의서가 필요하다.

- 정답 (A)
- 어휘 • consent 동의서 • immediate supervisor 직속 상관
- 해설 [작성된 동의서]라고 해석하는 것이 자연스럽죠? "동의서를 작성하다"가 맞는 문장이므로 도조어-동사의 관계에 있어요. 그러니 p.p가 수식해주면 되죠.

7 나는 환경오염에 대한 그의 강연을 듣고 감명받았다.

- 정답 (C)
- 어휘 • environmental 환경의 • pollution 오염
- 해설 impress는 감명을 주다 라는 감정동사예요. 감정동사는 사람을 수식할 때는 무조건 p.p.형태로 수식하죠.

8 당신은 컨퍼런스 일정이 자세히 적혀있는 일정표를 받을 것이다.

- 정답 (C)
- 어휘 • timetable 일정표 • detail 자세히 설명하다
- 해설 이 문제는 분사구문 문제예요. 빈칸 뒤에 목적어 the conference schedule이 있으므로 능동형 분사구문인 ~ing 형태를 고르면 되죠. 원래 문장은 and it details the conference schedule이었고, 접속사가 사라지고, 주어 it이 없어지고 동사 details가 분사구문인 detain으로 변형된 것이에요.

9 대학교를 졸업한 후, 그는 시멘트 제조업체에 취직했다.

- 정답 (A)
- 어휘 • graduate from 졸업하다 • cement 시멘트
- 해설 분사구문에서 접속사를 생략해도 되지만 생략하지 않아도 되죠. 생략이 되지 않은 접속사를 찾는 문제예요. 원래 문장은 After he graduated from university였어요. 그래서 정답은 after예요.

10 슈베르트의 음악에서 영감을 받아서, 그는 멋진 작품을 그렸다.

- 정답 (D)
- 어휘 • music 음악 • paint 그리다 • wonderful 훌륭한 • work 작품
- 해설 감정동사가 포함된 분사구문 문제예요. 원래 문장은 He was inspired by the music of Schubert였어요. 여기에서 주어 he가 생략되고 동사 was가 분사구문 형태(동사원형 + ~ing)로 변형되어 being이 되는데 분사구문에서 being은 생략할 수 있어요. 그래서 inspired만 남은 수동형 분사구문 형태가 되었어요. 조금 어렵다고 느낄 수 있지만, 자꾸 연습해 보시면 금방 쉬워질 거예요. 수동이라서 분사구문 뒤에 목적어가 없고 전치사 by가 나왔다고 이해하면 더 수울 거예요.

Lesson 14

PART 5 & 6

[품사] 전치사

1. 전치사의 특징
2. 시간 전치사
3. 장소 전치사

엣지만의 학습 목표

이런 것을 배워요~
1. 전치사의 뜻과 특징을 이해해보아요.
2. 가장 대표적인 시간, 장소, 방향의 전치사를 알아보아요.
3. 토익 시험에 자주 출제되는 두세 단어로 이루어진 전치사를 알아보아요.

전치사는 명사 혹은 대명사와 짝을 이루어 다니는 품사로 시간, 장소, 방향, 수단, 자격 등의 다양한 의미를 나타내요. 주로 [전치사+명사]의 형태, 즉 [구]의 형태로 문장 내에서 수식어 역할을 하죠.

1 전치사의 특징

앞에서 전치사는 주로 명사 혹은 대명사와 짝을 이루어 문장 내에서 수식어의 역할을 한다고 했죠.

1. 전치사 뒤에 올 수 있는 품사

❶ 전치사 + 명사: 가장 많이 사용되는 경우예요.

With a pen (연필을 가지고)   at the bus stop (버스정류장에서)
As a police officer (경찰관으로서)   to Boston (보스턴으로)

❷ 전치사 + 대명사

Without you (당신 없이)   with you (당신과 함께)
By him (그에 의해서)   for her (그녀를 위하여)

❸ 전치사 + ~ing

By using the computer (컴퓨터를 사용함으로써)
After the meeting (미팅 후에)

2. 전치사의 역할

[전치사+명사]를 "전치사 구"라고 불러. 전치사 구는 문장 내에서 다양한 역할을 하지.

(1) 형용사 역할

한국어	영어
1. 그녀는 <u>임원 중</u> 한 명이다.	1. She is **among executives**. (be 동사 뒤)
2. 나쁜 날씨로 인해 <u>새 쇼핑몰 건설의</u> 지연이 발생하였다.	2. Bad weather conditions caused <u>a delay **in the construction of the new shopping mall**</u>. (명사 수식)

1의 경우에는 전치사 구가 be 동사 뒤에 나와서 명사를 서술해주고 있지. be 동사 뒤에 형용사가 나올 수 있듯이, 형용사를 대신해서 전치사 구가 나와 주어를 설명해 줄 수도 있어요.

2의 경우, [of + 명사] 형태의 전치사 구가 앞에 나오는 명사를 꾸며주고 있어. [A of B]의 경우 A, B 자리에 모두 명사나 동명사가 나올 수 있는데, 이때 "of B"가 앞의 명사 A를 수식해주는 거지.

(2) 부사 역할

전치사 구는 부사처럼 동사, 형용사, 문장 전체를 수식할 수도 있어요.

한국어	영어
1. 그 자선단체는 기업의 기부에 의존한다.	1. The charity **depends on corporate donations**. (동사 수식)
2. 새로 나온 어댑터는 이전의 기계와 호환될 수 있다.	2. The new adapters are **compatible with old machines**. (형용사 수식)
3. 그는 Good People을 대표하여, 그는 작년에 있었던 자선 활동 내역을 자세히 발표했다.	3. <u>On behalf of Good People</u>, he announced the details of its charitable activities last year. (문장 전체 수식)

 다음 중 괄호 안에 들어갈 알맞은 단어를 고르시오.

한국어

1. 제한된 시간에도 불구하고, 그는 발표 준비를 완벽하게 했다.

2. 집을 나서기 전에, 가스 밸브를 확인하라.

3. 우리는 그녀를 위한 선물을 가지고 있다.

영어

1. (In spite of / But) the limited time, he prepared the presentation perfectly.

2. (After / Before) leaving the house, check the gas valve.

3. We have a gift (for / to) her.

1. In spite of ("~에도 불구하고"라는 의미의 전치사는 in spite of예요. But은 등위 접속사로 Lesson 15에서 배울 예정이니까, 지금은 접속사는 문장 앞에만 나올 수 있다는 정도만 기억해둘게요. 괄호 뒤에는 the limited time이라는 명사만 나와서 정답이 될 수 없죠.)
2. before (해석상 "집을 떠나기 전에"가 더 자연스럽죠)
3. for ("그녀를 위하여"라고 해석하기 위해서는 전치사 for이 필요하죠. to는 "~에게"라는 의미이므로 해석상 맞지 않아요)

2 시간 전치사

1. in, at, on (~에)

	한국어 버전		영어 버전	
in (~에) 조금 긴 개념의 시간에 사용	**in + 월 / 계절 / 연도 / 세기** 10월에 2019년에 아침에 저녁에	가을에 21세기에 오후에	in October in 2019 in the morning in the evening	in fall in the 21st century in the afternoon
at (~에) 정확한 시각 앞에 사용	**at + 시각 / 시점** 5시에 새벽에 정오에 / 밤에		at five o'clock at dawn at noon / at night	
on (~에)	**on + 요일 / 특정일 / 날짜** 금요일에 내 생일에 10월 9일에		on Friday on my birthday on October 9th	

Lesson 14 • 221

2. by vs. until (~까지)

전치사 by와 until의 의미를 한국어로 보면 "~까지"로 완전히 동일해요. 하지만 영어에서는 그 쓰임이 완전히 다르기 때문에 정말 헷갈릴 수 있는 전치사지.

by	until
동작이나 상태가 "완료"되는 것을 의미	동작이나 상태가 지속되는 것을 의미

한국어

1. 당신은 오후 7시까지 레포트를 제출해야 한다.
2. 도서관은 오후 7시까지 문을 열 것이다.

영어

1. You should submit the report **by** 7 p.m.
2. The library will be open **until** 7 p.m.

 엣지있는 토익 TIP!

"by는 완료형의 의미인 경우", "until은 지속적인 의미인 경우"라고만 알고 있어도 좋지만, 잘 어울리는 동사들을 함께 암기하면 더욱 좋겠지?

- by와 잘 어울리는 "완료" 의미의 동사
  : finish(끝내다), submit(제출하다), complete(완성하다), pay(지불하다)
- until과 잘 어울리는 "지속" 의미의 동사
  : be open(열려 있다), be closed(닫혀 있다), postpone(연기하다)

3. for vs. during (~동안에)

for와 during도 한국어 해석이 완벽하게 동일해서 의미로 구별하기는 힘들어.

한국어

1. 그는 2년 동안 규칙적으로 운동해왔다.
2. 당신은 훈련 기간 동안 식이요법을 해야 한다.

영어

1. He has regularly exercised **for** 2 years.
2. You have to go on a diet **during** the training period.

 엣지있는 토익 TIP!

for + 숫자 during + 기간명사 라고 알아두면 문제 푸는 데 어려움이 없을 거예요.

4. before, after (이전에, 이후에)

	한국어 버전	영어 버전
before	점심 전에 집을 나서기 전에	before lunch before leaving the house
after	미팅 후에 영화를 본 후에	after the meeting after watching the movie

5. 그 밖의 시간 전치사

	한국어 버전	영어 버전
from (~부터)	3월부터 6월까지	from March to June
since (~한 이래로 쭉)	2016년 이래로	since 2016
within (~이내에)	구매 후 20일 이내에	within 20 days of purchase

 다음 중 괄호 안에 들어갈 알맞은 단어를 고르시오.

1. 그는 20년 동안 회계사로 일해왔다.

2. 대여료는 2월 28일까지 지불되어야 한다.

3. 2016년 이래로 새로운 버전의 토익 시험이 제공되어 왔다.

1. He has worked as an accountant (for / during) 20 years.

2. A rental fee must be paid (until / by) February 28th.

3. The new version of the TOEIC test has been offered (from / since) 2016.

1. for (괄호 뒤에 숫자가 나왔으므로 for가 정답이죠. during 뒤에는 기간명사가 나와요)
2. by (완료 개념의 동사 pay가 나왔으므로 by가 정답이에요. until은 지속적인 개념의 동사와 함께 나오죠)
3. since (해석상 "~한 이래로"가 어울릴 뿐 아니라 Lesson 9 시제에서 배웠듯이 since는 현재완료 시제와 잘 어울리죠. 시제가 현재 완료이므로 since가 정답이에요)

3 장소 전치사

1. in, at, on (~에)

	한국어 버전	영어 버전
in (~안에) : 조금 넓은 장소	<u>in + 넓은 장소</u> 파리에 교실 안에	in Paris in the classroom
at (~에) : 좁은 장소	<u>at + 좁은 장소</u> 버스정류장에(서) 리셉션 데스크에서	at the bus stop at the reception desk
on (~에) : **접촉**이 된 경우	<u>on + 접촉된 장소, 층수 앞에</u> 천정에 벽에 3층에	on the ceiling on the wall on the 3rd floor

2. between VS among (~사이에)

between과 among 역시 한국어 해석상의 의미가 동일해서 의미로는 구별이 되지 않아요. 그러니까 두 단어의 특징을 꼭 알아두세요.

- between: 설명 대상이 2개일 때 사용되며, 흔히 between A and B "A와 B 사이에" 라는 의미로 사용돼요.
- among: 설명 대상이 3개 이상 혹은 불특정 다수일 때 사용해요.

	한국어	영어
between	너와 나 사이에 우리끼리	between you and me between us
among	그들 사이에 직원들 사이에	among them among employees

3. ~로

	한국어	영어
to (대상이나 도착지점을 나타낼 때)	너에게 보스턴으로	to you to Boston
toward (~를 향하여)	서쪽으로 강 쪽으로	toward the west toward the river

4. 옆에

	한국어	영어
next to	우체국 옆에	next to the post office
beside	입구 옆에	beside the entrance

5. ~위에

	한국어	영어
on (접촉되어서 위에)	책상 위에	on the desk
above (~보다 위에) (지위나 품질면에서 ~보다 위에)	구름 위에 3%를 넘어	above the cloud above 3%

6. 앞, 뒤, 아래에

	한국어	영어
in front of (~의 앞에)	컴퓨터 앞에	in front of a computer
behind (~의 뒤에)	건물 뒤에	behind a building
under (~의 밑에)	탁자 아래에	under a table

7. 기타 장소 전치사

	한국어	영어
through (~을 통과하여)	숲을 통과하여	through the forest
throughout (~전역에)	그 지역 전역에 걸쳐	throughout the region
opposite (~맞은편에)	약국 맞은편에	opposite a pharmacy

 다음 중 괄호 안에 들어갈 알맞은 단어를 고르시오.

한국어	영어
1. 그녀는 제주도 전역에 걸쳐 여행했다.	1. She traveled (in / throughout) Jeju Island.
2. 소포가 문 앞에 놓여있다.	2. A parcel is placed (until / in front of) the door.
3. 시계가 벽에 걸려있다.	3. A clock is (on / at) the wall.

1. throughout ("~전역에 걸쳐서"라는 의미의 전치사는 throughout이죠. In 뒤에는 장소 명사인 Jeju island가 나와도 되지만, 동사가 travel (여행을 하다)인 경우에는 그 뒤에 전치사 in이 나올 수 없어요. 단순히 "제주도로 여행을 하다"라고 하려면 travel to Jeju Island라고 하죠. 여행의 목적지, 도착지가 제주도이기 때문이에요)
2. in front of (the door는 장소이므로 시간 전치사 until은 어울리지 않죠)
3. on (시계가 벽에 접촉되어 있는 상태이므로 on이 어울려요)

토익 기초 뛰어넘기

1. _____ May 1, Paper Stationery will give you a 10% discount on all products.
   (A) From
   (B) At

2. There will be a retirement party for Angela _____ September 28th.
   (A) in
   (B) on

3. _____ Philips, the CEO apologized for the accident during the construction.
   (A) On behalf of
   (B) In addition to

4. Foot and mouth disease occurred _____ Seoul.
   (A) through
   (B) throughout

5. A workshop _____ the safe use of new machines will be held next week.
   (A) by
   (B) concerning

토익 기초 뛰어넘기

6 She commutes every day _____ subway.

(A) by

(B) in

7 Early this year, he left to study _____ France.

(A) in

(B) on

8 The customer service center is located _____ the 7th floor of the department store.

(A) at

(B) on

9 Cooking classes are held _____ the classroom at the end of the corridor.

(A) in

(B) on

10 Let's meet _____ the train station right after the conference.

(A) to

(B) at

토익 기초 뛰어넘기 정답과 대본

1 5월 1일부터 Paper 문구사는 모든 제품을 10% 할인합니다.

- 정답 (A)
- 어휘 • Stationery 문구점 • discount 할인
- 해설 "~부터"라는 의미의 전치사는 from이죠. 전치사 at은 시각과 장소 명사와만 어울리므로 지금처럼 날짜 앞에는 나올 수 없어요.

2 9월 28일에 Angela의 은퇴 파티가 있을 예정입니다.

- 정답 (B)
- 어휘 • retirement 은퇴 • party 파티
- 해설 날짜 앞에는 전치사 on을 사용하죠.

3 Philips 사를 대표하여, CEO는 공사 중 사고에 대해 사과문을 발표했다.

- 정답 (A)
- 어휘 • apologize 사과하다 • accident 사고 • during the construction 공사 중에
- 해설 "~을 대표하여"라는 전치사 구는 on behalf of예요. In addition to는 "~뿐만 아니라"라는 의미로 첨가를 나타내죠.

4 구제역은 서울 전역에 발병하였다.

- 정답 (B)
- 어휘 • Foot and mouth disease 구제역 • occur 발생하다
- 해설 (A) through는 "철저한, 완전한"이라는 의미의 형용사예요. 그러므로 오답이죠. (B) throughout 뒤에 장소 명사가 나오면 "~전역에 걸쳐서"라는 의미이며 이 문제에서 "~전역에 걸쳐서"라는 의미로 사용되었죠. 그런데 throughout은 뒤에 시간 명사가 나오면 "~내내"라는 의미예요. 따라서 throughout the year이라고 하면 이건 "1년 내내"라는 의미죠.

5 새로운 기계의 안전한 사용법에 대한 워크숍이 다음 주에 열릴 예정이다.

- 정답 (B)
- 어휘 • safe 안전한 • use 사용 • machine 기계 • be held 열리다, 개최되다
- 해설 해석상 "~에 관하여"라는 의미가 가장 어울리는데 전치사 by는 "~에 의해서"라는 의미로 수단을 나타내거나 교통수단 앞에 사용되므로 오답이에요. "~에 관하여"는 "about"만 알고 있는 분들이 많으시겠지만, 토익 시험에는 "concerning, regarding"이 주로 출제되므로 반드시 암기해두세요.

토익 기초 뛰어넘기 정답과 대본

6 그녀는 전철을 타고 매일 통근한다.

정답 (A)

어휘 • commute 통근하다

해설 by + 무관사 명사 (관사 없이 명사만 씀) 형태로 교통을 나타낼 수 있어요. 이 문장에서도 subway 앞에 관사가 없으므로 by subway는 "전철을 타고"라는 의미예요.

7 올 초에, 그는 프랑스로 공부를 하기 위해 떠났다.

정답 (A)

어휘 • early 이른, 이르게 • left (leave의 과거) 떠났다

해설 장소 명사 앞에 어울리는 전치사는 in이에요.

8 고객 서비스 센터는 백화점 7층에 위치해 있다.

정답 (B)

어휘 • customer service center 고객 만족 센터 • be located 위치해 있다
• department store 백화점

해설 층수 앞에는 전치사 on만 써요.

9 요리 수업은 복도 끝 교실에서 진행됩니다.

정답 (A)

어휘 • cooking classes 요리 수업 • classroom 교실 • corridor 복도

해설 교실 안에서 수업이 진행되므로 "~ 안에"라는 의미의 in이 어울려요.

10 컨퍼런스가 끝난 직후에 기차역에서 만납시다.

정답 (B)

어휘 • train station 기차역 • right after ~ 직후에

해설 train station 이 장소 명사이므로 장소와 어울리는 전치사를 고르세요. To 뒤에는 도착지점이 나오므로 항상 동작 동사와 사용된다는 점도 명심해야 하죠. meet은 "만나다"라는 의미로 움직이는 동작 동사는 아니에요. 그래서 오답이죠.

토익 실전 마무리

1. Please check your name and e-mail address _____ submitting the completed survey.

   (A) after
   (B) before
   (C) by
   (D) to

2. Thank you for your interest _____ our open positions.

   (A) at
   (B) by
   (C) in
   (D) to

3. The Sungmo General Hospital sign is posted _____ the wall along the street.

   (A) on
   (B) in
   (C) to
   (D) concerning

4. Once you have your trial software installed, you can access all of Vastpoint's information for free _____ 3 days.

   (A) for
   (B) while
   (C) because of
   (D) of

5. His office is located _____ the post office.

   (A) owing to
   (B) next to
   (C) next
   (D) according to

토익 실전 마무리

6 The loan interest is expected to rise by somewhere _____ 5 and 10 percent.

(A) both
(B) among
(C) in
(D) between

7 _____ poor ticket sales in the early days, the play was performed for an extended period.

(A) Although
(B) Despite
(C) During
(D) For

8 I've visited Newsboys Burger _____ my new client.

(A) with
(B) according to
(C) as
(D) in

9 _____ the employment contract, the employees have 30 days' leave a year.

(A) For
(B) In spite of
(C) According to
(D) On

10 Refunds are available _____ 30 days of purchase.

(A) to
(B) within
(C) at
(D) between

토익 기초 뛰어넘기 정답과 대본

1 완성된 설문지를 제출하기 전에 이름과 이메일 주소를 확인해 주십시오.

정답 (B)
어휘 • submit 제출하다 • survey 설문지
해설 해석상 알맞은 전치사를 고르는 문제예요. 설문지 제출 "전에" 이름과 이메일 주소를 확인하는 게 일반적이므로 정답은 before이에요.

2 우리 빈 자리에 관심을 가져 주셔서 감사합니다.

정답 (C)
어휘 • interest 관심 • open positions 빈자리, 공석
해설 interest(관심, 흥미)는 전치사 in과 함께 쓰이는 관용표현이므로 알아두셔야 하죠.

3 성모 종합 병원 표지판이 길을 따라 있는 담에 게시되어 있다.

정답 (A)
어휘 • General Hospital 종합병원 • sign 표지판 • post 게시하다 • along ~을 따라
해설 담에 병원 표지판이 붙어 있는 상태인 경우에는 전치사 on을 사용하죠. "접촉"인 경우 전치사 on을 사용한다는 것을 기억하세요.

4 당신이 일단 시험 소프트웨어를 설치하면, 당신은 Vastpoint의 정보를 3일 동안 무료로 이용할 수 있다.

정답 (A)
어휘 • once 일단 ~ 한 후에 • have 목적어 p.p. ~되게 시키다 • trial 시범, 시험
• access 접근
해설 빈칸 뒤의 명사가 3 days로 시간과 관계된 명사이므로 시간과 어울리는 전치사를 고르는 문제예요. While은 접속사기 때문에 오답이죠.

5 그의 사무실은 우체국 옆에 위치하고 있다.

정답 (B)
어휘 • be located 위치하고 있다 • post office 우체국
해설 사무실이 위치한 곳을 알려주고 있는 내용이므로 우체국 "옆에"가 어울리죠. (C) next는 "다음의"라는 의미로 "옆에"와는 상관없는 의미예요. 헷갈리지 않도록 조심하세요.

토익 실전 마무리 정답과 대본

6

대출 이자가 5에서 10% 사이에서 오를 것이라 예상된다.

정답 (D)

어휘 • loan 대출 • interest 이자 • rise 오르다

해설 빈칸 뒤의 and에서 힌트를 찾아 푸는 문제네요. Both A and B와 between A and B 두 구문 중에서 의미상 맞는 답을 골라야 하죠. "대출 이자율이 5~10% 사이에서 오를 예정이다"가 해석상 적절하므로 정답은 (D)예요.

7

초창기 저조한 티켓 판매에도 불구하고 그 연극은 연장하여 공연되었다.

정답 (B)

어휘 • poor 저조한, 좋지 않은 • ticket sales 티켓 판매 • screen 상영하다
• extended 연장된 • period 기간

해설 초창기 티켓 판매가 좋지 않았으나 나중에는 공연이 연장되었으므로 반대 개념이에요.

8

나는 나의 새로운 고객과 함께 Newsboys Burger를 방문한 적이 있다.

정답 (A)

어휘 • visit 방문하다 • client 고객

해설 새로운 고객과 "함께"가 해석상 어울리죠.

9

고용 계약서에 따르면, 직원들은 1년에 30일의 휴가를 갖는다.

정답 (C)

어휘 • employment 고용 • contract 계약 • leave 휴가

해설 "~에 따르면"이라는 전치사 구를 찾는 문제예요. 해석상 in spite of "~에도 불구하고"는 어울리지 않아요.

10

환불은 구매 후 30일 이내에 가능합니다.

정답 (B)

어휘 • refunds 환불 • available 이용 가능한 • purchase 구매

해설 빈칸 뒤에 30일이라는 기간이 나왔으므로 기간 전치사 중 하나를 골라야 하죠.

엣지만의 학습 목표

┌ 이런 것을 배워요~ ┐
1. 접속사의 쓰임을 이해해보아요.
2. 등위 접속사, 상관 접속사, 종속 접속사 각각의 특징을 올바르게 이해해보아요.
3. 전치사와 접속사의 차이를 알아보고, 접속 부사와 접속사의 차이도 알아보아요.

접속사는 마치 다리와 같은 역할을 해요. 그림의 다리가 두 계곡을 이어주고 있다면, 접속사는 [단어와 단어], [구와 구], [절과 절]을 이어주는 역할을 하죠.

접속사는 등위 접속사, 상관 접속사, 종속 접속사가 있어요. 각 접속사들의 쓰임을 알아야 할 뿐 아니라 접속사 중에는 전치사와 의미가 같은 접속사도 있으므로 전치사와 접속사를 구별할 수 있어야 하죠.

1. 접속사의 특징

접속사는 말 그대로 "이어주는 단어"예요. 주로 문장과 문장을 연결하므로 접속사 뒤에는 거의 문장 즉, [주어+동사]가 나와요.

2. 접속사의 종류

1. 등위 접속사

접속사 중에서 등위 접속사는 문장과 문장만 연결하는 것이 아니라 [단어와 단어], [구와 구], [문장과 문장]을 연결해주죠.

한국어	영어
1. 그녀는 사과**와** 배를 좋아한다.	1. She likes apples **and** pears. (단어와 단어)
2. 나의 취미는 만화책 읽기**와** 영화 보기이다.	2. My hobby is reading comic books **and** watching movies. (구와 구)
3. 나는 출근했**지만** 그는 비번이다.	3. I go to work **but** he is off duty. (절과 절)

1은 명사인 apples와 pears를 연결하는 고리로 등위 접속사 and가 사용되었고, 2는 동명사 구 reading comic books와 watching movies를 연결하기 위해 and가 나왔고 3은 문장과 문장을 but이 연결해 주고 있죠. 이렇듯 다양한 문장 성분을 연결해 주는 등위 접속사에는 어떤 종류가 있을까?

■ **등위접속사의 종류**

and(그리고), but(그러나), or(혹은, 그렇지 않으면), so(그래서), yet(그러나) 가 있지. 이 중에서 yet을 조금 더 자세히 알아보도록 하자.

❶ yet: yet은 "아직"이라는 부사로 알고 있겠지만 "그렇지만"의 역접의 의미를 가진 접속사로 쓰이기도 하지.

한국어	영어
나는 작지만 힘이 세다.	I am short **yet** strong.

2. 상관 접속사

두 단어가 짝을 이루어 쓰는 접속사를 말하지.

Both A and B	A, B 둘 다
Either A or B	A, B 둘 중 하나
Neither A nor B	A, B 둘 다 아니다
Not only A but also B = B as well as A	A 뿐만 아니라 B도 역시

한국어	영어
1. <u>Joe와 나는 둘 다</u> 인턴십에 지원했다.	1. **Both Joe and I** applied for internships.
2. 나는 <u>아이폰이나 갤럭시 중 하나를</u> 살 것이다.	2. I am going to buy **either** an iPhone **or** Galaxy.
3. 그 레스토랑은 깨끗하지도 <u>않고</u> 좋지도 <u>않다</u> (음식 맛도 없다).	3. The restaurant is **neither** clean **nor** good.
4. 그녀는 영어<u>뿐만 아니라</u> 프랑스어에도 능통하다.	4. She is fluent in **not only** English **but also** French. = She is fluent in French **as well as** English.

다음 중 괄호 안에 들어갈 알맞은 단어를 고르시오.

한국어	영어
1. 우리는 일과 시간을 둘 다 가질 수는 없다.	1. We can't have both work (and / but) time.
2. 연체료는 이번 달 말 혹은 그 전까지 지불되어야 한다.	2. Late fees should be paid before (and / or) at the end of this month.
3. 그녀는 회사에서 훌륭한 리더일 뿐 아니라 집에서는 좋은 엄마이다.	3. She is not only a great leader in the company (and / but) a good mother at home.

1. and (both A and B 구문이네요. 앞의 단어 both를 보시고 바로 and가 떠올랐어야 해요)
2. or (조금 어려웠을 수 있는 문제예요. "이번 달 말까지" 지불해야 한다는 의미는 이번 달 이전에 지불하든지 말일에 지불하라는 의미지요? 그래서 before the end of this month or at the end of this month에서 the end of this month를 줄여 쓴 거죠. and를 넣으시면 이번 달 말 이전에도 연체료를 지불하고 말일에도 지불해야 한다는 의미이므로 and는 오답이에요)
3. but (not only A but also B에서 also가 생략될 수 있어요. 괄호 앞의 문장에서 not only를 힌트로 해서 정답을 고르는 문제예요)

3. 종속 접속사

(1) 시간 조건의 부사절 접속사

[접속사 + 주어 + 동사]가 문장에서 시간과 조건을 나타내는 부사 역할을 하는 경우예요.

■ 시간 접속사

When	~할 때	Before	~전에	After	~이후에
As soon as	~하자마자	By the time	~할 즈음에	since	~한 이래로

한국어

1. 휴가가 **시작되자마자** 비가 오기 시작했다.
2. 그가 돌아올 **즈음에** 그의 비서는 계약서 교정을 끝낼 것이다.

영어

1. **As soon as** the vacation started, it began to rain.
2. **By the time** he comes back, his secretary will finish proofreading the contract.

■ 조건 접속사

If	~한다면	Unless	~하지 않는다면	Once	일단 ~하면
As long as	~하는 한	Provided that	~한다면		

한국어

1. 질문이 **있으시면** 부디 주저하지 말고 연락 주십시오.
2. 신분증을 가져오시지 **않으면** 건물에 입장하실 수 없습니다.

영어

1. **If** you have any questions, please don't hesitate to contact us.
2. **Unless** you bring your ID card, you can't enter the building.

(2) 이유와 양보의 접속사

■ 이유 접속사

because	~ 때문에	since	~ 때문에	as	~ 때문에
Now that	~ 하니				

한국어

1. 날씨가 너무 덥기 **때문에** 에어컨 판매가 급증했다.
2. Cindy는 운동을 **싫어해서** 살이 찌는 중이다.

영어

1. The air conditioner sales surged **because** it was too hot.
2. Cindy is gaining weight **because** she hates exercising.

■ 양보 대조 접속사

though ~에도 불구하고 Even though ~에도 불구하고	although ~에도 불구하고 While ~반면에	Even if ~에도 불구하고 whereas ~반면에

한국어

1. 그는 일을 잘 함에도 불구하고 올해 승진하지는 못했다.
2. 영업팀을 위한 워크숍은 월요일에 열리는 반면에 마케팅팀을 위한 것(워크숍)은 수요일에 열린다.

영어

1. **Although** he is good at his job, he was not promoted this year.
2. The workshop for sales teams is held on Monday **while** the one for marketing teams are on Wednesday.

(3) 기타 접속사

In order that So that	~하도록
So 형용사 / 부사 that 주어 동사	너무 ~해서 ~한다.

한국어

1. 제조팀은 마감기한을 맞출 **수 있도록** 연장근무를 했다.
2. 이번 분기 수익이 너무 **좋아서** 투자자들은 만족했다.

영어

1. The manufacturing team worked overtime **in order that** they could meet the deadlines. (=so that)
2. The profits were **so** good this quarter **that** the investors were satisfied.

4. 전치사와 접속사

〈전치사 + 명사〉, 〈접속사 + 주어 + 동사〉의 패턴을 기억하고 계시죠? 그런데 같은 의미의 전치사와 접속사가 있어서 무척 헷갈릴 수 있어요. 정리해서 알아 두도록 하자고요.

	전치사	접속사
~하는 동안에	For 숫자 During 기간명사	While 주어 + 동사
~ 때문에	Because of +명사 Due to +명사 Owing to +명사	Because 주어 + 동사 Since 주어 + 동사 Now that 주어 + 동사 As 주어 + 동사
~에도 불구하고	Despite +명사 In spite of +명사	Though 주어 + 동사 Although 주어 + 동사 Even if 주어 + 동사 Even though 주어 + 동사

 한국어

1. **공연 동안에는** 핸드폰을 꺼 두시기 바랍니다.

2. 박지성 선수가 이번 경기에 없었음에도 **불구하고** 한국 축구팀이 일본팀을 이겼다.

 영어

1. Please turn off your cellphones **during** the performance.
   (전치사 + 명사)

2. The Korean soccer team beat the Japanese team **although** Park Ji-Sung wasn't in the game.
   (접속사 + 주어 + 동사)

 다음 중 괄호 안에 들어갈 알맞은 단어를 고르시오.

한국어	영어
1. 일단 그의 제안서가 승인이 되고 나면, 그의 프로젝트는 올해에 시작될 것이다.	1. (Once/ Although) his proposal is approved, his project will begin this year.
2. 그녀는 너무 어려서 학교에 다닐 수 없다.	2. She is (so/ very) young that she can't go to school.
3. Maccane 대학 총장의 부재에도 불구하고 입학 설명회는 성공적이었다.	3. (Although / In spite of) the absence of the Dean of Maccane College, the admission seminar was a success.

1. once (although는 "~에도 불구하고"로 반대 개념일 때 사용하는 접속사예요. 제안서가 아직 승인되지 않은 상태에서 일단 승인을 받게 되면 프로젝트가 시작될 것이라고 했으므로 조건 접속사인 once가 정답이죠)

2. so (so 형용사/부사 that 주격 + 동사는 "너무 ~해서 ~하다"라는 원인과 결과를 나타내는 구문이에요. 빈칸 뒤에 that she can't go to school이라는 that 절이 존재하므로 very는 정답이 될 수 없어요. very 형용사 / 부사 that 주어 + 동사라는 구문은 없기 때문이죠)

3. in spite of (빈칸 뒤에 명사(the absence of the president of Maccane College)만 있으므로 전치사가 필요한 자리예요. although는 접속사라서 문장 앞에만 정답이 될 수 있어요)

토익 기초 뛰어넘기

1 He applied for the passport _____ he could travel overseas.
 (A) although
 (B) so that

2 Get up early, _____ you can't catch the first train to Boston.
 (A) or
 (B) and

3 _____ the price of the new product is very affordable, it does not sell well.
 (A) Even though
 (B) Because

4 She decided to move when she got employed _____ her house was too far from the company in Edinburgh.
 (A) because
 (B) but

5 When climbing, it is recommended to take _____ water or cucumbers.
 (A) neither
 (B) either

토익 기초 뛰어넘기

6 PG Safe Inc. sells simple _____ secure locks.

(A) and

(B) yet

7 _____ you order before 11 o'clock, we guarantee the same day delivery.

(A) If

(B) Unless

8 _____ I enter university, I plan to travel a lot.

(A) Despite

(B) Once

9 He informed me _____ the workshop venue has changed.

(A) because

(B) that

10 His secretary saw _____ he was available next week.

(A) since

(B) if

토익 기초 뛰어넘기 정답과 대본

1 그는 해외여행을 갈 수 있도록 여권을 신청했다.

- 정답 (B)
- 어휘 • apply for 신청하다, 지원하다 • passport 여권 • travel overseas 해외여행 하다
- 해설 여행을 갈 목적으로 여권을 신청했으므로 "~하기 위하여"가 해석상 좋아요. Although는 반대 개념일 때 사용하죠.

2 일찍 일어나라, 그렇지 않으면 당신은 보스턴행 첫 기차를 놓칠 것이다.

- 정답 (A)
- 어휘 • get up 일어나다 • catch 타다, 잡다
- 해설 명령문 + or: ~해라 그렇지 않으면으로 사용되는 구문이죠. 명령문 + and는 "~해라, 그러면" 이라는 의미로 정반대 의미예요.

3 새로운 상품의 가격이 매우 저렴함에도 불구하고 잘 팔리지 않는다.

- 정답 (A)
- 어휘 • price 가격 • affordable 저렴한 • sell 팔리다
- 해설 가격이 저렴한 것과 상품이 판매가 잘 안 되는 것은 상반된 개념이에요. 그러므로 (A) even though가 어울리죠.

4 그녀의 집은 Edinburgh에 있는 그 회사에서 너무 멀어서 그녀는 취직이 되자 이사를 하기로 결정했다.

- 정답 (A)
- 어휘 • decide 결정한다 • near 근처의
- 해설 그녀가 Edinburgh에 있는 회사에 취직이 되어 회사 근처로 이사간다는 내용이므로 원인과 결과가 어울려요.

5 등산 갈 때는 물이나 오이 중 하나를 가져가는 것을 추천한다.

- 정답 (B)
- 어휘 • climb 등산하다, 오르다 • recommend 추천하다 • take 가져가다 • cucumber 오이
- 해설 빈칸 뒤의 or를 힌트로 정답을 찾는 문제예요. either A or B "A, B 둘 중 하나", neither A or B "A, B 둘 다 아니다"라는 의미예요.

토익 기초 뛰어넘기 정답과 대본

6
PG Safe 회사는 단순하지만 안전한 자물쇠를 판다.

정답 (B)

어휘 • simple 단순한 • secure 안전한 • lock 자물쇠

해설 이 문장은 자물쇠가 단순해 보여도 안전하다는 것을 강조하고 있어요. but이나 yet은 상반된 개념을 나열함으로써 뒤의 단어를 강조해주는 역할을 하죠.

7
11시 전에 주문하면 우리는 당일 배송을 보장합니다.

정답 (A)

어휘 • order 주문하다 • guarantee 보장하다 • same day delivery 당일 배송

해설 두 문장의 내용상 11시까지 주문하면 당일 배송을 해주는 것이 맞죠. 그러니 (A) If가 해석상 올바르네요.

8
일단 내가 대학을 들어가면, 나는 여행을 많이 할 계획이다.

정답 (B)

어휘 • enter 들어가다 • university 대학교 • plan to ~할 계획이다

해설 빈칸 뒤에 문장이 나왔으므로 전치사 (A) Despite은 오답이죠.

9
그는 나에게 워크숍 장소가 변경되었다고 알려주었다.

정답 (B)

어휘 • inform 알려주다 • workshop 워크숍 • venue 위치, 장소

해설 inform 4형식 동사로 동사 + 간접목적어 + 직접목적어 어순으로 문장이 전개되죠. 그런데 직접목적어 자리에 that 절이 나와도 되잖아요? 그래서 명사절의 접속사 that이 정답이 돼요. because는 부사절의 접속사이므로 문법에 맞지 않아요.

10
그녀의 비서는 다음 주에 그가 한가한지 알아보았다.

정답 (B)

어휘 • secretary 비서 • see if ~인지 아닌지 알아보다 • available 이용 가능한, 한가한

해설 see if "~인지 아닌지 알아보다"라는 의미로 함께 자주 쓰이는 표현이에요. LC파트에도 자주 등장하는 표현이므로 알아두세요.

Lesson 15 • 247

토익 실전 마무리

1. He did not major in English _____ became an English teacher.

   (A) and
   (B) but
   (C) or
   (D) so

2. _____ there was a lot of copy paper in the office, the manager only ordered other office supplies.

   (A) Because
   (B) Although
   (C) Until
   (D) If

3. _____ the escalators are installed in the building, it will be convenient for employees to move to the second floor.

   (A) Even if
   (B) So that
   (C) Whether
   (D) Once

4. Shipping costs depend on _____ the size and weight.

   (A) both
   (B) between
   (C) neither
   (D) either

5. I wonder _____ you will attend the seminar series on environment protection.

   (A) which
   (B) whether
   (C) or
   (D) and

토익 실전 마무리

6 Employees will not be reimbursed for travel expenses _____ they submit actual receipts.

(A) if
(B) when
(C) unless
(D) so

7 He could not arrive at the airport on time _____ his car suddenly broke down.

(A) whereas
(B) since
(C) because of
(D) so

8 The company hired a head hunter _____ they can recruit talented employees.

(A) so
(B) in order that
(C) because
(D) when

9 One applicant is good at English _____ the other is good at Spanish.

(A) and
(B) so
(C) until
(D) while

10 _____ the last staff member leaves the office, turn off all power.

(A) Since
(B) When
(C) While
(D) If

토익 기초 뛰어넘기 정답과 대본

1 그는 영문학을 전공하지 않았지만, 영어 선생님이 되었다.

- 정답 (B)
- 어휘 • major in 전공하다 • English 영문학
- 해설 영문학을 전공하지 않고서도 영어 선생님이 되었다는 의미이므로 역접이 좋아요.

2 사무실에 복사용지가 많이 있기 때문에 매니저는 다른 사무용품만 주문했다.

- 정답 (A)
- 어휘 • copy paper 복사용지 • office supplies 사무용품
- 해설 해석하여 알맞은 접속사를 고르는 문제예요. 복사용지가 많으므로 다른 사무용품만 주문했으므로 원인을 나타내는 접속사를 정답으로 고르면 되죠.

3 일단 건물 안에 에스컬레이터가 설치되면 직원들이 2층으로 이동하기가 쉬울 것이다.

- 정답 (D)
- 어휘 • escalator 에스컬레이터 • install 설치하다 • convenient 편리한
- 해설 에스컬레이터가 설치가 아직 되지 않은 상태에서 그렇게 된다면 편리할 것이다라는 의미이므로 조건 부사절 접속사가 필요하죠.

4 운송비는 크기와 무게 둘 다에 따라 달라진다.

- 정답 (A)
- 어휘 • shipping cost 운송비 • depend on ~에 의존하다
- 해설 빈칸 뒤에 나온 and를 힌트로 푸는 문제예요. Both A and B "A, B 둘 다"라는 의미에요.

5 나는 당신이 환경 보호에 관한 세미나 시리즈에 참석할지 안 할지가 궁금하다.

- 정답 (B)
- 어휘 • wonder 궁금하다 • seminar 세미나 • series 시리즈 • environment 환경
  • protection 보호
- 해설 동사 wonder 목적어가 문장이 나와 있으므로 목적어를 명사로 바꿔줄 명사절의 접속사가 필요하죠. 특히 wonder는 ~할지 안 할지 궁금하다로 whether와 함께 자주 쓰여요.

토익 실전 마무리 정답과 대본

6 직원들은 실제 영수증을 제출하지 않으면 여행 경비를 상환받지 못할 것이다.

정답 (C)
어휘 • be reimbursed for 상환받다, 돌려받다 • travel expense 여행 경비
• actual 사실상, 실제의 • receipt 영수증
해설 해석해보면 "영수증을 제출하지 않으면 여행경비를 돌려받지 못할 것이다."예요. 그런데 빈칸 뒤의 문장에 not이 없으므로 접속사가 부정의 의미를 나타내야 하죠. unless가 If ~ not의 동의어로 not이 포함되어 있는 접속사예요.

7 그의 차가 갑자기 고장 났기 때문에 그는 공항에 제시간에 도착할 수 없었다.

정답 (B)
어휘 • arrive 도착하다 • on time 제시간에 • suddenly 갑자기 • break down 고장 나다
해설 빈칸 뒤에 주어 (his car) 동사(broke down)가 모두 나와 있으므로 접속사 자리예요. Since는 "~하기 때문에"라는 이유를 나타내는 접속사도 있죠. (C) because of는 전치사라서 오답이죠.

8 그 회사는 능력 있는 직원들을 고용하기 위하여 헤드헌터를 채용했다.

정답 (B)
어휘 • hire 고용하다 • recruit 고용하다 • talented 재능 있는, 능력 있는
해설 해석상 "~하기 위하여"라는 의미의 접속사가 어울리죠. In order that뿐 아니라 so that도 "하기 위하여"라는 의미의 접속사예요.

9 다른 지원자는 스페인어를 잘하는 반면에 한 지원자는 영어를 잘한다.

정답 (D)
어휘 • applicant 지원자 • be good at ~을 잘하다
해설 한 지원자는 영어를 잘하고 다른 지원자는 스페인어를 잘하는 것은 상반된 개념이므로 대조의 의미를 나타내는 접속사가 어울리죠. 대조의 접속사는 while 말고도 whereas도 있으니 같이 알아두세요.

10 마지막 직원이 사무실을 나갈 때, 모든 전원을 꺼주세요.

정답 (B)
어휘 • last 마지막의 • turn off 끄다 • power 전원, 전력
해설 해석상 마지막 직원이 사무실을 나갈 때는 불을 끄라는 의미일테니 시간과 관련 있는 접속사를 골라야 해요.

Lesson 16

PART 5 & 6

[품사] 관계사

1. 관계대명사의 개념과 종류
2. 관계대명사 that과 what
3. 관계부사

엣지만의 학습 목표

이런 것을 배워요~
1. 관계대명사의 개념과 종류를 알아보아요.
2. 관계대명사 that과 what의 쓰임을 이해해보아요.
3. 관계부사의 종류를 알아보아요.

언어를 구사할 때, 반복되는 표현이 많을수록 불필요하게 문장이 길어져 경제적이지 못한 문장이 되죠. 그래서 영어에서는 반복적인 표현을 줄이기 위한 수단으로 "관계사"를 사용해요.

이번 단원에서는 관계사의 쓰임을 배워 더욱더 간결한 문장을 만들어 봅시다.

1 관계대명사의 개념과 종류

관계대명사의 개념: 관계대명사는 명사를 꾸미는 형용사절을 이끄는 단어예요. 두 문장에서 공통된 명사를 합쳐 하나의 간결한 문장으로 바꾸는 방법이죠.

한국어	영어
1. 고객이 한 명 있다. 그런데 그가 당신을 보기를 원한다.	1. There is a customer and he wants to see you.
2. <u>당신을 보기를 원하는</u> 고객이 한 명 있다.	2. There is **a customer who** wants to see you. (선행사) (관계사절)

1번 문장보다 2번 문장이 더 간결하죠? 이렇듯, 공통된 명사를 이용해서 두 문장을 한 문장으로 이을 수 있어요. 이때 관계대명사 앞에 나와 관계대명사절의 수식을 받는 단어를 선행사라고 해요.

Lesson 16 • 253

1. 관계대명사 만들기

❶ 두 문장에서 공통된 명사를 고르세요.

❷ 보통 공통 명사는 하나는 일반명사, 다른 하나는 대명사인 경우가 흔해요.

일반명사 → 선행사, 대명사 → 관계대명사 로 바뀔 거예요.

선행사가 될 일반명사: 〈사람 / 사물〉인지 구별하고

관계대명사가 될 대명사: 〈격〉을 확인해요.

❸ 아래의 표를 보면서 알맞은 관계사를 고르세요.

선행사	주격	소유격	목적격
사람	who	whose	whom
사물	which	whose	which

❹ 선행사 뒤에 관계대명사절을 이어서 하나의 문장으로 만들어요.

■ 관계대명사로 문장 이어주기

① There is **a customer** and **he** wants to see you.

② **a customer**: 선행사, 사람   **he**: 관계대명사, 주격

③ 위의 표를 보면서 선행사가 '사람'일 때, '주격'인 관계사를 찾으면 → who

④ There is a customer **who wants to see you**.

Cf^1. There is a customer who ~~he~~ wants to see you.

Cf^2. There is a customer ~~and~~ who wants to see you.

Cf^1. 대명사가 없어지고 그 대신에 관계대명사가 나오는 것이므로 대명사는 없어야 돼요.

Cf^2. 관계대명사로 문장을 이어줄 때는 접속사는 생략돼요. 관계대명사가 접속사 + 대명사 역할이에요.

2. 관계대명사의 종류

❶ 주격 관계대명사

한국어

1. 나는 친구가 한 명 있다. 그런데 그 친구는 3명의 어린 남동생이 있다.
2. 나는 3명의 어린 남동생이 있는 친구가 있다.

영어

1. I have a friend and he has 3 younger brothers. (선행사, 사람 / 관계대명사, 주격)
2. I have **a friend who has 3 younger brothers**.

❷ 소유격 관계대명사

한국어

1. 내 동생이 나에게 치마를 사 주었다. 그런데 나는 그것의 디자인을 좋아한다.
2. 내 여동생이 나에게 내가 좋아하는 디자인의 치마를 사 주었다.

영어

1. My sister bought me **a skirt** and I like **its** design. (선행사, 사물 / 관계대명사, 소유격)
2. My sister bought me a skirt **whose design I like**.

선행사 뒤에 관계대명사를 쓸 경우 "소유격+ 명사" 형태로 써야 함을 기억하세요. 소유격 뒤에는 반드시 명사가 따라 나와야 해요.

❸ 목적격 관계대명사

한국어

1. Harold 씨는 아파트를 임대하였다. 그런데 부동산 중개인은 그 아파트를 추천했다.
2. Harold 씨는 부동산 중개인이 추천한 아파트를 임대하였다.

영어

1. Mr. Harold leased **an apartment** and a real estate agent recommended **it**. (선행사, 사물 / 관계대명사, 목적격)
2. Mr. Harold leased **an apartment which** a real estate agent recommended.

   Mr. Harold leased **an apartment** a real estate agent recommended.

   목적격 관계대명사는 생략 가능해요.

Lesson 16 • 255

 **다음 중 빈칸에 들어갈 알맞은 단어를 고르시오.**

한국어	영어
1. 그리스는 고대유적을 많이 가지고 있는 국가이다.	1. Greece is a country (who/which) has many ancient ruins.
2. 홀트 아동 복지 센터는 버려진 어린이들을 돌보는 사명을 가진 비영리 단체이다.	2. The Holt Child Welfare Center is a non-profit organization (which / whose) mission is to care for abandoned children.
3. 당신이 주문한 제품은 구입 후 3일 이내에 배송될 것이다.	3. Products (whom / which) you order will be shipped within 3 days of purchase.

1. which (괄호 뒤에 바로 동사 has로 시작하네요. 즉 주어가 없죠? 그러니 주격 관계사를 골라야 하는 문제이고 선행사가 사물이니 which가 정답이에요)
2. whose (괄호 뒤에 명사만 있고, 명사 앞에 관사도 소유어도 없네요. 그러니 소유격 관계사를 골라야 하는 문제이고 선행사는 사람, 사물 관계없이 whose를 고르세요)
3. which (괄호 뒤에 주어+ 동사만 있고 목적어가 없군요. 그러니 목적격 관계사를 골라야 하는 문제이고 선행사가 사물이니 which가 정답이에요)

 관계대명사 문제 쉽게 푸는 요령
① 빈칸 뒤에 {주어, 소유어, 목적어} 중 빠져있는 성분을 찾으세요. 그 빠진 성분의 관계사를 정답으로 고르시면 돼요.
② 선행사가 사람인지 사물인지 확인하세요.
③ 관계대명사로 시작하는 문장은 뒤에 주어나 목적어 성분이 빠져있다는 점을 반드시 기억하세요.

2 관계대명사 that과 what

1. 관계대명사 that

관계대명사 that은 관계대명사 who, which를 대신하여 사용할 수 있어요. 하지만 "(쉼표)" 뒤, 전치사 뒤에는 절대 사용할 수 없는 관계대명사예요.

한국어	영어
1. 나는 3명의 남동생이 있는 친구가 있다.	1. I have <u>a friend who has 3 younger brothers</u>.
2. 나는 3명의 남동생이 있는 친구가 있다.	2. I have a <u>friend that has 3 younger brothers</u>.
3. Harold씨는 부동산 직원이 소개한 아파트를 임대하였다.	3. Mr. Harold leased <u>an apartment which a real estate agent recommended</u>.
4. Harold씨는 부동산 직원이 소개한 아파트를 임대하였다.	4. Mr. Harold leased <u>an apartment that a real estate agent recommended</u>.

2. 관계대명사 what

선행사를 포함한 관계대명사를 나타내며 흔히 what = the thing which라고 하죠.

한국어	영어
1. 그것은 <u>신뢰성</u>이고 신생기업은 <u>그것</u>이 필요하다.	1. The thing is reliability and a startup business needs the thing.
2. 신생기업이 필요로 하는 그것은 신뢰성이다.	2. <u>The thing which a startup business needs</u> is reliability.
3. 신생기업이 필요로 하는 것은 신뢰성이다.	3. <u>What</u> a startup business needs is reliability.

 관계대명사 what
관계대명사 what은 선행사를 포함하고 있으므로 what 앞에 명사(선행사)가 없어야 해요.

 **다음 중 빈칸에 들어갈 알맞은 단어를 고르시오.**

한국어

1. Joey는 내가 결혼하고 싶은 남자이다.
2. 가죽장갑은 내가 생일선물로 받고 싶은 것이다.

영어

1. Joey is the man (who / that) I want to marry.
2. Leather gloves are (which / what / that) I want to get for my birthday present.

1. that (선행사가 사람이었기 때문에 who로 잘못 선택할 수 있었던 문제예요. 빈칸 뒤의 문장에서 비어있는 문장 성분은 marry의 목적어죠. 그러니 목적격 관계대명사가 필요해요. who는 주격이라서 틀렸어요. 선행사가 사람이므로 whom이 좋지만 보기에 whom이 없고 whom 대신 that을 사용할 수 있으므로 that이 정답이에요.)
2. what (빈칸 뒤에 have의 목적어가 없어서 목적격 관계대명사가 필요하죠. 그런데 선행사가 없어요. 선행사를 포함한 관계대명사는 what이죠.)

3 관계부사

관계부사는 접속사 + 부사의 역할을 하지요. 그런데 특이하게 전치사 + 관계대명사와 같은 역할이에요.

1. 관계부사를 이용하여 문장 만들기

- <u>The house</u> is on the hill and I live in <u>the house</u>.
  - → The house <u>which</u> I live in is on the hill.
    (The house가 관계사로 바뀌어 자리를 이동하여 in만 남는 문장이 돼버렸어요.)
  - → The house <u>in which</u> I live is on the hill. (남은 전치사를 관계대명사 앞으로 이동해 주세요.)
  - → The house <u>where</u> I live is on the hill. (전치사 + 관계대명사 = 관계부사)

2. 관계부사의 종류

선행사	관계부사	전치사 + 관계대명사
장소 (the place)	where	at / on / in which
방법 (the way)	how	in which
시간 (the time)	when	at / on / in which
이유 (the reason)	why	for which

 다음 중 빈칸에 들어갈 알맞은 단어를 고르시오.

1. 매니저가 신입 직원에게 새 장비 사용 방법을 알려줄 것입니다.

2. 내가 치마를 산 가게는 모든 항목을 10% 할인하고 있습니다.

3. 그 게임의 출시가 왜 지연되었는지는 알려지지 않았다.

1. A manager will inform new employees (who / how) they should use the new equipment.

2. The shop (when / where) I bought a skirt is offering a 10% discount on all items.

3. It was not known (when / why) the release of the game was delayed

1. how (선행사가 사람이라고 생각해서 who를 고를 수도 있는 헷갈리는 유형이죠. who는 주격 관계대명사이므로 뒤에 동사가 나와야 하죠? 그런데 괄호 뒤에는 동사는 없고 완전한 문장이 나와 있죠. 관계대명사 뒤에는 불완전 문장(주어나 목적어가 빠짐), 관계부사 뒤에는 완전한 문장이 나와야 하는 것을 명심하세요)
2. where (선행사가 the shop으로 장소이므로 정답도 where)
3. why (해석해보면 지연된 이유를 알지 못한다가 어울리므로 정답도 why)

토익 기초 뛰어넘기

1. Goodpeople Publishing is looking for editors _____ have more than five years of experience.

   (A) who

   (B) which

2. Job fairs are one of the largest events _____ provide opportunities for many job seekers.

   (A) who

   (B) which

3. Greenpeace is a non-governmental organization _____ aim is to protect the global environment.

   (A) which

   (B) whose

4. He is taking a lecture _____ I recommended.

   (A) which

   (B) who

5. The author _____ I interviewed yesterday is preparing his next work.

   (A) which

   (B) whom

토익 기초 뛰어넘기

6 I met a financial expert _____ gave an impressive lecture at the last trade forum.

(A) who

(B) whom

7 We are sorry to announce that the book _____ you ordered on June 9th is out of stock.

(A) who

(B) that

8 His assistant did not understand exactly _____ he was instructing.

(A) which

(B) what

9 This is the house _____ the former president lived.

(A) where

(B) which

10 I remember the day _____ he went on a business trip to London despite a terrorist attack.

(A) where

(B) when

토익 기초 뛰어넘기 정답과 대본

1 Goodpeople 출판사는 5년 이상의 경력을 소지한 편집자를 찾고 있다.

정답 (A)

어휘 • publishing 출판사 • editor 편집자

해설 빈칸 뒤에 주격이 빠져 있으므로 주격 관계대명사를 골라야 하고, 선행사가 사람이므로 관계대명사 who가 정답이죠.

2 직업박람회는 많은 구직자들에게 기회를 제공해주는 가장 큰 행사 중 하나이다.

정답 (B)

어휘 • Job fairs 직업 박람회 • provide 공급하다 • opportunity 기회 • job seeker 구직자

해설 빈칸 뒤에 주격이 빠져 있으므로 주격 관계대명사를 골라야 하고, 선행사가 사물이므로 관계대명사 which가 정답이죠.

3 그린피스는 그 목적이 세계 환경을 보호하는 것인 비정부단체이다.

정답 (B)

어휘 • non-governmental organization 비정부 단체 • aim 목적 • protect 보호하다
• global 전 세계의

해설 빈칸 뒤의 문장에 소유어가 빠져 있는 상태이므로 소유격 관계대명사를 정답으로 고르셔야 하죠. 원래 문장은 Greenpeace is a non_governmental organization and its purpose is to protect the global environment죠. 여기서 접속사 and가 없어지고 its가 whose로 바뀐 거죠.

4 그는 내가 추천한 강의를 수강하고 있다.

정답 (A)

어휘 • take a lecture 강의를 수강하다 • recommend 추천하다

해설 빈칸 뒤의 문장에 목적어가 빠져 있으므로 목적격 관계대명사를 골라야 하는데 선행사가 사물이므로 정답은 which예요.

5 내가 어제 인터뷰한 작가는 다음 작품을 준비하고 있다.

정답 (B)

어휘 • author 작가 • interview 인터뷰하다 • prepare 준비하다

해설 빈칸 뒤에 목적어가 빠져 있고, 선행사가 사람이므로 whom이 어울리죠.

토익 기초 뛰어넘기 정답과 대본

6
나는 지난 무역 포럼에서 인상 깊은 강연을 했던 재정 전문가를 만났다.

정답 (A)

어휘 • financial 재정적인 • expert 전문가 • impressive 인상 깊은
• trade forum 무역 포럼

해설 빈칸 뒤에 주어가 빠져 있고 선행사가 사람이므로 who가 정답이 돼요.

7
6월 9일에 당신이 주문하신 책이 품절상태임을 알려드리게 되어 유감입니다.

정답 (B)

어휘 • out of stock 품절된

해설 빈칸 뒤에 동사 order의 목적어가 없어서 목적격 관계대명사가 필요하고 선행사가 사물이므로 which가 정답이죠. 그런데 보기에 which가 없고 that이 있어요. 관계대명사 that은 who, whom, which를 대신할 수 있으므로 that이 정답이에요.

8
그의 비서는 그가 지시한 것을 정확하게 이해하지 못했다.

정답 (B)

어휘 • assistant 보조자, 비서 • exactly 정확하게 • instruct 지시하다

해설 빈칸 뒤에 instructing의 목적어가 없으므로 목적격 관계대명사가 필요해요. 그런데 앞에 선행사가 없으므로 선행사를 포함한 관계대명사를 골라야 하죠.

9
이곳은 전직 대통령이 살았던 집이다.

정답 (A)

어휘 • house 집 • former 이전의

해설 동사 live가 자동사라서 빈칸 뒤의 문장이 완벽하죠. 완벽한 문장 앞에는 관계부사가 어울려요. 선행사가 the house로 장소이므로 관계부사 where이 정답이에요.

10
나는 그가 테러공격에도 불구하고 런던으로 출장을 간 날을 기억한다.

정답 (B)

어휘 • go on a business trip 출장 가다 • attack 공격

해설 빈칸 뒤의 문장 (he went on a business trip to London despite a terrorist attack)이 완벽하므로 관계부사가 정답인 문제군요. 선행사가 '시간'과 관계있으므로 정답은 when이에요.

토익 실전 마무리

1   All keynote speakers will be directed to the place _____ they will be presenting once they arrive at the reception desk.

(A) where
(B) why
(C) when
(D) how

2   I worked for a company _____ is famous as a computer manufacturer.

(A) who
(B) which
(C) whom
(D) whose

3   Michelle is a marketing manager _____ achievement is outstanding.

(A) who
(B) whose
(C) which
(D) that

4   The day _____ the air-conditioner delivery is due is May 28th.

(A) what
(B) which
(C) when
(D) where

5   A successful restaurant quickly notices _____ a customer wants.

(A) which
(B) whose
(C) what
(D) why

토익 실전 마무리

6 I applied to a global company, _____ has over 100 locations around the globe.

(A) which
(B) that
(C) who
(D) whom

7 I have a book _____ size is big.

(A) who
(B) which
(C) that
(D) whose

8 Now, _____ the company needs is restructuring.

(A) what
(B) which
(C) who
(D) whom

9 The developer _____ succeeded in developing new drugs had a liver disease for a long time.

(A) which
(B) who
(C) what
(D) whom

10 Nobody knows _____ the launch of the new product was postponed.

(A) when
(B) where
(C) how
(D) why

토익 실전 마무리 정답과 대본

1 모든 기조연설자는 일단 그들이 접수처에 도착하면, 그들이 연설할 장소로 안내받을 것이다.

정답 (A)

어휘 • keynote speaker 기조 연설가 • direct 안내하다 • present 발표하다
• reception desk 접수처, 접수 데스크

해설 빈칸 뒤의 문장이 완전하므로 관계부사를 고르는 문제예요. 선행사가 the place로 장소를 나타내므로 where이 좋겠어요.

2 나는 컴퓨터 제조 업체로 유명한 회사에서 일했다.

정답 (B)

어휘 • work for ~에서 일하다 • famous for ~로 유명하다

해설 빈칸 뒤에 주어가 없으니까 주격 관계대명사를 골라야 하고 선행사가 사물이므로 which가 정답이에요.

3 미셸 (Michel)은 뛰어난 성과를 거둔 마케팅 매니저입니다.

정답 (B)

어휘 • marketing 마케팅 • achievement 성과 • outstanding 뛰어난

해설 빈칸 뒤의 문장에 소유어가 빠져 있으므로 소유격 관계대명사가 어울려요. 원래 문장은 Michel is a marketing manager and her achievement is outstanding. 이었어요. 접속사가 없어지고 her이 whose로 바뀐 거죠.

4 냉장고가 배송되기로 한 날은 5월 28일입니다.

정답 (C)

어휘 • air-conditioner 에어컨 • delivery 배달 • due 날짜/시각 (기한이) ~이다

해설 빈칸 뒤의 문장(the air-conditioner delivery is due)이 완전하므로 관계부사가 필요하죠. 선행사가 시간과 관계있으므로 when이 적당해요.

5 성공적인 레스토랑은 손님이 원하는 것을 빠르게 알아챈다.

정답 (C)

어휘 • successful 성공한, 성공적인 • quickly 빠르게 • notice 알아채다

해설 빈칸 뒤의 문장에서 want의 목적어가 없어서 관계대명사가 필요하죠. 그런데 선행사가 없으므로 선행사를 포함한 관계대명사 what이 정답이에요.

토익 실전 마무리 정답과 대본

6 나는 글로벌 회사에 지원했는데 그 회사의 지사가 전 세계에 100곳이 넘는다.

정답 (A)

어휘 • apply for 지원하다 • location 지점, 지사 • around the globe 전 세계에

해설 빈칸 뒤에 주어가 없어서 주격 관계대명사가 필요한데 선행사가 사물이므로 which가 정답이에요. 관계대명사 that은 which를 대신 할 수 있지 만 이번 문제처럼 앞에 , 가 있는 경우에는 관계대명사 that을 사용될 수 없으므로 꼭 명심하세요!

7 나는 크기가 큰 책을 가지고 있다.

정답 (D)

어휘 • size 크기

해설 빈칸 뒤에 소유격이 빠져 있으므로 whose가 정답이에요. 원래 문장은 I have a book and its size is big이었는데 접속사가 없어지고 its가 whose로 바뀐 거죠.

8 지금 그 회사가 필요한 것은 구조조정이다.

정답 (A)

어휘 • need 필요하다 • restructure 구조조정을 하다

해설 빈칸 뒤에 needs의 목적어가 없으므로 관계대명사가 필요하죠. 그런데 선행사가 없으므로 선행사를 포함한 관계대명사 what이 정답이에요.

9 신약 개발에 성공한 개발자는 오랫동안 간 질환을 앓았었다.

정답 (B)

어휘 • developer 개발자 • succeed in ~에 성공하다 • drug 약 • liver 간

해설 빈칸 뒤에 주어가 빠져 있으므로 주격 관계대명사가 필요해요. 그런데 선행사가 사람이므로 who가 어울리겠지?

10 왜 새로운 상품의 출시가 연기되었는지 아무도 알지 못한다.

정답 (D)

어휘 • nobody 아무도 ~하지 않는다 • launch 출시 • postpone 연기하다, 뒤로 미루다

해설 빈칸 뒤의 문장이 완벽하므로 관계부사가 필요한 문제예요. 선행사가 생략된 상태이므로 해석상 가장 알맞은 문장을 골라야 하죠. "새로운 상품의 출시가 미뤄졌다."와 어울리는 관계부사는 "왜"뿐이에요.

Lesson 17

PART 6

theme
문법별 파트 6 전략

1. 문장구조 문제
2. 시제
3. 태
4. 접속사
5. 분사
6. 문장삽입

엣지만의 학습 목표

이런 것을 배워요~

1. PART 6에 자주 등장하는 지문 유형을 알 수 있어요.
2. PART 6에 자주 등장하는 문제유형을 완벽히 알 수 있어요.

PART 6은 PART 7 중 짧은 지문 속에 출제된 문법과 어휘 및 문장삽입 문제를 푸는 유형이죠. 그러니 우선 문제 풀 때, PART 7 풀듯이 해석이 기반이 되어야 해요.

PART 6은 지문당 총 4문항씩 4 SET 그래서 총 16문항으로 이루어져 있죠.

근데 앞에서 문법을 배우시면서 느끼셨겠지만 사실, 한국어로 문제를 보면 하나도 어렵지 않잖아요? 그럼 문제를 먼저 봅시당~

 다음 이메일을 읽고 131~134번을 푸시오.

보낸 사람:	성현 김
받는 사람:	도르 직원들
주제:	강연 시리즈
날짜:	11월 2일 수요일

친애하는 직원분들께

"현장 조사" 강연 시리즈가 11월 4일에 시작될 예정입니다. 이 ___131___ 강연은 성공적인 신규프로그램 "라디오 시대"의 창시자인 로버트 콜론 씨가 이끌어갈 예정입니다. 콜론 씨는 유명한 기술회사들이 신생기업들로부터 무엇을 배울 것인가에 대해 ___132___. 콜론 씨의 강연은 신생기업을 주제로 하는 강연 중 유일한 강연입니다. ___133___, 여러분도 아시다시피, 콜론 씨는 이 산업 분야에서 유명한 리더입니다. 그래서 우리는 모든 직원들이 참석할 것을 희망합니다. 그럼에도 불구하고, 당신은 참석 전에 당신의 매니저 ___134___ 을 받아야만 합니다.

131. (A) 마지막의 (B) 매일의
     (C) 수정된   (D) 예정의, 다가오는

 정답 (D) 이메일을 쓴 날짜는 11월 2일이고 강연은 4일에 시작하므로 미래를 뜻하는 (D)가 정답이에요.

Lesson 17 • 269

132. (A) 토론했다

(B) 토론할 것이다

(C) 토론한 적이 있다

(D) (지금부터 특정 미래까지) 토론하고 있을 것이다

 정답 (B) 미래에 있을 강연 주제를 다루고 있는 문장이므로 미래시제가 정답이죠.

133. (A) 많은 큰 기술 회사들은 사적으로 구매되었다.

(B) 기업 강연 시리즈는 기술 분야에서 인기가 많다.

(C) 학생으로서, 콜론 씨는 유명한 기업 잡지에 기사를 실었다.

(D) 나머지는 마케팅과 고객 서비스를 포함하여 다양한 주제를 다룰 것이다.

 정답 (D) 콜린 씨의 강연이 신생기업에 대한 강연의 "유일한" 과정임을 강조한 후에 133번 빈칸이 있으므로 빈칸에는 나머지 강연에 대한 서술이 들어가면 좋다.

134. (A) 승인하는 것   (B) 누가 승인하다

(C) ~의 승인   (D) 승인을 받았고

 정답 (C) 목적어 자리가 빈칸이므로 명사를 정답으로 고른다!

막상 한국어로 풀어보니 그리 어렵지 않죠?

그럼 본격적으로 PART 6가 어떤 유형의 문제로 구성되었는지 살펴볼까요?

PART 6은 짧은 글 속에

❶ 어휘 문제

❷ 문법 문제

❸ 문장 삽입 문제가 있어요.

어휘문제는 보통 지문당 1문제 내지는 2문제가 출제되죠.

 어휘문제를 풀 때는 반드시 빈칸 앞뒤의 문맥을 모두 파악한 후에 정답을 골라야 해요. 특히 어휘 문제가 첫 번째 문제로 등장할 경우 실수를 많이 하죠.

명심하세요!!! 어휘문제는 반드시 앞뒤 문장 혹은 최소한 단락 전체를 읽은 후 정답을 찾아야 해요!

그렇다면 문법 문제 유형은 어떻게 구성되어 있을까?

문법은 그동안의 시험문제를 분석한 결과 ❶ 문장구조 문제 ❷ 시제 문제 ❸ 대명사 문제 ❹ 태 ❺ 접속사 및 연결사 ❻ 분사 순으로 자주 출제되었어요.

그러므로 각 문법 문제를 먼저 살펴보고 그 이후에 문장삽입 유형을 다루려고 해요. 물론, 이전의 Part 5에서 모두 배운 문법이지만 지문 속에서 시험문제로 출제될 경우에는 어떤 방식으로 접근하는지를 알아보는 건 문제 푸는 시간을 단축하기 위해 아주 유용하죠.

그럼 문법별로 공부해 볼까요?

1 문장구조 문제

PART 5의 문장구조 문제와 다를 바가 전혀 없이 문장에서 빠져있는 문장의 성분을 찾는 문제이다. 다른 유형은 빈칸이 포함된 문장만 읽어서는 실수할 확률이 높지만, 문장구조 문제는 빈칸이 포함된 문장만 읽어도 풀 수 있는 쉬운 유형에 속하므로 꼭 맞춰보자고요!!

다음 1~4번 문제를 푸시오.

_____1_____ 우리의 새로운 메신저 서비스를 _____2_____ 사용해 보세요. 모두가 메시지 발송을 정말로 _____3_____ 할 수 있는 무료 서비스 입니다. 당신은 오늘부터 우리의 새로은 메신저 앱을 다운받을 수 있습니다. 우리는 정말로 당신이 그것을 _____4_____ 는 것을 알기 바라고, 당신의 친구들에게 즐거움에 등참할 것을 권하길 바랍니다.

1. (A) 더 빠르고 더 나은 메신저 앱은 오직 2달러만 지불하면 됩니다.
   (B) 당신은 당신의 구식 메신저를 싫어하시나요?
   (C) 너무 많은 앱은 당신의 스마트폰의 속도를 늦출 것입니다.
   (D) 얼굴을 맞대고 하는 대화가 의사소통의 최고의 방법이다.

2. (A) 시험 삼아   (B) 시험 삼아 하는 것
   (C) 시험 삼아 해봤다   (D) 시험 삼아 해보다

3. (A) 편리함 (단수)   (B) 편리함 (복수)
   (C) 편리한   (D) 편리하게

4. (A) 사용하다 (복수) / 사용 (단수)   (B) 사용하다 (단수) / 사용 (복수)
   (C) 사용하기 위하여   (D) 유용한

영어

_____1_____ Make sure _____2_____ our new messenger service. It is a free service for everyone that will make messaging really _____3_____. You can download our new messenger app starting today. We really hope that you will find it _____4_____, and that you will ask your friends to join in on the fun.

어휘
- make sure to do / that 주어 + 동사 : ~하는 것을 확실히 하다
- messaging 메시지 발송   • app 어플리케이션   • starting ~부터   • join 가입하다
- join in on the fun 즐거움에 동참하다

1. (A) Pay only $2 for a faster, better messenger app!
   (B) You don't like your old messenger?
   (C) Too many apps will slow down your smartphone.
   (D) Talking face to face is the best way to communicate.

> **정답 (B)**
> 문단의 시작지점에 삽입 유형이 들어 있는 문제예요. 처음으로 글을 시작할 때 쓰기 가장 좋은 말을 정답으로 고르면 되는데, 제일 처음에 풀 수는 없고 뒤에 있는 2, 3, 4번의 문제를 풀면서 글 뒤의 내용을 숙지한 후 풀면 더욱 쉽습니다. 새로운 메신저를 다운받으라는 이야기이므로 해석상 (B)로 글을 시작하면 알맞겠지요.

2. (A) to try out   (B) trying out
   (C) tried out   (D) try out

> **정답 (A)**
> 문장 구조 문제이죠. Make sure to do ~하는 것을 확실히 하다라는 구문으로 make sure that 주어 + 동사로 나타낼 수도 있어요. 이런 구문은 많이 암기해 두는 것이 좋답니다!!

3. (A) convenience (B) conveniences
   (C) convenient (D) conveniently

정답 (C)
이 문제도 문장 구조 문제예요.
5형식 동사의 구문 중에서 make, find, keep, consider, deem +목적어 + 형용사 기억나세요? 문장의 형식 중에서 아주 중요하다고 강조했었던 구문이죠. ^^ make messaging _____ 이므로 빈칸은 형용사의 자리잖아요~. 5형식 동사!! 중요하니 반드시 암기하자고요!!

4. (A) use (B) uses
   (C) to use (D) useful

정답 (D)
이 문제도 문장의 구조로 4번과 동일한 패턴의 문제입니다. 그렇다면 이제 아시겠다고요? 그렇죠. find트 목적어 다음에 형용사가 나오는 구조이니 형용사가 정답입니다!

2 시제

PART 6의 문법 문제 중 오답률이 꽤 높은 문법파트는 바로바로 시제예요. 그 이유는 PART 5의 시제는 제가 알려드린 시점의 단서만 암기하시면 암기한 부분 그대로 시험에 출제가 돼요. 정답의 근거가 아주 명확하게 나오죠. 하지만 PART 6 에서는 시점의 단서가 나오지 않고, 글을 읽어 내려가면서 내가 직접 알맞은 시제를 찾아야 하는 문제가 출제됩니다. 그러니 영어의 시제를 정확하게 이해하고 있어야 풀 수 있는 문제가 나오죠.

그러면 우선 한국어 버전으로 문제를 만나볼까요?

다음 5번~8번 문제를 푸시오.

여름은 이미 ___5___ 하지만 올해가 가기 전에 아직 많은 이벤트가 남아있습니다. Nightingale 음악 페스티벌은 10월 10일 Memorial 공원에서 열릴 것입니다. 많은 사람들은 수년동안 콘서트 장소로 Memorial 공원을 ___6___ 그래서 관계자들은 모두가 그 ___7___ 에 기뻐하기를 바랍니다. ___8___

Lesson 17 • 273

5. (A) 끝나다 (B) 끝냈다
   (C) 끝내는 중이다 (D) 끝나간다

6. (A) 요구할 것이다 (B) 요구했다
   (C) 요구해왔다 (D) 요구당했다

7. (A) 선택한다 (단수동사) (B) 선택한다 (복수동사)
   (C) 선택 (D) 선택들

8. (A) 올해의 다른 이벤트들은 추수감사절 서비스와 크리스마스 마켓이 있다.
   (B) 공원 콘서트는 크게 성공했고, 음악가들은 좋은 시간을 가졌다.
   (C) 공원의 비좁은 환경들이 공원을 인기 없는 장소로 만든다.
   (D) 관계자들에 따르면 작년보다 더 많은 방문객들이 페스티벌에 왔다.

영어

Summer ___5___ already, but there are many events coming up before the end of the year. The Nightingale Music Festival will be held in Memorial Park on October 10. People ___6___ Memorial Park as a concert venue for years, so the organizers hope everyone will be happy with the ___7___. ___8___

어휘
- coming 다가오는
- be held 개최되다
- venue 장소

5. (A) end (B) ends
   (C) had ended (D) ended

정답 (D)

빈칸 뒤의 'already'는 "현재완료"와 "과거"의 단서이죠. 그런데 해석해보면 여름이 끝났다. 하지만 아직 이벤트는 남아있다. 라고 이어져야 연결사 'but'의 흐름이 자연스럽죠? 그러므로 문맥상 시제는 "과거"가 좋아요. 이처럼 PART 6에는 시점의 단서가 드러나지 않는 지문이 더 많으니 글의 전체 흐름을 파악하여 시제를 유추해야 하죠.

6. (A) will request   (B) requested
   (C) have requested   (D) were requested

정답 (C)
시제 문제예요. 문장 제일 뒤에 for years가 있죠? 수년 동안이라는 의미로 이 역시 현재완료 시점의 단서로 볼 수 있습니다. 수년 동안 쭉~ 요구해 왔다라고 번역할 수 있겠죠.

7. (A) chooses   (B) choose
   (C) choice   (D) choices

정답 (C)
관사 the가 있으므로 빈칸은 명사의 자리예요. 그러므로 (C), (D) 중에 정답을 골라야 하죠. 그런데 이 둘단에서 의미하는 "선택"은 무엇인가요? 네, 맞아요. Memorial 공원에서 이벤트를 열기로 한 선택이죠. 그럼 굳이 복수일 필요가 없겠죠. 여러 가지를 선택한 것이 아니니까요. 그러므로 정답은 단수가 되어야 해요.

8. (A) Further information on this event and other event schedules are available on our website.

   (B) The park concert was a huge success, and the musicians said they had a great time.

   (C) The cramped conditions in the park make it an unpopular location.

   (D) According to the organizers, more visitors showed up to the festival than last year.

정답 (A)
삽입해야 할 문장이 들어갈 위치가 문단의 제일 마지막에 위치하고 있죠. 그렇다면 글의 결론, 마무리 내용이 될 만한 문장을 정답으로 고르는 문제입니다. 지문 전체가 Nightingale 음악 페스티벌의 개최와 관련된 내용이 간략하게 소개되어 있으므로 더 자세한 정보는 웹사이트에서 직접 확인하라는 내용이 마무리로 알맞겠죠. 보기 (B), (D)는 시제가 과거로 되어 있는데 지문의 이벤트는 미래 상황이므로 오답입니다.

Lesson 17 • 275

3 태

능동태 / 수동태 문제는 PART 5와 아주 유사하게 출제돼요.

앞에서 배웠던 능동태 수동태 구별하는 방법을 상기시키면서 문제를 풀어보면 좋을 것 같아요. 또한, 4, 5형식 동사가 출제된 적은 없으므로 오히려 PART 5보다 쉽게 출제되는 경향이 있으니 실수만 주의하시면 돼요.

예제

다음 9번~12번 문제를 푸시오.

> 한국어

Shade Electronics의 CEO인 Kenny Grants 씨는 헤드폰의 새로운 라인의 출시를 발표했다. Ultrablues라 불리는 그 새로운 헤드폰은 선택된 소매점에서 다음주부터 이용할 수 있다. 그 소리는 리뷰어들에 의해 수정같이 맑다고 ___9___. 그들은 또한 Ultrablues의 단순하지만 우아한 디자인을 ___10___. Ultrablues는 비슷한 가격대의 White 사의 Quicksound 헤드폰과의 경쟁에서 ___11___. ___12___.

9. (A) 묘사했다 (B) 묘사해왔다
   (C) 묘사되었다 (D) 묘사하기 위하여

10. (A) 칭찬한다 (B) 칭찬했다
    (C) 칭찬받아왔다 (D) 칭찬받는다

11. (A) 경쟁하기 (B) 경쟁
    (C) 경쟁자 (D) 경쟁할 것이다

12. (A) Ultrablues 헤드폰은 아마도 더 높은 가격 때문에 잘 안 팔릴 것이다.
    (B) Shade Electronics가 기대한 것보다 더 많은 Ultrablues가 팔려왔다.
    (C) 어느 회사가 더 성공을 거둘 것인지 흥미롭게 될 것이다.
    (D) Ultrablues에 관한 리뷰는 아직 작성되지 않았지만 기대가 높다.

영어

Kenny Grants, the CEO of Shade Electronics, has announced the release of a new line of headphones. The new headphones, called Ultrablues, will be available at select retail stores starting next week. The sound ___9___ by reviewers as crystal clear. They also ___10___ Ultrablues' simple and elegant design. Ultrablues ___11___ against Company White's Quicksound headphones, which are similarly priced. ___12___

어휘
- announce 발표하다 • available 이용가능한 • retail store 소매점 • starting ~부터
- crystal clear 수정처럼 맑은 • elegant 우아한 • compete against ~와 대항하여 경쟁하다
- price 가격을 책정하다

9. (A) described (B) have described
   (C) was described (D) to describe

정답 (C)
빈칸 뒤에 목적어가 없으므로 수동태가 정답이 되겠죠.

10. (A) praises (B) praised
    (C) have been praised (D) are praised

정답 (B)
빈칸 뒤에 목적어(design)가 있으므로 능동태 동사가 정답이다. 그러므로 (A), (B) 중 하나가 정답인데 주어가 복수(they)이므로 단수동사인 (A)는 오답이죠.

11. (A) competing (B) competition
    (C) competitor (D) will compete

정답 (D)
주어 (Ultrablues) 다음에 빈칸이 나왔으므로 동사자리 찾는 문제네요. 보기 4개 중 동사는 (D)뿐이죠.

12. (A) Ultrablues headphones will probably not sell well due to their higher price.

(B) More Ultrablues units have been sold than Shade Electronics expected.

(C) It will be interesting to see which company will be more successful.

(D) No reviews have been written about Ultrablues yet, but expectations are high.

정답 (C)

문장삽입 문제입니다. 문단 제일 마지막에 빈칸이 있으므로 단락을 마무리 짓는 내용이 정답이 되겠죠. 빈칸 바로 앞에서 다른 경쟁사의 헤드폰을 Ultrablues가 이길 것 같다고 이야기했으니 그에 이어질 내용 중 가장 알맞은 것은 (C) 뿐이네요. (B)는 Shade Electronics가 기대한 것보다 Ultrablues가 더 팔렸다는 의미인데 Ultrablues는 아직 출시되지 않았고 잘 팔릴 것으로 예상만 하고 있으므로 오답인 거죠. 토익 문제를 풀 때는 시제에 주의해야 한다는 것을 잊지 말아주세요.

 ## 4 접속사

접속사 문제는 문장 앞뒤의 내용의 흐름을 파악하는지를 묻는 질문 유형이에요.
보기에는 주로 접속사와 접속부사가 나오는데 때로는 also 같은 부사가 등장하기도 하죠.
우선, 연결사의 의미를 파악하고, 그 쓰임을 정확히 파악하는 것이 중요해요.

 PART 6 에 자주 등장하는 연결사

구분	의미	연결사 종류
역접	그러나 / ~에도 불구하고	however, though, although, even if, even though
이유	~하기 때문에	because, since, now that
첨가	~뿐만 아니라, 게다가	moreover, furthermore, besides, in addition
결과	그러므로	therefore, thus

 **예제** 다음 13번~16번 문제를 푸시오.

한국어

보낸 사람:	service@computer_repairs.com
받는 사람:	Jason.Donovan@stantonmail.net
답장:	스캐너 수리

친애하는 Donovan 씨께

우리는 당신이 보내온 스캐너에 대한 ___13___ 를 끝마쳤습니다. 나는 스캐너가 다시 작동하게 되었다고 말하게 되어 기쁩니다. ___14___, 우리는 아직 철저하게 테스트해보지는 못했습니다. 일단 우리가 더 많은 테스트를 수행하고, 당신의 스캐너가 100% 완전하게 돌아왔다고 여기면, 우리는 그것을 당신의 사무실로 보낼 것입니다. ___15___ 모든 작업이 끝나기 ___16___, 조금만 더 기다려 주시기 바랍니다.

13. (A) 향상 (B) 수리
    (C) 배달 (D) 개조

14. (A) 게다가 (B) 만약 ~이 아니라면
    (C) ~에도 불구하고 (전치사) (D) 그러나

15. (A) 우리는 이틀이 더 걸릴 것입니다.
    (B) 우리는 손상된 상품에 의해 발생된 불편함에 대해 너무 죄송합니다.
    (C) 우리는 30년 동안 최고의 스캐너를 만들어 왔습니다.
    (D) 그것은 전 세계로 팔리는 최고의 모델입니다.

16. (A) ~때문에 (전치사) (B) ~하기 위하여
    (C) 만약 ~한다면
    (D) ~하기 전에

> 영어

FROM:	service@computer_repairs.com
TO:	Jason.Donovan@stantonmail.net
RE:	Scanner Repair

Dear Mr. Donovan,

We have finished a(n) ___13___ on the scanner you have sent in. I am happy to tell you that it functions again. ___14___, we haven't been able to thoroughly test it yet. Once we get to perform more testing and can be sure your scanner is back at 100% functionality, we will send it back to your office. ___15___. ___16___ get everything done, so please have a little more patience

어휘
- function 기능하다, 기능 • thoroughly 철저하게 • yet (부정문에서) 아직도 • perform 수행하다
- it takes 시간 시간이 걸리다 • patience 인내심

13. (A) improvement (B) repair
    (C) delivery (D) renovation

정답 **(B)**
기능이 완전히 돌아오게 되었지만, 아직 더 테스트를 더 해보겠다는 말에서 기능에 문제가 있어서 수리했음을 유추할 수 있죠. 그러므로 정답은 (B) repair이에요.

 첫 번째 문제로 어휘문제가 등장한 경우는 빈칸이 들어있는 문장만 읽어서는 문제를 풀 수 없어요. 뒷부분까지 읽어야 매력적인 오답에서 빠져나올 수 있어요!

14. (A) Moreover (B) Unless
    (C) Despite (D) However

정답 **(D)**
빈칸 앞 문장의 내용은 기능이 다시 돌아와서 기쁘다고 하였는데 빈칸 뒤에는 아직 테스트를 철저하게 하지 못했다고 했으므로 상반된 내용이죠. 그런데 (C) Despite은 전치사라서 문장 앞에 올 수 없으므로 오답이므로 정답은 (D)가 되어야 하겠죠. However는 접속부사로 문장과 문장을 연결해 줄 수 있어요.

15. (A) It will take us another two days.

(B) We are very sorry about the inconvenience caused by a damaged product.

(C) We have manufactured the best scanners for 30 years.

(D) It was the best model which is selling well around the world.

정답 (A)

빈칸 뒤의 문장에서 조금만 더 시간을 가지고 기다려 줬으면 좋겠다는 문장이 나오므로 스캐너의 수리를 끝내는데 아직 시간이 더 걸린다는 것을 유추할 수 있겠죠? 그러니 정답은 (A).

 세 번째 문제에 문장 삽입이 나온 유형으로 앞뒤 문맥을 모두 파악해야 풀 수 있어요!!

16. (A) due to (B) in order to
    (C) if   (D) before

정답 (B)

빈칸 뒤에 동사원형 (get)으로 시작하므로 동사원형 앞에 올 수 있는 표현이 정답일꺼예요. 보기 중 동사원형 앞에 올 수 있는 표현은 in order to do이죠. (A) due to는 전치사로 뒤에 명사가 오는 매격적인 오답이었네요.

5 분사

 다음 17번~20번 문제를 푸시오.

🇰🇷 한국어

안전문으로 ___17___ Perry Systems는 꽤 신생회사에 속합니다. ___18___ 고작 10년 전에 설립되어, Perry Systems는 혁신적인 상품으로 아주 좋은 평판을 빠르게 얻었습니다. 독창성에 대한 이러한 전통은 지금까지 이어져오고 있습니다. 현재, Perry는 안전성을 향상시킬 새로운 ___20___ 로 ___19___ 가장 최신의 혁신품을 발표하게 된 것을 자랑스럽게 여깁니다. 더 자세한 정보를 원하시면 Perry의 웹사이트를 방문해 주십시오.

17. (A) 알다 (B) 아는 것
    (C) 알려진 (D) 알았다

18. (A) 고작 5년 전에 설립되었지만
    (B) 3대에 걸쳐 소유된 회사로써
    (C) 독특한 디자인의 상품을 만들었기 때문에
    (D) 한때는 작은 회사였던

19. (A) 가득 찬 (B) 채워진
    (C) 가득 차다 (단수동사) (D) 가득 차다 (복수동사)

20. (A) 아이디어 (B) 가격
    (C) 고객 (D) 할인

영어

Perry Systems, ___17___ for its security gates, is a fairly new company. ___18___ , Perry Systems quickly gained an excellent reputation for its innovative products. This tradition of originality continues until today. Now, Perry is proud to announce its latest innovation, ___19___ with new ___20___ that will improve security. Visit Perry's website today for more information. You might find just the product that you need.

어휘
- security 안전
- excellent 훌륭한 아주 좋은
- reputation 평판 명성
- innovative 혁신적인
- tradition 전통
- originality 독창성
- be proud to ~하는 것을 자랑스럽게 여기다

17. (A) know (B) knowing
    (C) known (D) knew

정답 (C)
주어 Perry Systems와 빈칸 사이에 주격 관계대명사와 be 동사 which is가 생략된 구조예요. 빈칸 뒤에 목적어 없이 바로 전치사 for가 나왔으므로 수동형이 나오는 게 알맞겠죠?

18. (A) Established only 5 years ago
    (B) As the one owned over three generations
    (C) Manufacturing unique design products
    (D) Once a small company

정답 (A)

두 번째 문제로 문장삽입 문제가 나왔네요. 이 문제도 문맥을 파악하는 게 제일 중요하겠죠. 빈칸 앞에 꽤 신설회사라고 나오기 때문에 정답은 (A)가 좋겠죠. (B)는 3대에 걸쳐 소유된 회사가 신생회사일 리 없으므로 오답이고, (C) 독특한 디자인의 상품을 만든다는 문장이 들어가기에는 상품이 혁신적이라서 유명해진 거지 디자인이 독특하다는 내용은 언급되지 않았죠.

19. (A) filling   (B) filled
    (C) fills   (D) fill

정답 (B)

이 문제도 17번처럼 which is가 생략된 구조예요. 빈칸 뒤에 전치사 with가 있으므로 수동형이 잘 어울려요.

20. (A) ideas   (B) prices
    (C) customers   (D) discounts

정답 (A)

해석상 알맞은 어휘를 고르는 문제예요. 안전성을 향상시킬만한 이라는 내용에 어울리는 어휘는 아이디어뿐이므로 정답은 (A)겠죠.

6 문장삽입

신토익에 새롭게 등장한 유형으로 문맥의 흐름을 파악하는지를 물어보는 문제 유형이죠. 문제 유형은

❶ 빈칸의 위치가 문단 제일 처음에 나올 경우
❷ 빈칸이 문단의 중간에 나올 경우
❸ 빈칸이 문단의 제일 마지막에 나올 경우
   로 나눌 수 있어요.

❶ 빈칸이 문단 제일 처음에 나올 경우: 글 전체의 주제문이 정답일 가능성이 매우 높아요. 그러므로 지문에 제목이 있다면 반드시 체크하여 글 전체의 주제문을 빠르게 파악하자!

❷ 빈칸이 문단의 중간에 나올 경우: 빈칸 앞뒤 문장을 살펴 문맥이 단절된 부분을 찾아 부족한 내용을 정답으로 골라야 해요. this, that과 같은 지시사가 힌트가 될 수 있으니 빈칸 앞 뒤 문장에서 힌트를 찾아 푸는 것이 관건이에요.

❸ 빈칸이 문단의 제일 마지막에 나올 경우: 단락의 결론 내용이나 마무리 내용이 정답일 가능성이 크죠.

이와 같은 힌트를 머릿속에 넣은 후에 문제를 풀 때마다 적용을 시켜봅시다!

 **다음 21번~24번 문제를 푸시오.**

보낸 사람:	jack.jones144@sarna.org
받는 사람:	info@next_telecomm.com
주제:	전화 요금 청구서에 대한 문제

_____21_____. 당신은 나에게 유럽으로 건 장거리 전화에 대한 요금을 25.19달러 부과했습니다. 그러나 나뿐 아니라 내 가족 구성원 중 어느 누구도 유럽으로 전화를 ___22___ 않았습니다. 또한, 청구서에 적힌 전화번호를 검토했습니다. 그것은 ___23___ 모르는 번호였습니다. 게다가, 전화를 건 그 시간 동안에 가족 구성원 전체가 교회에 갔었습니다. ___24___ 나는 그 번호로 전화를 건 적이 없다고 확신합니다.

21. (A) 나는 지난달 전화요금 청구서에 문제가 있는 것을 발견했습니다.
    (B) 나는 해외 여행에 대한 더 많은 정보를 알고싶습니다.
    (C) 나는 개인적인 사정으로 나의 이번 달 전화 요금 청구서를 지불할 수 없을 것 같습니다.
    (D) 나는 당신에게 너무 많은 금액을 부과해서 용서를 구하고 싶습니다.

22. (A) 사지   (B) 받지
    (C) 배우지   (D) 걸지

23. (A) 완전함   (B) 끝내다 (단수동사)
    (C) 끝내다 (복수동사)   (D) 완전하게

24. (A) 그러나   (B) 그러므로
    (C) ~ 때문에   (D) 게다가

FROM:	ack.jones144@sarna.org
TO:	info@next_telecomm.com
SUBJECT:	problem with phone bill

___21___. You charged me $25.19 for placing a long distance call to Europe. However, neither I nor any of my family members has ___22___ a call to Europe. Also, I have reviewed the phone number listed on the bill. It is ___23___ unknown to me. Moreover, the whole family was out at church during the time of the phone call. ___24___ I am sure I did not call that number.

어휘
- place a call 전화를 걸다 • distance 거리 • neither A nor B A, B 둘 다 아니다
- unknown 미지의, 모르는 • whole 전체의

21. (A) I believe I have found an error in last month's phone bill.
    (B) I would like more information on travelling abroad.
    (C) I cannot pay my phone bill this month due to personal problems.
    (D) I want to apologize for charging you too much money.

정답 (A)
삽입 유형에서 빈칸이 제일 앞에 위치하는 유형이므로 주제문을 정답으로 골라야 한다고 배웠죠? 이메일에서 제목이 벌써 전화 요금 청구서의 문제점이므로 정답은 (A)이죠.
패러프레이징 problem → error

22. (A) bought   (B) received
    (C) learned   (D) made

정답 (D)
Place a call = make a call 전화를 걸다라는 숙어입니다. 반드시 암기하세요!

23. (A) completion   (B) completes
    (C) complete   (D) completely

정답 (D)
빈칸이 들어 있는 문장이 완벽하므로 부사가 정답이겠죠? 부사 자리는 Part 5에도 자주 등장하는 문제 유형이니 꼭 숙지하고 계셔야 합니다!!!

24. (A) However (B) Therefore
    (C) Because (D) In addition

정답 (B)

빈칸 앞에 전화 요금이 잘못된 이유를 나열하였고, 빈칸 뒤에는 그 번호로 전화를 걸지 않았다고 확신한다고 하였으므로 빈칸 앞의 내용이 원인이고 뒤의 내용이 결과에 해당되죠. 그러므로 정답은 (B)가 어울리겠네요.

다음 25번~28번 문제를 푸시오.

한국어

Alef Company는 11월 12일 올해의 스키 여행을 ___25___ 기쁩니다. Alpine 리조트로 가는 버스가 오전 7시 30분에 도착할 것이므로 늦어도 7시 20분까지는 주차장으로 오십시오. 그 버스는 70분 ___26___. 우리는 스키와 스노우 보딩을 ___27___ 하루종일을 보낼 것입니다. 그 요금은 인당 30달러가 될 것이고 이 금액은 교통비, 조식, 점심을 포함합니다. ___28___

25. (A) 요청하여 / 요청하다 (B) 발표하여 / 발표하다
    (C) 인정하여 / 인정하다 (D) 인수하여 / 인수하다

26. (A) 걸리다 (단수동사) (B) 받는 사람
    (C) 걸릴 것이다 (D) 걸리기 위하여

27. (A) 즐기면서 (B) 즐길 것이다
    (C) 즐겼다 (D) 즐기기

28. (A) 여행을 간 사람은 모두 그것을 즐겼습니다.
    (B) 당신이 관심이 있다면, 홈페이지에서 등록하십시오.
    (C) 우리는 이 어려운 시기 동안 모두가 협력하기를 원합니다.
    (D) Alef Company는 내년에 더 많은 기술자를 고용할 것입니다.

영어

Alef Company is happy ___25___ this year's ski trip on Nov 12. The bus to the Alpine Resort will leave at 7:30 a.m., so be at the company parking lot by 7:20 at the latest. The bus ride ___26___ 70 minutes. We will have all day ___27___ skiing and snowboarding. The charge will be $30 per person, which includes transportation, breakfast, and lunch. ___28___

어휘
- parking lot 주차장
- at the latest 늦어도
- all day 하루종일
- charge 요금
- per ~ 당
- include 포함하다
- transportation 교통

25. (A) to ask (B) to announce (C) to acknowledge (D) to acquire

정답 (B)
Alef Company에서 떠나는 스키 여행을 발표하는 내용이므로 정답은 (B)가 잘 어울리겠죠.

26. (A) takes (B) taker (C) will take (D) to take

정답 (C)
시제 문제네요. 앞으로 탈 버스에 대한 설명이므로 시제는 미래가 좋겠어요.

27. (A) to enjoy (B) will enjoy (C) enjoyed (D) enjoying

정답 (A)
문장구조 문제예요. 문장의 구조가 완벽하므로 동사는 들어갈 수가 없죠. 완벽한 구조라서 동명사인 (D)도 오답이에요. 완전한 문장에서 준동사는 to 부정사가 어울려요.

28. (A) Everyone who went on the trip really enjoyed it.
    (B) If you are interested, sign up at our homepage.
    (C) We hope everyone will cooperate during these hard times.
    (D) Alef Company will hire more technicians next year.

정답 (B)
문장 삽입 유형의 마지막 문제네요. 마지막 문제는 문단의 결론 및 마무리 내용이 정답이 될 가능성이 높다는 것, 다들 기억하시죠? 그러므로 정답은 (B)예요.

Lesson 18

PART 7
Single Passage 질문 유형 1

① 주제, 목적 찾기 문제 출제 유형
② 세부 사항을 묻는 유형
③ 추론 유형

엣지만의 학습 목표

이런 것을 배워요~

1. 주제·목적 문제 질문유형을 읽히고 정답이 자주 나오는 위치를 알 수 있어요.
2. 세부사항 유형의 의문사별 정답 위치를 알 수 있어요.
3. 추론 유형의 질문의 동사를 알 수 있어요.

1 주제, 목적 찾기 문제 출제 유형

주제 제목을 고르는 유형은 빈출 유형으로 Part 7 고득점을 위해서는 반드시 맞아야 하는 유형이죠. 예전에 비해 문제 비중이 살짝 줄어들긴 했지만 그래도 2~3지문 당 한 문제 정도 나오고, 항상 첫 번째 문제로 출제돼요. 지문의 성격에 따라 주제를 묻는 질문의 형태 역시 달라지므로, 다양한 문제 유형을 숙지하도록 해요!

1. 풀이 전략

❶ 초반부 정답형: 글의 제목을 먼저 읽으세요.

예전에는 목적 문제의 90% 차지했었는데 요즘은 줄어드는 추세예요. 지금은 주제 목적 유형 중 65% 정도를 차지한다고 보면 돼요. 그래도 다른 문제 유형에 비해 쉬운 편이니 반드시 풀어야 하죠.

 지문의 제목과 첫 단락의 2~3문장을 유의어로 패러프레이징 된 보기가 답이다!

❷ 후반부 정답형: 본문 첫 단락까지 읽고 주제가 파악되지 않는 경우, 제일 나중에 푸세요.

2. 질문 유형

❶ 주제 목적을 묻는 질문은 의문사 what과 why로 시작해요.
❷ 이때 질문에는 topic, total, goal, intention 등의 어휘가 주로 함께 쓰이죠.
질문 유형이에요.

글의 주제	• What is the topic / subject of this article / letter / e-mail? • What does the memo mainly discuss? • What is this information about?	• What are the manuals for? • What does the document contain? • What is being advertised?
글의 목적	• What is the purpose of the letter / the article / press release? • What is the reason Mr. Bao wrote the e-mail?	• Why did Ms. Santoso write this letter? • Why did Mr. Shaker complete this form?

3. 정답 빈출 표현 정리

❶ I'm writing to ~ : ~하기 위해 편지를 씁니다.
❷ I would like to ~ : ~하고 싶습니다.
❸ This / The letter is to ~ : 이 편지는 ~을 하기 위함입니다.
❹ Please let me/her/him … know that ~ : ~을 저/ 그녀/ 그에게 알려주십시오.
❺ I'm pleased to ~ : ~하게 되어 기쁩니다.
❻ I regret to inform you that ~ : ~하게 되어 유감입니다.

위의 문장으로 시작하는 문장은 무조건 주제문이에요! 꼭 암기합시다!!!
그동안 정답은 이렇게 나왔다!! 꼭 알아야 할 Paraphrasing!!

지문 속 정답 표현	정답 보기 표현
• I am writing to announce the schedule. • Please let me know if you are available on following Monday. • I'm stuck in an unexpectedly layover because of the inclement weather.	• To notify him of the schedule. • To request his approval of the schedule • To report a travel delay

 한국어로 먼저 풀어보세요.

Axis Biotech
66 Cameron St
Davenport
21444 MD

4월 30일

Mr. Victor Marek
81 Galatra Rd
Davenport
21444 MD

Marek 씨에게

마케팅 직책에 대해 관심을 보여주셔서 감사합니다. 우리는 웹사이트를 통하여 당신의 지원서를 받았습니다. 우리는 이 직책에 대해 다른 사람을 이미 고용했음을 알려드리는 바입니다. 그러므로 그 직책은 더이상 빈자리가 아닙니다. 당신의 지원서와 이력서는 당신이 아주 유력한 지원자임을 보여줍니다. 그래서 당신은 곧 다른 직책을 찾을 것입니다. 행운이 있기를 바랍니다.

Q 이 편지의 목적은 무엇인가?

(A) 직원들에게 공석을 알리기 위하여

(B) 직원들에게 문제를 인식시키기 위하여

(C) 회사에서 누군가에게 직책을 제공하기 위하여

(D) 직책이 더 이상 공석이 아님을 알리기 위하여

영어

Axis Biotech

66 Cameron St
Davenport
21444 MD

April 30

Mr. Victor Marek
81 Galatra Rd
Davenport
21444 MD

Dear Mr. Marek,

Thank you for your interest in the marketing position. We have received your application through our website. We regret to inform you that we have already hired someone else for this job. Therefore, the position is no longer open. Your application and résumé show that you are a strong candidate, so you will certainly find another position very soon. We wish you the best of luck.

어휘
- interest 관심 • marketing 마케팅 • application 지원 • through ~을 통하여
- regret 후회하다 • Therefore 그러므로 • résumé 이력서 • certainly 확실히

Q What is the purpose of the letter?

(A) To inform employees of a job opening

(B) To alert employees to a problem

(C) To offer someone a position in the company

(D) To tell someone that a job is not available

정답 (D)

두 번째 줄 We regret to inform you that ~은 알아두어야 할 주제문장이었죠. 그러므로 that 절 이후의 말을 알맞게 패러프레이징한 문장이 주제문입니다. 이미 다른 사람으로 공석이 채워졌으므로 정답은 (D)죠.
패러프레이징 확인! hired someone else for this job → not available

 Edge있는 연습문제로 연습하기

친애하는 입주자 여러분

우리의 보수 업체 직원이 변경되었음을 알립니다. Plough 씨는 이번 달에 더 이상 근무하지 않을 것입니다. 그래서 우리는 대신에 입구와 복도의 유지 보수를 위하여 Haroon 씨를 고용했습니다. 건물 근처에 새로운 사람이 보여도 놀라지 마세요.

Q 이 안내문의 목적은 무엇인가?

(A) 업데이트된 정보를 제공하기 위하여
(B) 사람들에게 이전 결정을 상기시키기 위하여

Dear Tenants,

We would like to inform you of a change in our maintenance staff. Mr. Plough will not be available for work this month, so we have hired Mr. Haroon to maintain the entranceway and stairwells instead. Do not be surprised if you see a new face around the building.

어휘
- maintenance 유지 보수 • available 이용 가능한 • entranceway 입구
- stairwell (건물의) 계단을 포함하는 수직의 공간, 계단통

Q What is the purpose of the announcement?

(A) To provide updated information
(B) To remind people of an old decision

정답 (A)

주제문장의 힌트: We would like to inform you ~로 변화된 사실을 제공한다고 하였으므로
패러프레이징 확인! Inform → provide, a change → updated information

Lesson 18 • 293

 **예제 3** 한국어

> Crossburg 박물관이 곤경에 처하여, 여러분의 도움이 필요합니다. 도시의 모든 사람들은 그 박물관을 알지만, 곧 박물관이 문 닫을 수 있다는 사실을 아는 사람들은 드뭅니다. 그러나, 모두가 적은 돈을 기부하고 돕는다면, 우리는 박물관이 지속되도록 도울 수 있습니다. 우리 모두 Crossburg 박물관을 방문하던 좋은 어린 시절의 추억을 가지고 있습니다. 만약 당신이 그곳이 유지되도록 돕기를 원한다면, 제발 기부해 주시기 바랍니다.

Q 이 기사의 목적은 무엇입니까?

(A) 사람들에게 돈을 요청하기 위하여

(B) 박물관 방문을 추천하기 위하여

 영어

> The Crossburg Museum is in trouble, and it needs your help. Everyone in town knows the museum, but few people know that its doors may soon close. However, if everybody helps and contributes a little money, we can keep the doors open. All of us have fond childhood memories of visiting Crossburg Museum. If you would like to help keep the place open, please consider making a donation.

어휘
- be in trouble 곤경에 빠지다 • few 거의 없는 • contribute 기부하다 • a little 약간
- fond 좋아하는 • donation 기부

Q What is the purpose of this article?

(A) To ask people for money

(B) To recommend visiting a museum

정답 (A)

주제문장의 힌트: Please consider making donation
패러프레이징 확인! donation → money

> 친애하는 Warren 씨에게
>
> 그동안 잘 지내셨나요? 저는 Fort 거리에 지어지고 있는 건물에 대해 가장 최근의 계획을 보내려고 합니다. 계획이 업데이트 되었고, 새로운 데이터가 담겨져 있습니다. 계획 중에 하나는 당신이 요구하신 대로, 입구 지역의 자세한 사진입니다. 저는 또한, 그 건물을 바로 둘러싸고 있는 지역의 계획들도 보낼겁니다. 이것들이 유용하기를 바랍니다.

Q 이 안내문의 목적은 무엇입니까?

(A) 빌딩에 관한 더 많은 정보를 요청하기 위하여
(B) 어떤 사람이 보내는 서류에 대해 설명하기 위하여

> Dear Ms. Warren,
>
> How have you been? I am sending you the latest plans for the building being constructed on Fort Street. They have been updated, and they contain the newest data. One of the plans is a detailed view of the entrance area, as you requested. I am also sending plans of the area immediately surrounding the building. I hope these will be useful.

어휘
- the latest 가장 최신의 • contain 담다 포함하다 • detailed 자세한 • view 관점 시야 사진
- as you requested 당신이 원한 대로 • immediately 바로 옆에, 즉시

Q What is the purpose of the note?

(A) To ask for more information about a building
(B) To describe documents that someone sent

정답 (B)

주제문장의 힌트: I am sending you the latest plans ~로 건설되고 있는 건물에 대해 새로운 전달받은 사항을 갖기 위한 글이네요.

패러프레이징 확인! Plans → documents

이 기회를 놓치지 마세요!

Canadian Valley Coffee에서 친구에게 무료 커피를 대접하세요.

이 쿠폰 소지자는 Canadian Valley Coffee에서 음료를 구입하시면 무료 음료 한 잔을 받으실 겁니다. 그 무료 음료는 구입하신 음료와 동일 종류 및 동일 사이즈입니다.

* 7월 31일까지 유효함.

Q 이 쿠폰은 무엇을 위한 것입니까?

(A) 캐나다 여행

(B) 무료 음료 한 잔

Do NOT miss this deal!

Treat your friend for free at Canadian Valley Coffee

The bearer of this coupon will receive ONE FREE DRINK upon purchasing a beverage at Canadian Valley Coffee. The free drink will be of the same kind and size as the originally purchased item.

* Valid only until July 31.

어휘: • treat 접대하다 • free 무료의 • beverage 음료

Q What is this coupon for?

(A) A trip to Canada

(B) A free beverage

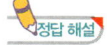

정답 (B)
주제문장의 힌트: 제목 Treat your friend for free at Canadian Valley Coffee
패러프레이징 확인! Free drink → free beverage

토익 실전 마무리

Questions 1-2 refer to the following the letter.

RAND TRAVEL
www.rand-adventures.com

Alanna Mattis
222 Field St.
Riverton
21555 MD

Dear Ms. Mattis,

You have won our loyalty contest, so we are sending you and another person to Las Vegas for free! Our loyalty contest included all of our customers who have booked at least 10 flights with us and have submitted positive comments on our website. We randomly selected who gets to go, and you are the lucky winner this year! Please contact our office to set a date.

We hope that you will have a great time on your trip and that you will continue to book your flights at Rand Travel.

Sincerely,
Laura Khelakis
Rand Travel Customer Service Department

---

1 What is the purpose of this letter?

(A) To inform a customer that they won
(B) To ask a customer to change their flight date
(C) To tell a customer about a new offer
(D) To answer a customer's question

2 What does the letter indicate about Alanna Mattis?

(A) She has never been to Las Vegas before
(B) She has booked several flights with Rand Travel
(C) She complained about Rand Travel
(D) She works at a travel agency

Questions 3-5 refer to the following e-mail.

FROM:	William Chester
TO:	⟨all employees⟩
SUBJECT:	RE: Next Monday

Dear employees,

Our new director, Andrew Glass, will visit the office next Monday. In order to give him a great impression of our team, please follow these requests that I have for all of you:

1. Dress appropriately for work. Review our company manual as it has a chapter that explains our dress code.
2. Please clean up your desks. While most desks look clean, others really do not. See this as an opportunity to get things in order.
3. There will be meet & greet events where you will have a chance to talk to the new director. Be ready to give a short summary of your current project, so you can give a smart answer if you are asked.

I have great confidence that with your help, next Monday's visit will be a positive experience for everyone present.

Sincerely,
William

3 Why did William write the e-mail?

(A) To motivate employees to take on more projects.
(B) To tell employees about an upcoming visit.
(C) To warn employees about an unfriendly director.
(D) To announce a new dress code for employees.

4 Which of the following is NOT a request made by William?

(A) make desks look neat
(B) prepare information
(C) put on nice clothes
(D) say hello to customers

5 Who is Andrew Glass?

(A) A company employee
(B) An Intern
(C) A director
(D) The company's president

토익 실전 마무리 정답과 대본

다음 편지를 읽고 1-2번 물음에 답하시오.

RAND TRAVEL
www.rand-adventures.com

Alanna Mattis
222 Field St.
Riverton
21555 MD

Mattis 씨에게

당신은 이번 로열티 컨테스트에서 우승하셔서 당신과 동반 1인이 라스베이거스 무료 여행을 가시게 됩니다. 우리의 로열티 컨테스트는 저희 항공사를 적어도 10번 이상 예약하신 고객들을 포함하였고, 그중 우리의 홈페이지에 긍정적인 후기를 남기신 분들입니다. 우리는 무작위로 선정하였고, 당신이 올해의 행운의 승자가 되셨습니다. 여행일을 정하기 위해 사무실로 연락주시기 바랍니다.

우리는 당신의 여행에서 즐거운 시간을 보내시기를 바라며 계속해서 비행기 예약 시 Rand Travel을 이용해주시기 바랍니다.

진심을 담아,
Laura Khelakis
Rand Travel Customer Service Department

어휘
- for free 무료로 • book 예약하다 • at least 적어도 • positive 긍정적인 • comment 의견
- randomly 무작위로 • select 선택하다 • set a date 날짜를 정하다
- have a great time 좋은 시간을 보내다 • on your trip 당신의 여행에 • continue 계속하다

Lesson 18 • 299

토익 실전 마무리 정답과 대본

1 이 편지의 목적은 무엇인가?

(A) 선정된 고객에게 알리기 위하여

(B) 고객에게 그들의 비행날짜 변경을 요청하기 위하여

(C) 고객에게 새로운 할인을 알리기 위하여

(D) 고객의 질문에 답하기 위하여

정답 (A)

문단 첫 번째 줄 we are sending you and another person to Las Vegas for free!이 주제문이에요. 필수 주제문 표현에서 동사 writing이 sending으로 바뀐 것이라고 생각하면 쉽게 찾을 수 있겠죠?

패러프레이징 확인!
we are sending you and another person to Las Vegas for free → customer they won
완벽한 문장을 의미가 함축된 다른 표현으로 바꾼 패러프레이징이에요.

2 Alanna Mattis에 대해 언급된 것은?

(A) 그녀는 이전에 라스베이거스를 가 본 적이 없다.

(B) 그녀는 RAND TRAVEL을 통해 여러 번 비행을 예약했다.

(C) 그녀는 RAND TRAVEL에 관해 불평했다.

(D) 그녀는 여행사에서 일한다.

정답 (B)

두 번째 줄 Our loyalty contest included all of our customers who have booked at least 10 flights with us에서 단서를 찾을 수 있죠. 적어도 10번 이상 예약한 고객들 중에서 선정했다고 하였고 Alanna Mattis는 선정된 고객이므로 최소한 10번 이상 RAND TRAVEL을 이용한 적이 있겠죠.

패러프레이징 확인!
at least 10 flights → several flights

토익 실전 마무리 정답과 대본

다음 이메일을 읽고 3~5번 물음에 답하시오.

한국어

보낸 사람:	William Chester
받는 사람:	〈모든 직원들〉
제목:	답장: 다음 주 월요일

친애하는 동료 여러분,

우리의 새로운 부장님 Andrew Glass가 다음 주 월요일에 사무실을 방문할 것입니다. 그에게 우리 팀의 좋은 인상을 남기기 위해, 여러분 모두가 제가 남긴 이러한 요구사항을 따라주시기 바랍니다.

1. 직장에 걸맞게 의복을 갖춰주세요. 우리의 의복 규정을 설명을 확인하기 위하여 회사 매뉴얼을 확인해주십시오.
2. 책상을 깨끗이 정리하십시오. 대부분의 책상은 깨끗해 보이지만 다른 책상은 그렇지 않습니다. 이번 기회를 정리하는 기회로 삼으십시오.
3. 환영식이 있을 예정입니다. 여기서 새로운 부장님과 이야기 나눌 기회가 있을 것입니다. 당신의 현재 프로젝트에 대한 간략한 요약본을 준비하셔서 질문을 받았을 때, 현명하게 답변하실 수 있도록 하시기 바랍니다.

저는 당신이 잘 도와주실 것이라 자신합니다. 다음 주 월요일 방문이 참석한 모두에게 긍정적인 경험이 되기를 바랍니다.

진심을 담아,
William

어휘
- director 부장 • visit 방문하다 • In order to ~하기 위하여 • impression 인상
- request 요구사항 • dress 입다 • appropriately 적절하게 • manual 설명서
- explain 설명하다 • dress code 의복 규정 • clean up 청소하다 • opportunity 기회
- in order 순서대로 • meet & greet events 환영식 • Be ready to ~할 준비가 되어 있다
- give a short summary 요약해서 말하다 • current 현재의 • if you are asked 질문을 받으면
- confidence 자신감 present 참석한

Lesson 18 • 301

토익 실전 마무리 정답과 대본

3 William 씨가 이메일을 왜 썼습니까?

(A) 직원들이 더 많은 프로젝트를 맡도록 동기부여 하기 위해
(B) 직원들에게 다음의 방문을 알리기 위해
(C) 직원들에게 불친절한 부장에 대해 경고하기 위해
(D) 직원들에게 새로운 의복 규정을 알리기 위해

정답 (B)
이메일의 제일 첫 단락을 읽으면 전체 주제를 파악할 수 있어요. 새로 부임한 부장님의 방문을 준비하자는 내용이므로 정답은 (B)예요.

4 William에 의해 요구된 것이 아닌 것은?

(A) 책상이 깨끗하게 보이도록 하라   (B) 정보를 준비하라
(C) 멋진 옷장을 두어라   (D) 고객에게 인사해라

정답 (D)
세 번째 문단에서 Please clean up your desks. → (A) make desks look neat
두 번째 문단에서 Dress appropriately for work. → (C) put on nice clothes
네 번째 문단에서 Be ready to give a short summary of your current project → (B) prepare information

5 Andrew Glass는 누구인가?

(A) 회사 직원   (B) 인턴   (C) 부장   (D) 사장

정답 (C)
첫 번째 줄 Our new director, Andrew Glass, 에서 Andre Glass의 직책을 알 수 있어요.

2. 세부 사항을 묻는 유형

질문에 주어진 정보 (키워드)를 파악하여, 신속 정확하게 해당 정보를 찾는 능력을 파악하는 질문유형으로, 토익 Part 7 중에서 가장 많은 비중을 차지하는 질문 유형이야. 질문에서 재빠르게 키워드를 파악하여 발췌독을 할 수 있어야 하며, 이때 패러프레이징된 표현을 찾을 수 있는 독해력을 요구하는 문제라서 종합적인 사고가 필요해.

■ 빈출 문제 유형

영어	한국어
• **What** does Sarah offer to do for Steven?	• Sarah는 Steven을 위해서 무엇을 제공합니까?
• **When** is compensation offered?	• 언제 보상이 제공됩니까?
• **Where** did Mr. Sun work with Ms. Lewanski?	• Sun 씨는 Lewanski 씨와 어디에서 같이 일했나요?
• **Who** asked Ms. Gonzales to organize the walking group?	• 누가 Gonzales 씨에게 워킹그룹을 조직해달라고 요청했나요?
• **Why** did Mr. Jameson submit the report?	• Jameson은 보고서를 왜 제출했나요?
• **How** should passengers do to get a discount?	• 할인받기 위해 승객들은 어떻게 해야하나요?

■ 키워드를 파악하자

질문 속 어느 단어가 키워드인지, 토익 시험에 자주 출제되는 키워드는 무엇인지 파악해 둔다면 발췌독이 그만큼 쉬워질거야.

키워드란?
질문 속에 등장한 고유명사는 무조건 키워드!
질문 속 숫자표현, 요일, 날짜는 무조건 키워드!
Part 7에 자주 등장하는 요주의 동사 2개를 알아두자!

■ Paraphrasing에 주의하자

요즘 Part 7에서는 지문의 사용된 단어를 정답 보기에 재사용하지 않고 말을 바꾸어 표현해.(Paraphrasing) 해석도 제대로 하지 않은 채, 지문의 단어가 보기에 사용되었다고 해서 정답일 거라고 성급히 판단하지 말고 의미관계를 따져야 해.

	질문의 예시	지문 속 근거문장
요청 동사	What is the reader asked to do?	You are required [requested] to do~ 　　당신은 ~ 해야한다. We / I recommend / suggest / propose that ~ 　　~를 추천한다 / 제안한다. Please 동사원형~　　~을 해 주십시오. You had better to do~　　~하는 편이 낫다 I will appreciate it if you do~~　당신이 ~을 해준다면 감사할 것이다. I wonder if you do ~　　당신이 ~할 수 있는지 궁금하다.
첨부 동사	What is sent with in this letter?	be enclosed = accompanied with = attached 　　　　= included = stapled

재활용합시다.
무료 음료 이벤트 (시간제한 있음)

Greenfields 슈퍼마켓에 빈 유리병과 플라스틱병을 반납하시고 원하시는 (1.5 달러까지) 음료 하나를 받아가세요. 빈 병 10개 당 하나의 음료를 받으실 겁니다.

게다가, 우리는 10개의 빈 병을 가져오는 친구를 데려오신 분께 10% 할인쿠폰을 드립니다. 이 재활용 이벤트는 4월 동안 진행될 것입니다. 재활용과 환경 보호에 대한 더 많은 정보를 위해서는 Greenfields 문의 데스크 (800)555-1181로 연락주세요. 최근의 현황을 원하시면, 우리 웹사이트 www.supergreen.com을 방문해 주세요.

Q 고객들은 어떻게 무료 음료를 받을 수 있는가?

(A) 친구를 데려옴으로써

(B) 빈 병을 반납함으로써

(C) 문의 데스크에 연락함으로써

(D) 쿠폰을 제출함으로써

Let's Recycle
Free Beverage Event (Limited Time)

Receive a free beverage of your choice (any drink up to $1.50) by returning empty glass and plastic bottles to Greenfields Supermarket. 10 empty bottles will get you one beverage.

In addition, we give out 10% discount coupons to anyone who gets a friend to bring in 10 empty bottles. This recycling awareness event will run through April. For more information about recycling and protecting the environment, call Greenfields' information desk: (800) 555-1181. For our latest deals, visit our website at www.supergreen.com.

어휘
- receive 받다 ・beverage 음료 ・up to ~까지 ・empty 빈, 비어있는 ・glass 유리
- plastic 플라스틱 ・bottle 병 ・In addition 게다가, ~뿐만 아니라
- bring 가져오다, 데려오다 ・recycling 재활용 ・run 운영하다, 진행하다
- through April 4월 동안에 ・protect 보호하다 ・environment 환경
- latest deals 가장 최근 거래, 현황

Q How can customers receive a free beverage?

(A) By bringing a friend

(B) By turning in empty bottles

(C) By contacting the information desk

(D) By submitting a coupon

정답 **(B)**
지문 첫 단락에서 빈 유리병과 플라스틱병을 반납하면 최고 1.5 달러짜리 음료 하나가 무료라고 했으므로 정답은 (B) 예요. 친구를 데려오면 10% 쿠폰을 준다고 하였으므로 (A)는 오답이죠.

 패러프레이징

Receive a free beverage of your choice (any drink up to $1.50) by returning empty glass and plastic bottles → By turning in empty bottles

토익 실전 마무리

Questions 1-2 refer to the following memo.

Date: November 1
To: 〈Wheeler Building Employees〉
From: Holden Singer
Re: Construction Work

As announced last week, construction work is being done on first floor. There will be a great amount of dust in the air due to this. Construction work is expected to finish by the end of this month.

In order to access offices on the 2nd and 3rd floors, you are requested to use the elevators at the back of the building. They will be kept free from dust and dirt. Please bear with this inconvenience for the time being.

1 For how long will the construction work go on?

(A) A month
(B) Two months
(C) Two weeks
(D) Three weeks

2 What are employees asked to do?

(A) Walk up the stair
(B) Use the elevators
(C) Avoid the 2nd and 3rd floors
(D) Finish construction work

 토익 실전 마무리

Questions 3-5 refer to the following e-mail.

Date:	August 15
From:	Steven chan <schan@prest.com>
To:	HR management team
Subject:	Workshop

Director Scott has requested a video chat with Prest's Human Resources team on August 23. Our team's workshop on August 24 will still take place, but focus on the video chat first. In addition to Director Scott, Director Danilow from Italy will join the talk. They want an update on our new employees. Be prepared to answer questions about their performance and attitude. Also, find out how our interns are doing and if they are motivated. I am sending a PDF file with a list of questions along with this e-mail. I need you to review these questions.

3 What is the purpose of the e-mail?

(A) To alert employees of an upcoming chat

(B) To tell a team about a workshop

(C) To motivate the company's interns

(D) To answer the employees' questions

4 What is attached in this e-mail?

(A) Director Scott and Danilow's e-mail addresses

(B) The names of the company's employees

(C) The workshop schedule

(D) A list of questions

5 When will the video chat take place?

(A) August 1   (B) August 15   (C) August 23   (D) August 24

Lesson 18 • 307

토익 실전 마무리 정답과 대본

다음 메모를 읽고 1-2번 물음에 답하시오.

날짜 : 11월 1일
받는 사람 : 〈Wheeler 빌딩 직원들〉
보낸 사람 : Holden Singer
회신 : 건설 작업

지난주에 발표했듯이, 건설 작업이 1층에서 진행 중입니다. 이 작업 때문에 공기 중에 많은 양의 먼지가 있을 것입니다. 건설 작업은 이번 달 말에 끝날 예정입니다.

2층과 3층으로 올라가기 위해서, 건물 뒤편에 있는 엘리베이터를 이용하실 것을 당부드립니다. 엘리베이터들은 먼지와 흙이 없을 것입니다. 완공될 동안 불편을 참아 주시길 바랍니다.

어휘
- construction 건설 • work 작업 • amount 양 • dust 먼지 • in the air 공기 중에
- due to ~때문에 • by the end of this month 이번 달 말까지 • access 접근하다
- elevator 엘리베이터 • back 뒤, 뒤편 • be kept free from ~로부터 자유롭다
- inconvenience 불편함

1 얼마나 오랫동안 건설 작업이 진행될 것인가?

(A) 한 달 (B) 두 달 (C) 2주 (D) 3주

> **정답 (A)**
> 건설 공사가 이번 달 말까지 끝날 것이라고 하였으므로 공사는 한 달 걸릴 것이다.

Construction work is expected to finish by the end of this month → A month

토익 실전 마무리 정답과 대본

2 직원들은 어떤 요청을 받았는가?

(A) 계단을 올라가시오. (B) 엘리베이터를 사용하시오.

(C) 2층과 3층을 피하시오. (D) 건설 작업을 끝내시오.

정답 (B)

질문의 동사가 be asked to do로 요청 동사가 사용되었죠. 지문에는 같은 의미의 다른 단어를 찾아보면 문제를 쉽게 맞힐 수 있어요. 지문에서 건물 뒤편의 엘리베이터를 이용하라고 하였으므로 정답은 (B)예요.

you are requested to use the elevators at the back of the building
→ Use the elevators

다음 이메일을 읽고 3-5번 물음에 답하시오.

날짜:	8월 15일
보낸 사람:	Steven chan ⟨schan@prest.com⟩
받는 사람:	인사 관리 부서
제목:	워크숍

Scott 부장님이 Prest 인사팀과 8월 23일에 화상 채팅을 요청하셨습니다. 8월 24일에 우리 팀의 워크숍은 그대로 진행할 것입니다. 하지만 화상 채팅에 우선 주목해 주십시오. Scott 부장님뿐 아니라 이탈리아에서 오신 Danilow 부장님도 채팅에 참석할 것입니다. 그들은 우리의 새로운 직원들에 대해 알고 싶어 하십니다. 그들의 직무와 태도에 대한 질문에 답변을 준비하세요. 또한, 우리의 인턴이 어떻게 지내고 있는지 그들이 동기 부여되어 있는지를 알아보십시오. 저는 이메일에 질문 리스트가 담긴 PDF 파일을 보냈습니다. 나는 당신이 질문을 살펴보기를 바랍니다.

 어휘

- video chat 화상 채팅 • Human Resources team 인사팀
- take place 일어나다, 발생하다 • focus on 초점 맞추다
- In addition to 명사 명사 뿐만 아니라 • be prepared to ~를 준비하라
- attitude 태도 • find out 알아내다 • if ~인지 아닌지 • along with ~와 함께
- review 검토하다

토익 실전 마무리 정답과 대본

3 이 이메일의 목적은 무엇인가?

(A) 직원들에게 다가올 채팅에 관해 상기시키기 위해
(B) 팀에게 워크숍에 대해 말하기 위해
(C) 회사 인턴들을 동기부여하기 위해
(D) 직원들의 질문에 답하기 위해

정답 (A)
곧 조만간에 워크숍도 있을 예정이나 Scott과 Danilow 부장님과의 화상채팅에 초점을 맞춰달라고 하였으므로 글의 목적은 다가올 행사를 상기시켜 주기 위하여가 알맞다.

패러프레이징

but focus on the video chat first. → alert employees of a upcoming chat.

4 이메일에 무엇이 첨부되어 있나?

(A) Scott과 Danilow 부장님의 이메일 주소
(B) 회사 직원들의 이름
(C) 워크숍 스케줄
(D) 질문 리스트

정답 (D)
지문 다섯 번째 줄에 편지에 질문 리스트가 적혀있는 PDF 파일을 함께 보낸다고 하였다.

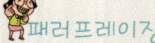패러프레이징

I am sending a PDF file with a list of questions along with this e-mail.
질문의 키워드 attach
질문에 "동봉하다" 의미의 동사가 나오면 키워드라고 생각하세요.
attach 의 동의어에는 include = send with = accompany with가 있으니 함께 암기해 두시면 좋아요.

5 화상 채팅은 언제 있을 예정인가?

(A) 8월 1일   (B) 8월 15일
(C) 8월 23일   (D) 8월 24일

정답 (C)
화상채팅이 열리는 시기는 지문 초반부에 이미 언급이 되었죠.

3 추론 유형

추론유형 문제는 지문에 간접적으로 언급된 내용을 통해 정답을 유추해내는 유형으로, 질문에 (NOT) imply, suggest, mention, indicate, most likely 등의 단어가 등장하는 질문이 주로 등장하죠. Part 7 문제 유형 중 가장 까다롭고 시간이 많이 소비되며, 정보를 종합하여 해석할 수 있는 능력을 요구하는 문제 유형이에요.

■ 빈출 문제 유형

키워드가 없는 추론 유형 (지문의 전반적인 내용을 파악해야 한다)	For whom is this memo most likely intended? 이 메모는 누구를 위한 것이겠는가? Where would the posting most likely be found? 이 게시글은 어디에서 볼 수 있겠는가?
키워드가 있는 추론 유형	What is implied about Ms. Yosimoto? Yosimoto 씨에 대해 추론할 수 있는 것은? What can be inferred about Harbour Street area? Harbour Street 지역에 관해 추론할 수 있는 것은? What Will Ms. Hu most likely do? Hu 씨는 무엇을 할 것 같은가?

■ 문제 풀이 전략

키워드가 없는 추론유형인지 키워드가 있는 추론유형인지 먼저 확인하자.

❶ 키워드가 없는 추론유형인 경우, 전반적인 내용을 파악해야만 풀 수 있으므로 제일 나중에 푸는 것이 좋아. 키워드가 없는 추론유형 중, 글의 출처를 묻는 경우(ex. Where would the posting most likely be found?)는 난이도가 낮으므로 고득점을 위하여 반드시 맞추도록 하자!

❷ 키워드가 있는 추론유형인 경우, about 이하의 키워드를 지문 속에서 찾아 알맞게 Paraphrasing 된 문장을 찾자.

추론 유형의 경우도 대부분 정답은 Paraphrasing되어 있으므로 평소에 문장을 재표현하고, 정확하게 해석하는 연습을 하자.

정답을 유도하는 접속사를 익혀두자 - However, But, Unfortunately로 시작하는 문장은 추론문제의 정답 근거 문장일 확률이 높으므로 접속사에 유의해서 해석하자.

지문 후반부에 Important, NOTE 등으로 시작하는 문장도 유의해서 읽도록 하자.

 다음 편지를 읽고 물음에 답하시오.

한국어

Pedro Publishing
55 Chinook Road
Freetown 30557

Ms. Tessa Gunter
921 Warwick Rd
Freetown 30532

3월 9일

친애하는 Gunter 씨에게

우리가 지난달에 올린 편집자 자리에 지원해주셔서 감사합니다. 우리는 꼼꼼하게 당신의 지원서를 살펴보았고 당신은 그 직책에 아주 잘 맞을 것처럼 보입니다. 당신의 지원서와 추천서가 이 같은 사실을 나타내더군요.

불행하게도, 우리는 이 직책을 당신에게 줄 수가 없어요. 우리가 당신의 지원서를 3월 5일에 받았을 때, 우리는 이미 그 직책에 맞는 다른 사람을 고용했어요. 하지만 행운을 빕니다.

진심으로,
Pedro Perilla

Q Gunter 씨에 대해 추론할 수 있는 것은?

(A) 그녀는 구직 중이다.
(B) 그녀는 경험이 없다.
(C) 그녀는 Pedro 출판사의 직원이다.
(D) 그녀는 편집자를 고용하기를 원한다.

Refer to the following letter.

영어

Pedro Publishing
55 Chinook Road
Freetown 30557

Ms. Tessa Gunter
921 Warwick Rd
Freetown 30532

March 9

Dear Ms. Gunter,

Thank you for your applying for the editing job we posted last month. We have thoroughly reviewed your application, and it seems you would be great for the position. Your experience and letters of recommendations all indicate this.

Unfortunately, we will not be able to assign this job to you. When we received your application on March 5, we had already hired someone else for the position. Still, I wish you good luck!

Sincerely,
Pedro Perilla

어휘
- apply for 지원하다 • editing 편집 • post 게시하다 • thoroughly 꼼꼼하게, 철저하게
- letters of recommendations 추천서 • assign 할당하다

Q   What is implied about Ms. Gunter?

(A) She is looking for a job.

(B) She has no experience.

(C) She is an employee at Pedro Publishing.

(D) She wants to hire an editor.

정답 (A)
Gunter 씨에게 쓰는 답장으로 첫 줄에 편집일에 지원해 주셔서 감사하다고 하였으므로 Gunter 씨가 편집자에 지원했다는 것을 알 수 있죠.

Questions 1-3 refer to the following advertisement.

4 Bedroom Townhome for Rent

This newly renovated townhome is located in Towson, a convenient five minute drive from the highway. The kitchen has new flooring, new cupboards, a dishwasher, and a pantry for extra storage space. Carpet covers all of the floor in both bedrooms located on the 3rd floor. The bedrooms feature beautiful and large closets. The master bedroom has a separate dressing area and has private access to the full bath. The bath has a large family-sized bathtub. If you are ready to move in, call Peggy Bandalay at Old Brook Realtors at: 901-555-7558.

1 What is NOT included in the advertisement?

(A) The number of bedrooms
(B) The size of the space
(C) The location of the house
(D) A description of the floors

2 What is implied about the kitchen?

(A) It is carpeted.
(B) It is the houses' largest room.
(C) It is located next to the bathroom.
(D) It was recently renovated.

3 Who most likely is Ms. Bandalay?

(A) An interior designer
(B) A real estate agent
(C) A carpenter
(D) A neighbor

 토익 실전 마무리

Questions 4-6 refer to the following advertisement.

Backyard Bistro (Restaurant)
227 Mortland Dr
Paisley, 10339

Welcome to the Backyard Bistro located in the heart of Paisley.

Situated right next to beautiful Cohen Park, the Bistro is a no-reservations restaurant serving young and old, local community members and business guests alike.

We craft simple and honest meals using fresh meat and vegetables produced right here by our local partners. The Bistro serves American, Italian, and Asian dishes that area loved by guests of all age groups.

Business Hours:
Monday - Friday 11 AM - 10 PM (Breakfast Menu: 6 AM - 10 AM)
Saturday 11 AM - 1 AM
Sunday 11 AM - 5 PM

4 What is suggested about Backyard Bistro?

(A) It requires reservations.

(B) It mostly attracts university students.

(C) It has opened recently.

(D) It serves food that children like.

5 Where does the restaurant buy its ingredients?

(A) Italy
(B) Asia
(C) Paisley
(D) Cohen Park

6 When is it NOT possible for a customer to get breakfast?

(A) Monday
(B) Tuesday
(C) Thursday
(D) Sunday

토익 실전 마무리 정답과 대본

다음 광고를 읽고 1-3번 문제를 푸시오.

타운 홈 방 4개짜리 빈집 있음

새로 수리된 타운홈은 고속도로에서 운전해서 5분 거리의 편리한 곳인 Towson 지역에 위치하고 있다. 주방은 바닥을 새로 깔았고, 찬장도 새것이며, 식기세척기와 추가 저장공간을 위한 식료품 저장실도 있습니다. 카펫은 3층에 있는 두 개의 방 전체에 깔려있습니다. 방들은 아름답고 큰 벽장을 특징으로 합니다. 가장 큰 방은 독립된 드레스 룸과 목욕을 위한 개인 공간을 가지고 있습니다. 욕실에는 가족 사이즈의 욕조가 있습니다. 당신이 이사를 갈 준비가 되었다면 901-555-7558 으로 Old Brook 부동산의 Peggy Bandalay에게 전화 주세요.

어휘
- newly 새롭게 •renovated 개조된 •convenient 편리한
- five minute drive 운전해서 5분 거리 •cupboards 찬장 •dishwasher 식기세척기
- pantry 식료품 저장소 •Carpet 카페트 •feature ~을 특징으로 하다 •closet 벽장
- separate 독립된, 별도의 •bathtub 욕조

1. 광고에 포함되지 않은 것은?
(A) 방의 개수
(B) 공간 사이즈
(C) 집의 위치
(D) 바닥에 대한 설명

정답 (B)
제일 처음 4 bedrooms라고 하였으므로 방은 총 4개인 것을 알 수 있고 (A), 집의 위치는 Towson에 위치하고 있다고 하였으므로 (C)도 나왔죠. 바닥에 대해서는 주방 바닥은 새로 깔았으며 3층 방 두 개는 모두 카페트가 깔려있다고 하였으니 (D)도 오답이죠.

2. 주방에 대해 추론할 수 있는 것은?
(A) 카펫이 깔려 있다.
(B) 집에서 제일 큰 공간이다.
(C) 화장실 옆에 있다.
(D) 최근에 수리되었다.

정답 (D)
지문 두 번째 줄에서 주방은 바닥을 새로 깔았고, 새 찬장이 있다고 하였으므로 전체적으로 보수가 되어있음을 유추할 수 있죠.

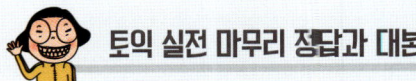 토익 실전 마무리 정답과 대본

3 Bandalay 씨는 누구일 것 같은가?
(A) 인테리어 디자이너 (B) 부동산 중개업자
(C) 목수 (D) 이웃

정답 (B)
Bandalay 씨는 지문 후반부에 나오는데 이사갈 준비가 되면 연락을 달라고 한 것으로 보아 부동산 중개인임을 알 수 있어요.

※ 다음 광고를 읽고 4-6번 문제를 푸시오.

Backyard Bistro (Restaurant)
227 Mortland Dr
Paisley, 10339

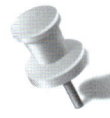

Paisley의 중심부에 위치한 Backyard Bistro에 오신 것을 환영합니다.

아름다운 Cohen 공원 바로 옆에 위치한 그 식당은 예약을 받지 않는 레스토랑으로 남녀노소, 지역 단체 멤버들과 직장인 모두에게 음식을 서비스합니다.

우리는 우리의 지역 파트너에 의해 바로 이곳에서 길러진 신선한 고기와 채소를 사용하여 단순하지만 정직한 음식을 만듭니다. 그 비스트로는 모든 그룹의 손님들에 의해 사랑받는 미국, 이탈리아, 아시아의 음식을 서비스합니다.

영업 시간
월 ~ 금: 11 AM ~ 10 PM (아침 메뉴: 6 AM ~ 10 AM)
토요일: 11 AM ~ 1 AM
일요일: 11 AM ~ 5 PM

 어휘
• welcome 환영하다 • located ~에 위치된 • in the heart of ~의 중심부에 • alike 똑같이
• craft 공예품을 만들다, 공들여 만들다 • honest 정직한 • meal 끼니, 식사 • meat 고기
• vegetable 채소 • produced 생산된 • local 지역의

4 Backyard Bistro에 대해 추론할 수 있는 것은?

(A) 예약을 필요로 한다.
(B) 주로 대학생들이 많이 찾는다
(C) 최근에 오픈했다.
(D) 아이들이 좋아할 만한 음식이 있다.

정답 **(D)**
지문 첫 단락 둘째 줄에 어리거나 나이 든 사람 모두에게 어울리는 음식을 제공한다고 하였으므로 아이들이 좋아할 만한 메뉴도 있다는 것을 추론할 수 있죠. (the Bistro is a no-reservations restaurant serving young and old, local community members and business guests alike.)

5 그 레스토랑은 어디에서 재료를 구매하는가?

(A) Italy
(B) Asia
(C) Paisley
(D) Cohen 공원

정답 **(C)**
두 번째 단락 첫 번째 줄에서 Backyard Bistro가 지역에서 생산되는 신선한 재료를 사용한다는 것을 알 수 있다. (We craft simple and honest meals using fresh meat and vegetables produced right here by our local partners.) 그런데 제목 밑에 지역의 위치가 Paisely라고 하였으므로 정답은 (C)예요.

6 고객들이 아침 식사를 하는 것이 불가능한 때는 언제인가?

(A) 월요일
(B) 화요일
(C) 목요일
(D) 일요일

정답 **(D)**
영업시간에서 아침 메뉴는 월 ~ 금요일에만 판매되므로 일요일에는 아침 식사는 불가능하지요.

Lesson 19

PART 7

Single Passage 질문 유형 2

1. 의도 파악 유형
2. 문장 삽입 유형
3. 동의어 파악 유형

엣지만의 학습 목표

이런 것을 배워요~

1. 의도 파악 유형을 익히고 문제 푸는 요령을 알 수 있어요.
2. 어려운 문장삽입 유형의 키워드를 찾을 수 있어요.
3. 동의어 파악 유형 중 문맥상 파악하며 풀기를 반드시 익혀보아요.

1 의도 파악 유형

토익이 신토익으로 변화하면서 추가된 유형이야. 특히 의도 파악 유형의 질문은 문자 메시지 지문과 온라인 채팅 지문에만 등장하는 질문 유형이에요. 각 지문에 1군제씩 총 2문항이 출제되죠.

의도 파악 유형의 문제에는 구어체 표현이 많이 나오므로 평소에 구어체 표현을 많이 익혀 두면 도움이 될 거예요.

■ 빈출 문제 유형

의도 파악 유형	At 8:52 a.m., what does Emily most likely mean when she wrtes, "Finally, did you?" 오전 8시 52분에, Emily가 "드디어, 당신이 했어요?"라고 쓴 의도는 가장 무엇일 것 같은가? At 10:08 p.m., what does Mr. Kim mean when he writes, "OK, Let's meet there"? 오후 10시 8분에, Kim 씨가 "좋아요, 거기에서 만납시다."라고 쓴 의미는 무엇인가?

■ 문제 풀이 전략

- 다른 지문과 달리 구어체 표현이 종종 등장하므로 평소에 여러 매체를 통해 이런 표현들에 익숙해지도록 하세요.
- 해당 어구를 직역하지 말고 전후 문장과의 맥락과 인과관계 등을 파악하세요.
- 질문 전의 대화의 흐름과 질문 후의 응답이 어떻게 전개되는가 파악하세요.

Question 1 refers to the following online chat discussion.

Online Chat

Mandy Lecoustre   10:12 a.m.
Hi team. I was wondering if you could tell me how the London project is going. If there are any problems, please let me know.

Paul Bowman   10:14 a.m.
Thanks, Mandy. As a matter of fact, I've been having a bit of trouble with the workload. Since I don't have much experience in this field, could anyone give me a hand on this?

Mandy Lecoustre   10:15 a.m.
I see. Alex, I know your last project was somewhat similar to this one. How is your day looking? Got some extra time to help out?

Alex Streetman   10:16 a.m.
Actually, I think it's going to be a pretty hectic day with all the meetings and urgent reports.

Mandy Lecoustre   10:17 a.m.
OK, don't worry about it then. I'll just take over the paperwork part of the project. Can you handle just the client communications please, Paul?

Paul Bowman   10:17 a.m.
Yes, I'm on it. Thank you!

1 At 10:17 a.m., what does Ms. Lecostre mean when she writes "OK, don't worry about it then"?

(A) She does not want Mr. Streetman to be worried about the urgent reports.

(B) She is concerned that Mr. Bowman is not going to finish the project on time.

(C) She wants to make sure her team members are comfortable with the project.

(D) She does not think Mr. Streetman's involvement in Mr. Bowman's project is necessary.

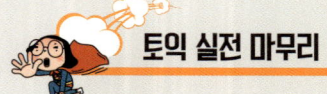

Questions 2-3 refer to the following text-message chain.

Matthew Phillips [01:43 p.m.]

Hi Leonard, I went over the article you submitted last night. I think it's excellent but I made some small comments here and there for possible revisions. I e-mailed it back to you so you can check it out.

Leonard Cooper [01:44 p.m.]

Yeah? It's going to be a while until I can check my e-mails though. A quick summary, please?

Matthew Phillips [01:46 p.m.]

Sure. You've referred to everyone by their first name, but this doesn't fit our guidelines. They should all be changed to either full or last names.

Leonard Cooper [01:47 p.m.]

Got it. I'll make sure to do that.

Matthew Phillips [01:49 p.m.]

Another thing is that the third paragraph could probably use some reference documents to be more convincing.

Leonard Cooper [01:52 p.m.]

That will take a bit of time as I need to research more. But I'll make sure to give you the final draft by tonight.

Matthew Phillips [01:55 p.m.]

Great. And lastly, I hope you don't mind that I deleted some sentences from the final two paragraphs and merged them.

Leonard Cooper [01:56 p.m.]

Of course not! I'll let you know when I send you the revision. Thanks!

토익 실전 마무리

2 What problem does Mr. Cooper mention?

(A) He is unable to conduct more research to provide better supporting arguments.

(B) He has to get more books in order to use reference documents.

(C) He does not have immediate access to the edited version of the article.

(D) He noticed some elements in the article that do not follow the guidelines.

3 At 01:56 p.m., what does Mr. Cooper mean when he writes "Of course not"?

(A) He believes it is impossible for him to send the final version later that day.

(B) He wants Mr. Phillips to finish writing the article for him.

(C) He agrees that the extra research is necessary.

(D) He appreciates what Mr. Phillips did regarding the document.

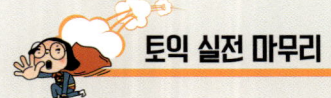

Questions 4-6 refer to the following online chat discussion.

Scarlet Bateman	6:12 p.m.
Thomas, my flight landed in Paris just an hour ago and I've just met up with Kayla, the area manager of France and Germany.	
Thomas Johansson	6:13 p.m.
Good! I see on your itinerary that you will be having a meeting with Mr. Kawasaki when he arrives there tomorrow.	
Scarlet Bateman	6:14 p.m.
Yes, that's right. But I just realized that we made a dinner reservation without considering his diet restrictions.	
Thomas Johansson	6:15 p.m.
No vegetarian dishes? Hmm, we'd better change that. Don't worry. I'm on it.	
Adrian Sweeney has been invited to the conversation. [6:16 p.m.]	
Thomas Johansson	6:17 p.m.
Adrian, could we change our dinner appointment to a different restaurant that is vegetarian-friendly? And keep the location close to the original place.	
Adrian Sweeney	6:20 p.m.
Sure, not a problem. Actually, the restaurant right next door is famous for fresh vegetarian dishes. And I just got us a reservation for the same time, at 7.	
Scarlet Bateman	6:21 p.m.
Way to go! Please make sure to send us all the information about it including the time, location, and the menu.	
Thomas Johansson	6:22 p.m.
Scarlet, don't worry. I will relay everything to you. You can also call me whenever you need support.	
Scarlet Bateman	6:23 p.m.
Thank you! I will report to you if there are any changes.	

토익 실전 마무리

4   Who most likely is Mr. Johansson?

   (A) An airport security guard   (B) A restaurant manager

   (C) An area manager   (D) A team supervisor

5   Why most likely was Mr. Sweeney added to the discussion?

   (A) To change the restaurant's menu

   (B) To make amends to a meeting venue

   (C) To send his coworkers information

   (D) To learn about the change in a travel

6   At 6:21 p.m., what does Ms. Bateman mean when she writes, "Way to go"?

   (A) She is glad to hear that Mr. Kawasaki can make it on time at 7.

   (B) She believes it to be a fantastic way to make a reservation.

   (C) She wants to know if she could get the food to go.

   (D) She is pleased about Mr. Sweeney's progress so far.

토익 실전 마무리 정답과 대본

다음 온라인 채팅을 읽고 1번 문제를 푸시오.

Online Chat

Mandy Lecoustre   오전 10:12
안녕하세요. 팀 여러분, 런던 프로젝트가 어떻게 진행되고 있는지 궁금하네요. 혹시, 문제가 있다면, 저에게 알려주세요.

Paul Bowman   오전 10:14
감사합니다, Mandy 씨. 사실, 저는 업무에 약간의 문제를 가지고 있어요. 제가 이 분야에 경험이 많지 않기 때문에 저를 도와주실 분이 계신가요?

Mandy Lecoustre   오전 10:15
알겠습니다. Alex, 당신의 마지막 프로젝트와 이와 비슷했던 거로 아는데요. 요즘 당신의 일과가 어떤가요? 도와줄 만한 여유 시간이 있나요?

Alex Streetman   오전 10:16
사실, 모든 미팅과 급한 리포트 제출로 꽤 바쁘게 지내고 있어요.

Mandy Lecoustre   오전 10:17
알겠어요. 걱정 마세요. 그러면 제가 그 프로젝트의 서류 부분을 인계받겠어요. 폴, 고객 업무를 맡아줄 수 있겠어요?

Paul Bowman   오전 10:17
그렇게 하겠어요. 고마워요.

어휘

- wonder 궁금하다 • how is ~~ • going? ~~이 어떻게 되어가는가?
- let me know 나한테 알려주세요. • as a matter of fact 사실
- a bit of trouble 약간의 문제 • workload 업무 • experience 경험 • field 분야
- give me a hand 나를 도와주세요. • somewhat 다소, 약간 • similar to ~과 유사한
- How is your day looking? 요즘 당신의 일과가 어떻습니까? • extra 여분의
- pretty 꽤, 다소, 약간 • hectic 바쁜 • take over 떠맡다, 인수하다
- paperwork 서류 업무 • handle 다루다 • I'm on it. 그렇게 하겠습니다.

토익 실전 마무리 정답과 대본

1 오전 10:17에, Lecoustre 씨가 "알겠어요. 걱정 마세요."라고 썼을 때, 무엇을 의미하였나?

(A) 그녀는 Streetman 씨가 그의 급한 리포트에 대하여 걱정하기를 원하지 않는다.

(B) 그녀는 Bowman 씨가 그 프로젝트를 제시간에 끝내지 못하게 될 것을 걱정한다.

(C) 그녀는 그녀의 팀이 프로젝트에 대해 편안하게 느끼기를 원한다.

(D) 그녀는 Bowman 씨의 프로젝트에 Streetman 씨의 개입이 꼭 필요하다고 생각하지 않는다.

> 정답 (D)
> 그녀는 "걱정 마세요."라고 말한 뒤 자신이 서류 부분을 담당하겠다고 이야기하죠. 그것으로 유추해보건대 Streetman 씨가 도와주지 않아도 일을 해결할 수 있다는 의미가 되므로 Streetman 씨가 꼭 필요하다고 생각하지 않는다고 유추할 수 있죠.

다음 문자를 읽고 2-3번 문제를 푸시오.

 Matthew Phillips [오후 01:43]

안녕하세요. Leonard, 어젯밤에 당신이 제출한 기사를 살펴보았습니다. 기사는 매우 훌륭하지만 여기저기 수정이 필요한 부분에 약간의 코멘트를 달았어요. 당신이 살펴볼 수 있도록 당신에게 이메일을 보냈어요.

Leonard Cooper [오후 01:44]

그래요? 내가 이메일을 확인하기까지 약간의 시간이 걸릴 예정이에요. 짧게 요약해주실 수 있으세요?

 Matthew Phillips [오후 01:46]

물론이죠. 당신은 모든 사람들을 이름으로 언급했는데 이것은 우리의 가이드라인에 맞지 않아요. 성과 이름 전체로 혹은 성으로 변경되어야 합니다.

Leonard Cooper [오후 01:47]

알겠어요. 수정할게요.

 Matthew Phillips [오후 01:49]

또 다른 하나는 세 번째 단락을 더 확실히 하기 위하여 참고문헌을 사용할 수 있을 것 같아요.

Leonard Cooper [오후 01:52]

그것은 제가 조사해야 하므로 시간이 조금 걸릴 것 같아요. 하지만 저는 오늘 밤까지 마지막 초안서를 당신에게 보내겠어요.

Lesson 19

토익 실전 마무리 정답과 대본

Matthew Phillips [오후 01:55]
좋아요. 그리고 마지막으로, 제가 마지막 두 단락에서 몇 줄을 삭제하고 하나의 단락으로 합친 것에 대해 마음 상하지 않길 바라요.

Leonard Cooper [오후 01:56]
물론, 그렇지 않죠. 제가 수정본 보내고 연락드릴게요. 감사합니다.

어휘
- excellent 훌륭한 • comment 의견, 코멘트 • check out 확인하다 • summary 요약
- refer to 언급하다 • first name 이름 • last name 성 • convincing 확실한
- take time 시간이 걸리다 • research 조사, 조사하다 • lastly 마지막으로 • mind 꺼리다
- delete 삭제하다 • merge 합병하다, 통합하다

2 Cooper 씨가 무슨 문제를 언급했는가?
(A) 그는 논제를 더 잘 뒷받침할 만한 추가 조사를 시행할 수 없다.
(B) 그는 참고 서류를 사용하기 위하여 더 많은 책을 구입해야 한다.
(C) 그는 기사의 편집본을 즉시 이용할 수 없다.
(D) 그는 가이드라인에 맞지 않는 기사의 몇몇 내용을 알게 되었다.

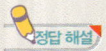
정답 **(C)**
오후 01:44에 Cooper 씨가 지금 당장 이메일을 열어볼 수 없으니 간단하게 요약해서 말해달라고 하고 있으므로 편집된 내용을 지금 볼 수 없다는 내용이 정답이 되어야 하죠.

3 오후 01:56에 Cooper 씨가 "물론 그렇지 않죠"라고 썼을 때, 무엇을 의미하는가?
(A) 그는 그날 더 늦게 마지막 버전을 보내는 것이 불가능하다고 생각한다.
(B) Phillips 씨가 그를 위해 기사 쓰는 것을 마무리해 주기를 원한다.
(C) 그는 추가 조사가 필요하다는 것에 동의한다.
(D) 그는 Phillips 씨가 그 서류에 관해 한 행동에 감사한다.

정답 **(D)**
동사 mind가 "~을 싫어하다, 꺼리다"라는 의미이므로 "Of course not"이라고 대답을 하면 "물론, 싫지 않다"라는 의미가 되죠. 그러므로 Cooper 씨는 Phillips 씨가 한 행동에 기분 나빠하지 않고 있다는 것을 알 수 있어요.

 **토익 실전 마무리 정답과 대본**

다음 온라인 채팅을 읽고 4-6번 물음에 답하시오.

Scarlet Bateman   오후 6:12
Thomas, 내 비행기가 한 시간 전에 파리에 도착했고, 지금 막 독일과 프랑스의 지역 매니저인 Kayla를 만났어요.

Thomas Johansson   오후 6:13
좋아요. 나는 Kawasaki 씨가 내일 그곳에 도착할 때 미팅이 있는 것을 일정표를 봐서 알고 있어요.

Scarlet Bateman   오후 6:14
네, 맞아요. 하지만 우리가 그의 식단 제한을 고려하지 않고 저녁 예약을 한 것을 깨달았어요.

Thomas Johansson   오후 6:15
채식주의자 식단이 없나요? 음… 변경하는 것이 좋겠군요. 걱정 말아요. 제가 할게요.

Adrian Sweeney가 대화에 초대되었습니다. [오후 6:16]

Thomas Johansson   오후 6:17
Adrian, 우리가 채식주의자 위주의 다른 식당으로 저녁 약속을 변경할 수 있나요? 그리고 원래 장소와 가까운 위치를 유지해주세요.

Adrian Sweeney   오후 6:20
물론이죠. 문제없어요. 사실, 바로 옆 레스토랑이 채식주의 식사로 유명해요. 같은 시간인 7시로 예약했어요.

Scarlet Bateman   오후 6:21
좋아요. 우리에게 시간, 위치 그리고 메뉴를 포함한 모든 정보를 보내주세요.

Thomas Johansson   오후 6:22
Scarlet, 걱정 말아요. 내가 모든 것을 당신에게 전달해 줄게요. 도움이 필요할 때면 언제든지 전화하세요.

Scarlet Bateman   오후 6:23
고마워요. 변경사항이 있으면 알려드릴게요.

토익 실전 마무리 정답과 대본

어휘
- landed in ~에 도착하다 • itinerary 여행일정표 • realize 깨닫다 • without ~없이
- diet 식단 • restriction 제한, 제약 조건 • vegetarian 채식주의자 • dishes 식사
- we'd better change that 우리는 그것을 바꾸는 편이 좋겠다. • I'm on it 제가 할게요
- appointment 약속 • vegetarian-friendly 채식주의자 위주의 • close to ~에 가까운
- next door 옆집 • famous for ~로 유명한 • including ~을 포함하여
- whenever ~할 때마다

4 Johansson은 누구일 것 같은가?

(A) 공항 안전 요원 (B) 레스토랑 매니저
(C) 지역 매니저 (D) 팀 감독관

정답 (D)
출장을 떠난 Scarlet의 현지 업무의 어려움을 도와줄 뿐 아니라 그녀의 여행 일정표를 보고 있으므로 Scarlet의 상사임을 유추할 수 있죠. 그러므로 팀 감독 정도로 그의 직업을 유추해 볼 수 있죠.

5 Sweeney 씨는 토론에 왜 추가되었을 것 같은가?

(A) 레스토랑의 메뉴를 변경하기 위하여
(B) 미팅 장소를 변경하기 위하여
(C) 그의 동료들에게 정보를 전달하기 위하여
(D) 여행에서의 변경사항을 알리기 위하여

정답 (B)
Sweeney 씨가 초대된 이후로 Johansson이 Sweeney에게 채식주의자 위주의 식당으로 레스토랑을 변경해 달라고 요청하고 있으므로 Sweeney 씨는 장소를 변경하기 위해 초대된 사람임을 유추할 수 있어요.

토익 실전 마무리 정답과 대본

6 오후 6:21에, Bateman 씨가 "좋아요"라고 썼을 때 무엇을 의미하는가?

(A) 그녀는 Kawasaki 씨가 7시 정각에 올 수 있다는 것을 듣고 기쁘다.

(B) 그녀는 예약을 하는 것이 좋은 방법이라고 믿는다.

(C) 그녀는 음식을 포장해 갈 수 있는지 없는지 알고 싶어 한다.

(D) 그녀는 지금까지의 Sweeney 씨의 일 진행에 대해 기쁘다.

정답 (D)

Sweeney 씨는 요청받은 문제를 바로 처리해 주었고(채식주의자 위주의 식당으로 변경), 시간도 동일 시간으로 변경을 해주었죠. 그 이후에 Bateman 씨가 "좋아요"라고 말했으므로 Sweeney 씨의 일처리에 만족했다는 것을 알 수 있어요.

2 문장 삽입 유형

이 유형도 신토익에 처음 등장하는 유형으로 매회 2문항씩 출제돼요. 주로 기사문과 이메일에 출제되고, 항상 마지막 문제로 출제돼요. 지문의 흐름을 파악하여 따옴표(" ") 안의 문장이 들어갈 위치를 찾는 문제로 지문 흐름에서 단절된 부분을 찾는 것이 관건이지요.

■ 빈출 문제 유형

Q 〔한국어〕

표시된 [1], [2], [3] 그리고 [4]번 중, 다음 문장이 가장 잘 어울리는 곳은?

> "그것은 우리 거주민들에게 수천개의 일자리를 제공해 줄 수 있는 세 번째 공장이 될 것이다."

(A) [1]　　(B) [2]　　(C) [3]　　(D) [4]

〔영어〕

In which of the positions marked [1], [2], [3] and [4] does the following sentence best belong:

> "It will be the third plant which can provide thousands of job opportunities to our residents."

(A) [1]　　(B) [2]　　(C) [3]　　(D) [4]

■ 문제 풀이 전략

• 주어진 문장을 먼저 읽고, 접속사나 대명사 등의 단서를 파악한다.

《 문장삽입 유형의 단서 》

❶ 연결사: also, however, yet, but, therefore 등으로 이런 접속사 뒤의 앞뒤의 글의 흐름을 파악하면 정답을 찾기 쉬워요.

❷ 대명사와 지시사: this, that, he, she, it, they, others, such 등의 대명사와 지시사는 반드시 앞 문장에 이들이 지칭하는 단어가 있어야 해요. 대명사와 지시사가 지칭하는 명사를 찾으면 글의 흐름이 자연스럽게 파악되죠.

❸ 시간순서: before, prior to, after 등의 표현으로 글의 앞뒤 관계를 따져보면 주어진 문장이 들어가야 하는지 아닌지를 알 수 있어요.

❹ 수량: both, four more 등 글의 흐름을 파악해야 하는 문제인 만큼, <u>반드시 빈칸 앞뒤의 문장을 모두 읽어</u> 글의 흐름이 단절된 곳이 있는가를 파악해야 해요.

Question 1 refer to the following letter.

Dear Mr. Young,

As you may well know, I have been a loyal customer to Cafe Papas for the past five years. I probably drop by every 2-3 days for a cup of coffee, a bagel sandwich, or both. While most of my visits to your cafe have put a smile on my face, I am afraid I cannot say the same about my breakfast this morning. —[1]—.

As usual, I went to pick up a sandwich and a cup of coffee on the way to work. Interestingly, I was handed two sandwiches and a coffee with a receipt for them. —[2]—. I gave back one sandwich and talked to your cashier. She apologized, then told me that she would give me a refund for the extra sandwich. —[3]—. I checked the receipt when I got home to realize I ended up getting overcharged. —[4]—.

I understand that the cafe is very busy in the morning but I had never had anyone at Cafe Papas make such a mistake. I would like a refund of $1.20 for the extra coffee. To be honest, since the amount is so small, it doesn't really bother me. But I thought, as a long-time customer, I should alert you so that the staff member does not repeat the same error.

I will drop by the cafe tomorrow morning, so I hope to get a response from you on this.

Thank you.
Jamie Lannister

1 In which of the positions marked [1], [2], [3] and [4] does the following sentence best belong:

"However, it seems that she accidentally rang up an extra coffee after taking off the sandwich"?

(A) [1]   (B) [2]   (C) [3]   (D) [4]

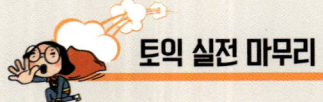

Questions 2-4 refer to the following e-mail.

Date:	10 November
From:	monica_firth@hillstone.com
To:	collinfincher@globaltourism.org
Subject:	Business suggestion

Dear Mr. Fincher,

I would like to thank you and your company for the wonderful tour my staff members were provided with last month. Since they went on the trip as a reward for their excellent performance, our expectations for the services were high. Yet, Global Tourism still managed to meet all the criteria and some more. Many said the guides were very knowledgeable of the history and interesting stories behind beautiful spots.

It is because of these opinions that Hillstone Corporation has decided to reach out to you for possible future business opportunities together. We offer our employees yearly trips to countries nearby as a reward for excellent performance, and we would like Global Tourism to be take charge of planning for these trips. —[1]—. If you could send us the tour package plans to China, Japan, Vietnam and Cambodia by next Friday, it would be amazing. —[2]—. Also, please include a summary of the pros and cons of each package on top of the quotation page. —[3]—.

If your company can take this offer, please contact me at this address and send everything as an attachment. —[4]—. I look forward to hearing good news from you.

Thank you in advance.

Monica Firth
Human Resources Manager
Hillstone Corporation

토익 실전 마무리

2 What is suggested about Hillstone Corporation?

(A) It provides great tour guides to its customers.

(B) Its employees have to be knowledgeable of different countries.

(C) Its employees get complimentary trips under certain circumstances.

(D) It sends out the staff members to different branches in the world.

3 What is NOT indicated about Ms. Firth?

(A) She wants Mr. Fincher to choose the best plan out of the options she suggested.

(B) She is satisfied with the service Mr. Fincher had provided.

(C) She sees a potential business partnership in Global Tourism.

(D) She is in charge of hiring competent candidates.

4 In which of the positions marked [1], [2], [3] and [4] does the following sentence best belong:

> "Additionally, we would like the pricing quotations for each trip for the maximum of 30 people."

(A) [1]   (B) [2]   (C) [3]   (D) [4]

Questions 5-7 refer to the following article.

Writing a Successful Résumé

There's a saying that success means doing what others won't. That's especially true when it comes to résumé writing. Many employers receive over a hundred resumes for a single job opening but many of them aren't even from qualified candidates. With that much competition, how is it even possible to get the employer's attention? By sticking to the following rules:

Superb Organization. Your resume should present the strong points in a logical order with a clean layout that's easy to grasp. Additionally, for experienced job seekers, place your summary of the last experience at the top, not the first experience.

Accuracy. Your résumé is not just a list of your qualifications. —[1]—. It's also assumed to be an example of your best, most careful work. —[2]—. That's a bad message to send. —[3]—. Eliminate all imperfections from your résumé and enlist the help of at least one of your acquaintances to proofread it. —[4]—.

Customization. You don't have to write a new one every time you apply for another job. However, you should take your master draft and edit it slightly for every job. Tailor your summary of qualifications to use the same terminology, in the same order the employer used in the job posting.

The government provides more detailed information for job seekers at www.jobs.gov.

토익 실전 마무리

5. What is the purpose of the article?

(A) To advertise a program
(B) To give guidance
(C) To organize an idea
(D) To introduce a program

6. What is true about writing good résumés?

(A) They should have enough flair for the dramatic.
(B) They should not need modifications for different jobs.
(C) The most recent part of one's career history should be located on top.
(D) Some imperfections should be present if they show your personality.

7. In which of the positions marked [1], [2], [3] and [4] does the following sentence best belong:

> "A typo, for instance, tells the hiring manager you're not that attentive to detail."

(A) [1]   (B) [2]   (C) [3]   (D) [4]

토익 실전 마무리 정답과 대본

다음 편지를 읽고 1번 문제를 푸시오.

친애하는 Young 씨에게

당신도 아시다시피, 저는 Cafe Papas의 지난 5년 동안 단골 고객이에요. 나는 아마도 일주일에 2, 3일 커피나 베이글 샌드위치 혹은 둘 다를 사러 들립니다. 카페를 내가 방문할 때마다 거의 대부분 제 얼굴에 웃음이 번지는 반면, 오늘 아침 저의 아침 식사에 대해서는 똑같다고 말할 수 없네요. —[1]—.

평상시처럼, 저는 출근길에 커피 한 잔과 샌드위치를 사러 갔습니다. 흥미롭게도, 영수증과 함께 두 개의 샌드위치와 커피 한 잔을 받았어요. —[2]—. 저는 샌드위치 한 개를 돌려주면서 점원에게 이야기했어요. 그녀는 사과했고, 그때, 나에게 여분의 샌드위치 가격을 환불해 주겠다고 말했어요. —[3]—. 나는 영수증을 돌려받고 집에 돌아와서야 금액이 더 많이 청구되었다는 것을 알게 되었죠. —[4]—.

저는 카페가 오전 시간에 바쁘다는 것을 이해하지만, Cafe Papas에서 이와 같은 실수를 하는 사람을 만난 적이 없어요. 1.2달러의 추가 커피에 대한 환불을 받고 싶어요. 솔직히, 이 금액은 너무 적어서 제게 문제 되지 않아요. 하지만, 오랜 단골 고객으로써, 저는 직원들이 같은 실수를 반복하지 않기 위하여 당신에게 알려야만 했어요.

내일 오전에 카페에 잠시 들르겠어요. 이에 대해 당신의 대답을 듣고 싶어요.

감사합니다.
Jamie Lannister

어휘
- a loyal customer 단골 고객 • past 지난 • drop by 잠시 들르다
- put a smile on my face 나의 얼굴에 미소를 띄우다 • afraid 두려운
- on the way to work 출근길에 • Interestingly 흥미롭게도 • receipt 영수증
- give back 돌려주다 • apologize 사과하다, 용서를 구하다 • refund 환불
- extra 여분의 • ended up ~ing 결국 • ~ing 하게 되다 • bother 방해하다, 짜증 나게 하다
- alert 경고하다 • response 응답, 대답

1 표시된 [1], [2], [3] 그리고 [4]번 중, 다음 문장이 가장 잘 어울리는 곳은?

"그러나, 그녀는 샌드위치를 받은 후에 실수로 추가 커피를 입력한 것처럼 보여요."

(A) [1]   (B) [2]   (C) [3]   (D) [4]

정답 (C)

삽입문 안의 however(그러나)와 after taking off the sandwich(샌드위치를 돌려받은 후)가 키워드에요. 우선, 샌드위치를 돌려받았다고 하였으므로 빈칸 앞에는 샌드위치를 돌려주는 내용이 나와야만 해요. [3] 앞의 문장 She apologized, then told me that she would give me a refund for the extra sandwich는 "그녀가 여분의 샌드위치 가격을 환불해주겠다고 말했다"라는 의미이므로 [3] 뒤에 삽입문이 들어가는 것이 가장 알맞아요.

다음 이메일을 읽고 2-4번 문제를 푸시오.

날짜:	1월 10일
보낸 사람:	monica_firth@hillstone.com
받는 사람:	collinfincher@globaltourism.org
주제:	사업 제안

친애하는 Fincher 씨에게

나는 당신과 당신의 회사에게 지난달 우리 직원들이 받은 훌륭한 여행에 대해 감사를 드리고 싶습니다. 그들은 훌륭한 직무의 보상으로 여행을 간 것이기 때문에 서비스에 대한 우리의 기대는 높았습니다. 그러나, Global 여행사는 여전히 모든 기준을 만족시키고 기대 이상이었습니다. 많은 사람들은 가이드가 역사에 매우 박식하고 아름다운 장소에 대한 흥미로운 뒷이야기를 많이 알고 있다고 말했습니다.

이러한 의견을 이유로, Hillstone 회사는 미래의 사업 기회를 제안하기 위하여 당신에게 연락하기로 결정했습니다. 우리는 직원들에게 매년 훌륭한 직무에 대한 보상으로 근처 국가들로 여행을 제공합니다. 그리고 우리는 Global 여행사가 이러한 여행들의 계획을 책임져 주기를 바랍니다. ―[1]―. 만약 당신이 중국, 일본, 베트남 그리고 캄보디아에 대한 투어 패키지 계획을 다음 주 금요일까지 보내준다면 놀라울 것입니다. ―[2]―. 또한, 견적서 제일 위 각 페이지마다 장단점의 요약본을 포함시켜 주십시오. ―[3]―.

당신의 회사가 이 제안을 받아들인다면, 이 주소로 제게 연락주시고 모든 첨부서류를 보내주십시오. ―[4]―. 나는 당신으로부터 좋은 소식을 기다리겠습니다.

미리 감사드리며,

Monica Firth
인사과 매니저
Hillstone 회사

토익 실전 마무리 정답과 대본

어휘
- would like to ~하고 싶다 • wonderful 훌륭한 • go on the trip 여행 가다 • reward 보상
- performance 업무 • expectation 기대 • meet 만족시키다, 충족시키다
- criteria criterion의 복수 기준, 표준 • knowledgeable 박식한 • behind ~의 뒤에
- reach out 연락하다 • nearby 근처의 • take charge of 책임지고 있다. • summary 요약본
- pros and cons 장단점 • quotation 견적서, 인용문 • take 취하다, 받아들이다
- contact 연락하다 • attachment 첨부 • look forward to 기대하다

2 Hillstone 회사에 대해 알 수 있는 것은?

(A) 그곳은 고객들에게 훌륭한 투어 가이드를 제공한다.

(B) 직원들은 다른 나라에 대해 박식해야 한다.

(C) 직원들은 어떤 환경에서는 무료 여행을 받는다.

(D) 직원들을 해외의 다른 지사로 파견한다.

정답 (C)

Hillstone 회사의 직원들은 훌륭한 업무에 대한 보상으로 무료 여행을 제공받고 있다는 내용이 지문 첫 단락 둘째 줄에 (Since they went on the trip as a reward for their excellent performance) 나와 있어요.

3 Firth 씨에 대해 알 수 없는 것은?

(A) 그녀는 Fincher 씨가 그녀가 제안한 선택사항 중에 가장 좋은 계획을 고르기를 원한다.

(B) 그녀는 Fincher 씨가 제공한 서비스에 만족한다.

(C) 그녀는 Global 여행사에서 잠재적 사업 파트너십을 본다.

(D) 그녀는 유능한 지원자를 고용하는 일을 책임지고 있다.

정답 (A)

그녀는 Fincher 씨가 의견을 제시해 주기를 바라고 있으므로 (A)번이 오답이죠. (B)의 내용은 지문 첫 단락 첫 번째 줄 (I would like to thank you and your company for the wonderful tour my staff members were provided with last month.)에서 Fincher 씨가 제공한 서비스에 대해 아주 만족하고 있다는 것을 알 수 있고, (C)는 두 번째 단락 (Hillstone Corporation has decided to reach out to you for possible future business opportunities together.)에서 미래의 파트너가 되기를 바란다고 하였죠. (D)는 맨 마지막 그녀의 직책이 Human Resources Manager인 것을 감안해 보면 직원을 채용하는 일을 담당하고 있다는 것을 유추할 수 있어요.

# 토익 실전 마무리 정답과 대본

4 표시된 [1], [2], [3] 그리고 [4]번 중, 다음 문장이 가장 잘 어울리는 곳은?

"더욱이, 우리는 최대 30명까지의 각 여행에 대한 가격 견적서를 원합니다."

(A) [1] (B) [2] (C) [3] (D) [4]

정답 (B)

삽입문 안에 30명까지 "견적서"를 받아보고 싶다는 말에서 견적서(quotations)가 키워드예요. 2 뒤에 매 견적서 위에 장단점의 요약본을 넣어달라고 하였으므로 [2]번 앞에 들어가는 것이 글의 흐름상 좋아요.

다음 기사를 읽고 5-7번 문제를 푸시오.

성공적인 이력서 작성하기

'성공이란 다른 사람들이 하지 않을 것을 하는 것이다'라는 속담이 있다. 이력서 작성하기에 대해 말하자면 그것은 사실이다. 많은 고용주들은 단 하나의 공석을 위해 백 장이 넘는 이력서를 받지만, 그것들 중 다수는 자격을 갖춘 지원자들의 것이 아니다. 그렇게 많은 경쟁 속에서, 어떻게 고용주의 관심을 받을 수 있을까? 다음 법칙을 따르면서 가능하다.

뛰어난 조직력. 당신의 이력서는 당신의 장점을 눈에 잘 띄는 깔끔한 레이아웃을 사용하여 논리적 순서대로 보여주어야 한다. 또한, 경력 구직자를 위해서는, 가장 마지막 경험의 요약을 먼저 배치하세요. 가장 처음에 했던 경험이 아니라.

정확성. 당신의 이력서는 단순히 당신의 자격의 리스트가 아닙니다. ―[1]―. 그것은 또한 당신의 최선의 가장 신중한 작업의 예시로 간주됩니다. ―[2]―. 그것은 나쁜 메시지를 보내는 것입니다. ―[3]―. 당신의 이력서에서 모든 결점을 제거하시고 적어도 당신의 지인 중 한 사람에게 그것을 교정해 달라고 도움을 구하십시오. ―[4]―.

맞춤화. 당신은 다른 직종에 구직할 때마다 새로운 내용을 써야 할 필요는 없습니다. 하지만, 당신은 완성본을 가지고 있어야 하며 모든 직종에 약간씩 편집을 하면 됩니다. 같은 용어를 사용하여 자격들의 요약본을 다듬으세요. 고용주도 같은 방식으로 구인광고 시 사용합니다.

정부는 구직자를 위하여 www.jobs.gov에서 더 많은 정보를 제공합니다.

토익 실전 마무리 정답과 대본

어휘
- saying 속담 • won't will not의 줄임말 • when it comes to ~에 대해 말하자면
- résumé 이력서 • a hundred 백의, 백명의 • single 하나의 • even 심지어
- competition 경쟁 • attention 주의, 관심 • strong points 장점
- in a logical order 논리적 순서대로 • grasp 사로잡다 • Additionally 더욱이, ~뿐 아니라
- summary 요약본 • at the top 상단에, 꼭대기에 • assume 가정하다, 떠맡다
- imperfection 결점 • enlist the help of ~에게 도움을 요청하다 • acquaintance 지인
- proofread 교정하다 • master 완성된 • slightly 약간 • Tailor 맞추다, 조정하다
- terminology 용어 • detailed 자세한

5 이 기사의 목적은 무엇인가?
(A) 프로그램을 광고하기 위하여
(B) 지도 및 안내를 제공하기 위하여
(C) 생각을 체계화하기 위하여
(D) 프로그램을 소개하기 위하여

정답 (B)
성공적인 이력서를 작성하는 법에 대해 알려주기 위하여 글을 작성하였으므로 이것을 지도, 안내 (guidance)로 패러프레이징 한 (B)가 정답이에요.

6 좋은 이력서를 쓰기에 관한 진실은 무엇인가?
(A) 드라마틱한 것을 위해 충분한 기교가 있어야 한다.
(B) 다른 직업을 위해 수정할 필요가 없어야 한다.
(C) 이력 중 가장 최근의 것이 가장 위에 위치하여야 한다.
(D) 당신의 인성을 보여준다면 약간의 결점들이 있어야 한다.

정답 (C)
지문 두 번째 단락에서 가장 마지막 경력은 이력서의 상단에 쓰라고 하였으므로 (place your summary of the last experience at the top, not the first experience.) the last experience → the most recent part of one's career history로 대체되었다고 생각할 수 있죠. 그래서 정답은 (C)예요. (A)는 아예 언급되지 않았고, (B)는 지문 네 번째 단락 첫째 줄에서 여러 직종에 지원할 때마다 이력서를 고칠 필요는 없다고 하였으므로 오답이죠. (Customization. You don't have to write a new one every time you apply for another job.) (D)는 세 번째 단락에서 절대 결점을 보이지 말라고 했으므로 (Eliminate all imperfections from your résumé) 오답이에요.

토익 실전 마무리 정답과 대본

7 표시된 [1], [2], [3] 그리고 [4]번 중, 다음 문장이 가장 잘 어울리는 곳은?

" 예를 들어, 오자는 고용 매니저에게 당신이 작은 것에 신경 쓰지 않는다는 것을 말한다."

(A) [1]　　　　(B) [2]　　　　(C) [3]　　　　(D) [4]

정답 (B)

삽입문의 "예를 들어(for instance)"가 키워드면서 보기 [2] 뒤의 문장의 That's a bad message to send에서 that이 지칭하는 내용이 삽입문의 "A typo"예요. "오자, 탈자는 고용 매니저에게 당신이 작은 것에 신경 쓰지 않는다는 인상을 남긴다" 하였는데 그것이 나쁜 메시지를 전달하게 되는 거죠. 그러므로 보기 [2]에 들어가면 글의 흐름이 알맞아요.

3 동의어 파악 유형

이 문제는 지문 속에 등장하는 한 단어와 유사한 의미의 어휘를 찾는 문제 유형이야. 흔히, 사전적 동의어가 정답일 것이라고 생각하는데, 물론, 사전적 동의어가 정답으로 출제되는 경우도 있지만, 그보다 문맥을 파악해서 정답을 고르는 유형이 더 자주 출제되므로 글의 흐름을 파악해야 정확한 답을 고를 수 있어.

■ 빈출 문제 유형

The word "contained" in paragraph 2, line 5 is closest in meaning to
두 번째 단락 5줄의 "contained"와 의미상 가장 가까운 것은?

■ 문제 풀이 전략

- 어휘 학습을 꾸준히 하되, 동의어 반의어도 함께 암기하는 습관을 갖자.
- 사전적 의미뿐 아니라 문맥을 파악하여 단어 뜻을 유추하는 훈련을 꾸준히 하자.
- 쉬운 어휘일수록 내가 알고 있는 의미뿐 아니라 다른 의미가 출제될 수 있으므로 반드시 문맥 속에서 단어의 뜻을 확인하는 습관을 갖자.

Question 1 refer to the following e-mail.

Date:	12 June
From:	L_Green@laneaswinery.com
To:	bobchadwick@chadwickbakery.com
Subject:	Ordered Cupcakes

Hi Mr. Chadwick,

As you know, we ordered a hundred cupcakes for tomorrow's special wine tasting event. Most of them are in excellent shape and we would like to thank you for the quality work. However, there are 5 that do not meet your usual standards. The icing on two of them has completely lost its original shape and three of them were crushed by the tray stacked on top of them.

The quality of the five cupcakes was already compromised when we opened the box, so I believe Chadwick Bakery is responsible for them. I understand that your bakery is very busy at this time of the year, so it would benefit both parties if you could just give me a refund for the five instead of replacing them.

Best regards,
Lanae Green
Owner of Lanae Winery

1 The word "meet" in line 3 is closest in meaning to

(A) encounter
(B) satisfy
(C) contract
(D) surpass

Questions 2-3 refer to the following announcement.

TALK WITH GENIUS INVENTOR!
August 13 - 15
London Community Centre

We are pleased to announce that Robert Potter, the famous inventor of hybrid cars and owner of Mash 'Em Inc., will be visiting this centre for three days to give lectures and talk with the crowd. The event will be held from 1 p.m. on August 13th, 14th, and 15th, and it is expected to last as long as the participants want, though it cannot exceed the centre's closing time at 7 p.m. The lecture's topics cover "the definition of creativity", "what to do to become an inventor", "the inspirations that led to hybrid cars".

Visit www.londoncommunitycentre.gov to register. We can accommodate only up to 40 people per day, so hurry up and save yourself a spot!

2 What is true about the event?

(A) This event may end up over 7 p.m.

(B) This event will last for 3 days.

(C) This event doesn't require a reservation in advance.

(D) This event is subject to weather conditions.

3 The word "cover" in line 5 is closest in meaning to

(A) include   (B) close

(C) explain   (D) contain

Questions 4-6 refer to the following announcement.

Summer Lake Country Club Cottage
For Personal and Professional Use

Summer Lake Country Club's cottages are open for rent from this weekend. Popular for their scenic views and well-equipped rooms suited for any purpose, the Summer Lake cottages makes sure your weekend plans go as smoothly as possible.

The cottages vary in size, ranging from small 2-bedroom cottages for up to 4 people to houses with 2 big conference rooms and 3 meeting rooms for maximum of 50 guests. Also, the various food we offer will satisfy even the most particular taste buds.

Additionally, Summer Lake Country Club Cottage visitors also have access to equipment upgrade service for the fantastic price of $100 per day, which includes the HD projector-and-screen set, Dolby stereo system, and state-of-the-art computers with a fast internet connection.

To rent one-or many-of our cottages, please either call us at 555-COTT or e-mail us at rentals@summerlakeccc.com. We look forward to seeing you this weekend!

4 What is the purpose of the announcement?

(A) To find an office equipment rental company

(B) To promote the start of a service

(C) To introduce a new real estate agency

(D) To attract more job applicants

5 What is NOT mentioned in the announcement?

(A) The basic package does not come with an internet connection.

(B) There are venues that can house 30 people at once.

(C) The houses offer a large selection of dishes that satisfies different tastes.

(D) The prospective customers can contact the club in more than one way.

6 The word "particular" in line 6 of paragraph 2 is closest in meaning to

(A) decisive   (B) appropriate

(C) professional   (D) selective

토익 실전 마무리 정답과 대본

다음 이메일을 읽고 1번 문제를 푸시오.

날짜:	6월 12일
보낸 사람:	L_Green@laneaswinery.com
받는 사람:	bobchadwick@chadwickbakery.com
주제:	주문된 컵케익

안녕하세요 Chadwick 씨

당신도 알다시피, 우리는 내일의 특별한 와인 시음회를 위하여 백 개의 컵케익을 주문했습니다. 그것들 중에 대부분은 훌륭한 모양이고, 우리는 고품질의 작업에 감사합니다. 하지만 5개는 당신의 평상시 기준에 미치지 못합니다. 그것들 중 2개는 설탕 옷이 원형에서 완전히 벗겨져 있고 세 개는 맨 꼭대기에 쌓여진 쟁반에 의해 찌그러졌습니다. 다섯 개 컵 케익의 품질은 우리가 박스를 개봉했을 때 이미 손상되어 있었고 그래서 저는 Chadwick 베이커리가 그것들에 대해 책임을 져야 한다고 믿습니다. 나는 당신의 베이커리가 올해 지금 시점에 매우 바쁘다는 것을 이해합니다. 그래서 그것들을 대체하는 것 대신에 5개 컵케익을 환불해주신다면 양쪽 모두에 이득일 것입니다.

Best regards,
Lanae Green
Owner of Lanae Winery

어휘
- tasting event 시음회 • icing 설탕옷 • completely 완전히 • lost loose의 과거 잃어버리다
- original 원래의, 원형의 • crushed 찌그러진, 깨진 • tray 쟁반 • stacked 쌓여진
- compromise 타협하다, 손상시키다 • be responsible for ~에 대해 책임지다
- at this time of the year 올해의 지금 시점 • benefit 이득이다
- give me a refund 나에게 환불해주다 • instead of ~을 대신하여 • replace 대체하다

1 세 번째 줄 단어 "meet"과 가장 의미가 가까운 것은?

(A) 우연히 만나다   (B) 만족시키다

(C) 계약하다   (D) 능가하다

정답 (B)

동의어 문제는 사전적 동의어보다 문맥상 동의어가 더욱 빈출도가 높으므로 항상 해석을 해서 문제를 푸는 것이 좋아요. Meet your standards로 목적어가 standards가 쓰였으므로, "기준, 표준을 만족시키다"라고 번역하는 것이 좋죠. 그래서 정답이 (B) satisfy예요.

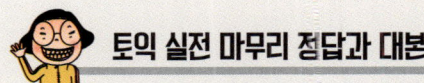

다음 발표문을 읽고 2-3번 문제를 푸시오.

천재 발명가와 대화하세요!
8월 13일~15일
런던 커뮤니티 센터

우리는 유명한 하이브리드 자동차의 발명가이자 Mash 'Em의 대표인 Robert Potier가 강연과 대중과의 담화를 위해 우리 센터를 3일 동안 방문하게 될 것을 발표하게 되어 기쁩니다. 이 이벤트는 8월 13일, 14일 그리고 15일 오후 1시부터 개최될 예정이고 참가자들이 원하는 만큼 진행될 것이라고 예상됩니다. 하지만 센터 마감 시간인 오후 7시를 넘기지는 않을 것입니다. 강연의 주제는 "창조성의 정의", "발명가가 되기 위해 해야 할 일", "하이브리드 자동차로 이끌어 준 영감들"을 포함합니다. 등록하시려면 www.londoncommunitycentre.gov에 방문해주십시오. 하루에 40명까지만 수용할 수 있습니다. 그러니 서두르셔서 당신의 좌석을 확보하십시오!

어휘
- inventor 발명가 • lecture 강연 • talk 담화, 대화 • crowd 군중 • be held 개최되다
- last 지속되다 • as long as ~하는 한 • participant 참가자 • exceed 초과하다
- definition 정의 • creativity 창조성 • inspiration 영감
- accommodate 수용하다 • up to 최대 ~ 까지 • per ~ 당

2 행사에 대한 진실은 무엇인가?

(A) 그 행사는 아마도 오후 7시가 넘어서 끝날 것이다.
(B) 그 행사는 3일 동안 지속될 것이다.
(C) 그 행사는 미리 예약하는 것이 필요하지 않다.
(D) 그 행사는 날씨 상황에 영향을 받을 것이다.

정답 (B)
그 행사가 8월 13, 14, 15일에 진행된다고 하였으므로 3일 동안 지속되는 것이 맞다. (The event will be held from 1 PM on August 13th, 14th, and 15th) (A)는 늦어도 센터 클로징 시간인 오후 7시는 넘기지 않을 것이라고 하였으므로 (it cannot exceed the centre's closing time at 7 p.m.) 오답이고, (C)는 하루에 최대 인원이 40명이니 예약을 하라고 하였으므로 (We can accommodate only up to 40 people per day, so hurry up and save yourself a spot) 오답이고, (D)는 날씨와 관계된 이야기는 언급이 되지 않았으므로 오답이죠.

Lesson 19

토익 실전 마무리 정답과 대본

3 다섯 번째 줄의 단어 "cover"과 가장 가까운 의미는?

(A) 포함하다 (B) 닫다
(C) 설명하다 (D) 담다

> **정답 (A)**
> 강연의 주제는 다음을 "포함한다"라고 번역하는 것이 가장 자연스러워서 (A) include가 정답이에요. (D) contain은 실제로 그릇 따위에 무언가를 "담다"라는 표현이지 추상적인 개념으로 "포함한다"라는 의미는 없으니 유의하세요.

다음 발표문을 읽고 4-6번을 푸시오.

Summer Lake 컨트리클럽 코티지
개인 및 전문가 사용

Summer Lake 컨트리클럽의 코티지가 이번 주부터 임대를 시작합니다. 그들의 멋진 전망과 모든 목적에 잘 어울리도록 집기가 잘 갖춰진 방으로 인기 있어서, Summer Lake 컨트리클럽의 코티지는 당신의 주말 계획을 가능한 한 부드럽게 진행되도록 도울 것이라 확신합니다.

코티지는 최대 4명까지 수용하는 작은 방 두 개짜리에서 최대 50명을 수용하는 두 개의 큰 회의룸과 세 개의 미팅룸을 가진 집까지 사이즈가 다양합니다. 또한, 우리가 제공하는 음식은 가장 까다로운 입맛까지도 심지어 만족시킬 수 있을 것입니다.

더욱이, Summer Lake 컨트리클럽 코티지 방문객들은 또한 장비 업그레이드 서비스를 하루에 100달러라는 환상적인 가격으로 이용할 수 있습니다. 장비는 HD 프로젝터와 스크린 세트, 돌비 스테레오 시스템, 그리고 고속 인터넷이 연결된 최신식의 컴퓨터를 포함합니다.

하나 혹은 여러 개의 코티지를 예약하기 위해서 전화 555-COTT나 이메일 rentals@summerlakeccc.com로 연락주십시오. 우리는 이번 주말에 당신을 만나기를 기대하고 있습니다.

어휘
- scenic 멋진, 풍경이 좋은 • view 장면 • well-equipped 잘 갖춰진
- suited for ~과 어울리는 • as smoothly as possible 가능한 한 부드럽게
- range from A to B A에서 B에 걸쳐 범위가 주어진다
- maximum of 최대치 • satisfy 만족시키다 • even 심지어 • particular 특별한
- taste buds 미뢰, 맛 봉오리 • have access to ~을 이용할 수 있다.
- state-of-the-art 최신식의

토익 실전 마무리 정답과 대본

4 발표문의 목적이 무엇인가?

(A) 사무 장비 대여 회사를 찾기 위하여

(B) 서비스 시작을 홍보하기 위하여

(C) 새로운 부동산 업체를 소개하기 위하여

(D) 더 많은 지원자를 모집하기 위하여

정답 (B)
글 전체적으로 Summer Lake 컨트리클럽 코티지를 광고하고 있는 내용이므로 정답은 (B)가 좋아요.

5 발표문에서 언급하지 않은 것은?

(A) 기본 구성은 인터넷 연결이 포함되지 않는다.

(B) 한 번에 30명을 수용할 수 있는 장소가 있다.

(C) 그 집들은 다른 입맛을 만족시킬 다양한 음식이 있다.

(D) 잠재 고객들은 한 개 이상의 방법으로 클럽에 연락할 수 있다.

정답 (A)
(A)는 세 번째 지문 마지막 줄에 패키지는 인터넷을 이용할 수 있다고 하였으므로 (and state-of-the-art computers with a fast internet connection.) (A)가 정답이죠.
(B)는 두 번째 단락 첫 번째 줄에 한꺼번에 50명을 수용할 수 있다고 했고 (The cottages vary in size, ranging from small 2-bedroom cottages for up to 4 people to houses with 2 big conference rooms and 3 meeting rooms for maximum of 50 guests.) (C)는 두 번째 단락 둘째 줄에 다양한 음식을 제공하므로 어떤 특이한 입맛도 다 만족시킬 수 있다고 했어요. (Also, the various food we offer will satisfy even the most particular taste buds.) (D)는 마지막 지문에 연락을 취할 수 있는 방법이 전화와 인터넷 두 가지 방법이 있으므로 하나 이상의 방법이 있다는 말도 맞는 표현이죠.

6 단락 2의 6줄 "particular"와 가장 가까운 의미는?

(A) 결정적인 (B) 적절한

(C) 전문적인 (D) 까다로운

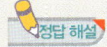

정답 (D)
particular은 "까다로운"이라는 의미가 있죠. 동의어로 "selective"가 있어요.

Lesson 20

PART 7
Double Passage & Tripe Passage

1. Double Passage (이중지문)
2. Triple Passage (삼중지문)

엣지만의 학습 목표

이런 것을 배워요~

1. 이중 지문에 자주 등장하는 빈출 유형을 이해할 수 있어요.
2. 삼중 지문에 자주 등장하는 빈출 유형을 이해할 수 있어요.
3. 연계 문제의 단서를 찾아 문제풀이를 할 수 있어요.

1 Double Passage (이중지문)

Part 7에 Single passage로 등장하는 지문 중 연관 있는 2개의 지문을 읽고 5개 문항의 문제를 푸는 유형이에요. 두 지문의 관계를 파악하는 것이 최우선 과제예요. 176번~185번에 해당하며 Double Passage는 2세트씩 출제돼요.

흔히 이메일이 등장하는 이중지문, 기사 및 안내문이 등장하는 이중지문, 기타 양식이 등장하는 이중지문으로 분류돼요.

■ 빈출 문제 유형

■ 이메일이 포함된 이중지문

첫 번째 지문	두 번째 지문	두 번째 지문의 형태 및 역할
Letter / Fax / E-mail	Letter / Fax / E-mail	답장
Article / Notice / Memo/ Advertisement	Letter / Fax / E-mail	항의, 수정 요청, 지원, 문의 등

■ 기사가 포함된 이중지문

첫 번째 지문	두 번째 지문	두 번째 지문의 형태 및 역할
Article / 회사의 변천사 / 기업 행사 소개 / 새로운 인물 영입 / 인물에 관한 기사 / 특정 산업에 관한 기사	E-mail / Letter	1) Article의 내용 중 틀린 사항 지적 2) 기업 행사에 다녀온 내용 3) 기사 속 인물의 지인 편지 4) 업적과 관련된 요청 및 부탁

Lesson 20 • 355

■ 양식이 포함된 이중지문

첫 번째 지문	두 번째 지문	두 번째 지문의 형태 및 역할
Letter/ E-mail/ Advertisement	form, order form	**편지나 이메일 및 광고** - 주문서의 주체 기관에 대한 개괄적 설명 - 반드시 2개 이상의 특징 설명 **주문 양식** - 첫 번째 지문의 내용 중 선택할 내용을 작성자의 "표시"로 드러낸다.

■ 문제 풀이 전략

- 지문을 읽기 전 두 지문이 어느 유형인지 확인하고, 두 지문 간의 관계를 파악하세요.
- 1~3번의 문제는 Single Passage와 동일한 방법으로 풀면 돼요.
- 지문의 유형이 바뀌는 순간을 포착해서 몇 번 문제부터 두 번째 지문을 읽어야 하는지 파악하세요.
- Double Passage에는 반드시 연계문제가 출제되므로 연계문제의 단서를 빠르게 찾으세요.

 다음 이메일을 읽고 문제를 풀어보세요.

날짜:	3월 23일
보낸 사람:	Anderson Pitt (andersonpitt@finestdining.com)
받는 사람:	Melissa Diaz (meldiaz@newscorp.com)
주제:	무료 티켓

안녕하세요, Diaz 씨

우리의 단골 고객이 되어주셔서 감사합니다. 우리의 감사를 표하기 위하여, 우리의 베스트 고객들 중에서 무작위로 5명을 뽑아, 3일 뒤에 시작하는 Hot Play 콘서트 티켓 2매를 보내드리고 있습니다. 당신이 5명 중 한 분으로 선택되셨습니다! 축하드립니다! 우리는 금, 토, 일요일 3일 모두의 티켓을 가지고 있으니 언제 가고 싶으신지 알려주세요. 일단, 당신의 답변을 듣고 난 뒤에, 이메일로 e-티켓을 보내드리겠습니다.

편하실 때 답장 부탁드립니다. 감사합니다!

Anderson Pitt

YN's Finest의 쉐프이자 오너

날짜:	3월 24일
보낸 사람:	Melissa Diaz (meldiaz@newscorp.com)
받는 사람:	Anderson Pitt (andersonpitt@finestdining.com)
주제:	회신: 무료 티켓

Pitt 씨에게

티켓을 주셔서 너무 감사합니다! 저는 소식을 듣고 너무 행복했습니다. 왜냐하면, 저는 그 밴드의 열혈 팬이거든요. 저는 오로지 일요일 표만 살 수 있었어요. 그래서 저는 둘째 날 공연의 티켓을 받고 싶습니다. 또한, 제가 e-티켓을 수령하는 것 대신에 내일 직접 실제 티켓을 수령할 수 있다면 더 좋을 것 같아요. 그렇게 선택할 수 있는지 알려주시기 바랍니다.

다시 한번 감사합니다.
안부를 전하며
Melissa Diaz

Q Diaz 씨는 언제 처음으로 콘서트에 갈 것인가?

(A) 3월 26일 (B) 3월 27일
(C) 3월 28일 (D) 3월 29일

영어

Date:	March 23
From:	Anderson Pitt (andersonpitt@finestdining.com)
To:	Melissa Diaz (meldiaz@newscorp.com)
Subject:	Complimentary tickets

Hello Ms. Diaz,

Thank you for being our loyal customer. To show our appreciation, we have randomly chosen 5 people out of our best customers and are sending each person 2 free tickets for the Hot Play concert, which starts in 3 days. And you are one of the five winners! Congratulations! We have tickets for all three days, Friday, Saturday and Sunday, so please let us know when you would like to go. Once we receive your response, we will send you the e-tickets via e-mail.

Please respond to this e-mail at your earliest convenience. Thank you!
Anderson Pitt
Owner/Chef of NY's Finest

Date:	March 24
From:	Melissa Diaz (meldiaz@newscorp.com)
To:	Anderson Pitt (andersonpitt@finediningl.com)
Subject:	RE: Complimentary tickets

Mr. Pitt,

Thank you so much for the tickets! I very happy to hear the news since I am a big fan of the band and I was only able to get the tickets for Sunday. So I would like to receive the tickets for the second-day show. Also, if I could pick up the actual tickets in person tomorrow instead of getting the e-tickets, that would be fantastic. Please let me know if that is an option.

Thank you again!
Kindest regards,
Melissa Diaz

어휘
- complimentary 무료의 • loyal customer 단골 고객 • appreciation 감사
- randomly 무작위로 • at your earliest convenience 당신이 편하실 때 • in person 직접

Q On what day is Ms. Diaz going to the concert for the first time?

(A) March 26 (B) March 27
(C) March 28 (D) March 29

정답 (B)

첫 번째 지문에서 3일 뒤인 금요일에 시작하는 콘서트 표를 줬다고 했고, 첫 번째 이메일을 보낸 날짜가 3월 23일이므로 콘서트는 3월 26일에 시작하죠. 그런데 두 번째 지문에서 멜리사는 일요일 공연 티켓을 구매하였는데, 둘째 날 공연 티켓을 받고 싶다고 하였으므로 둘째 날은 3월 27일 토요일이죠. 그렇다면 멜리사는 3월 27일 토요일과 28일 일요일 공연을 가게 되므로 콘서트에 처음 가는 날은 3월 27일이 되죠.

 다음 광고와 이메일을 읽고 문제를 풀어보세요.

Fun Supplies에서 편한 세일!
www.funsupplies.com

우리는 매년 7월 15일에서 31일에 할인 행사를 진행합니다. 좋은 가격의 고품질 사무용품을 위하여 방문해 주십시오.

카테고리	할인율
펜과 종이	30%
서랍과 서류철	20%
사무 장비 - 구매	25%
사무 장비 - 렌탈	10%

* 모든 제품은 1년간의 보증서가 함께 따라갑니다.

우리는 당신을 가게에서 뵙기를 바랍니다.
감사합니다.

날짜:	7월 26일
보낸 사람:	julienviva@bigwordpress.com
받는 사람:	contact@funsupplies.com
주제:	사무용품 세일

안녕하세요.

저는 어제 당신의 가게에서 우리 회사가 구매한 몇몇 물건들에 대해 글을 쓰고 있습니다. 우리는 2대의 복사기와 1대의 프린터를 구매했습니다. 그러나 우리는 대신 그 기계들을 빌리고 싶습니다. 우리는 아직 그것들을 사용하지 않았습니다. 임대 서비스로 교체할 수 있을까요? 답변 부탁드립니다.

감사합니다.
안부를 전하며,
Julien Vivancos

Q Vivancos 씨 회사는 어제 얼마나 할인받았나?

(A) 10%   (B) 20%   (C) 25%   (D) 30%

Fun Sale at Fun Supplies!
www.funsupplies.com

We are having our annual sale from July 15 to July 31. Please visit us for high quality office supplies at great value! The discount rate for each category is provided below:

Category	Discount Rate
Pens and paper	30%
Drawers/Organizers	20%
Office equipment – purchase	25%
Office equipment – rental	10%

*All items come with a one-year warranty.

We look forward to seeing you at the store.
Thank you.

Date:	July 26
From:	julienviva@bigwordpress.com
To:	contact@funsupplies.com
Subject:	Office supply sale

Hi,

I'm writing about some items my company purchased from your store yesterday. We bought 2 photocopiers and 1 printer. However, we would like to rent the machines instead. We haven't used any of them yet. Can we switch to the rental service? Please let us know.

Thank you.
Best regards,
Julien Vivancos

Q What is the discount rate that Mr. Vivancos's company got yesterday?

(A) 10% (B) 20% (C) 25% (D) 30%

정답 (C)

어제 Vivancos 씨의 회사는 사무기기를 구입했으므로 1번 지문의 카테고리에서 purchase 부분에 해당되죠. 그러므로 25% 할인받았어요.

 다음 광고들을 보고 문제를 풀어보세요.

구인광고 0528

즐거운 먹기

3월 11일에 게시됨

우리는 마케팅 부서의 팀장이 되어줄 사람을 찾고 있습니다. 당신의 책임은 부서의 프로젝트들을 감독하고, 각 프로젝트에 적절한 사람을 찾고, 각 팀의 진행 상황을 매 금요일마다 리포트로 작성하고 검토하는 것을 포함합니다.

의무: 지원자는 마케팅이나 경영학과 학사 학위를 취득했을 뿐 아니라 관련된 분야에서 5년 이상의 경험을 갖고 있어야 합니다. 강한 리더십을 갖춘 외향적인 성격과 의사소통 기술은 의무 사항입니다. career@happyeating.com으로 4월 5일까지 당신의 이력서와 추천서 2매를 이메일로 보내주십시오. 성공적인 후보자는 마감기한 5일 후 이내로 인터뷰를 위한 이메일 초대장을 받게 될 것입니다.

구인광고 0751

Hole-in-One 클럽

4월 1일에 게시됨

우리 도시에 가장 새로운 컨트리클럽 Hole-in-One 클럽에 유능하고 열정적인 골프 지도자를 위한 빈자리가 있습니다. 당신은 고객들 바로 옆에서 가르치게 될 것이므로 이 직업은 인내심이 있고 세심한 성격인 친근한 사람을 위한 것입니다. 물론, 당신은 골프 지도사 자격증을 소지해야 합니다.

관심이 있으시다면, 우리와 그 직책에 대하여 더 많이 알기 위해 우리의 웹사이트를 방문해 주십시오. 4월 11일까지 웹사이트에 증빙서류 목록과 함께 이력서를 제출해 주시기 바랍니다.

Q 광고들에 따르면, 두 회사에 의하여 지원자들에게 요구되는 것은 무엇인가?

(A) 대학교 학위 (B) 관리 기술
(C) 사회적 기술 (D) 추천서

JOB LISTING 0582

Happy Eating

Posted on March 11

We are looking for somebody to become the head of our marketing department. Your responsibilities will include overseeing the department's projects, finding the right person for each project, and checking and writing reports about each team's progress every Friday.

Requirements: Applicants should have a bachelor's degree in marketing or business as well as 5 or more years of experience in a related field. An outgoing personality with strong leadership and communication skills is a must. Please e-mail us your résumé and cover letter with 2 letters of reference at career@happyeating.com by April 5. Successful candidates will receive an invitation e-mail for an interview within 5 days after the deadline.

JOB LISTING 0751

Hole-in-One Club

Posted on April 1

The newest country club in our town, Hole-in-One Club, has openings for competent and passionate golf instructors. As you will be teaching our customers right by their side, this job for a people-friendly person who is patient and attentive. Of course, you have to be a certified golf instructor too!

If you are interested, please visit our web site to learn more about us and the position, then submit your résumé with a list of references to the web site by April 11.

Q According to the advertisements, what is required from the applicants by both companies?

(A) A university degree (B) Management skills
(C) Social skills (D) Letters of recommendation

정답 (C)

첫 번째 지문 5번째 줄에 (An outgoing personality with strong leadership and communication skills is a must.)서 외향적인 성격과 리더십 의사소통 기술이 필요하다고 하였고, 두 번째 지문 2줄 후반 (this job for a people-friendly person who is patient and attentive) 친근한 성향의 사람이어야 한다고 했어요. 이는 모두 사회적 기술과 관계가 있는 것이므로 정답은 (C)예요.

 다음 광고와 이메일을 읽고 문제를 풀어보세요.

서울 윈터 독립 영화제

서울 윈터 필름 페스티벌이 20회를 고작 2달 남기고, 총 책임 프로듀서인 Hoyeong Park(hy_park@swifilmfestival.org)은 모든 독립 영화 제작사들에게 10월 31일까지 그들의 작품을 제출해 줄 것을 요구합니다. 그 영화들은 30분에서 2시간 사이의 길이여야 합니다. 그들은 상영되고 다양한 대중과 비평가들에 의해 평가될 것입니다. 제출된 영화들 중에 200편이 페스티벌에서 상영될 것입니다. 당신의 작품을 제출하기 위하여, 운영 매니저인 Mark Haynes에게 mark_haynes@swifilmfestival.org으로 이메일을 보내시거나, 재래식 우편으로 보내십시오: 한국 서울시 중구 충무로11길 서울 윈터 독립 영화 페스티벌 사무소 Mark Haynes. 더 많은 정보를 위하여 contact@swifilmfestival.org으로 이메일 보내십시오.

날짜:	10월 19일 목요일
보낸 사람:	Brad Freeman (freethemanbrad@creativeworks.org)
받는 사람:	contact@swifilmfestival.org
주제:	나의 영화

안녕하세요.

저는 독립 영화감독이며 저의 보조자 Ian Rushland가 페스티벌을 위하여 우리의 영화를 당신의 사무실로 어제 보냈습니다. 그러나 그녀가 실수로 편지봉투에 헤인스씨의 이름 대신에 총 책임 프로듀서의 이름을 적었습니다. 저는 지금 막 당신의 사무실로 당신의 이름을 적어 다른 소포를 보냈습니다. 그러므로 처음에 보낸 것을 버려주십시오. 이렇게 헷갈리게 해드려 죄송합니다.

감사합니다.

안부를 전하며
Brad Freeman

Q 첫 번째 소포는 누구에게 보내졌는가?

(A) Brad Freeman (B) Ian Rushland
(C) Mark Haynes (D) Hoyeong Park

Seoul Winter Independent Film Festival

With the 20th Seoul Winter Film Festival only two months away, the chief executive producer, Hoyeong Park (hy_park@swifilmfestival.org), urges all independent film makers in the country to submit their works by October 31. The films should be between 30 minutes to 2 hours in length. They will be screened and evaluated by various audiences and critics. Among all submitted motion pictures, 200 will be shown at the festival. In order to submit your works, either e-mail them to Mark Haynes, the operations manager, at mark_haynes@swifilmfestival.org or snail-mail them to: Mark Haynes, Seoul Winter Independent Film Festival office, Chungmu-ro 11-gil, Jung-gu, Seoul, Korea. For further information, e-mail contact@swifilmfestival.org.

Date:	Thursday, October 19
From:	Brad Freeman (freethemanbrad@creativeworks.org)
To:	contact@swifilmfestival.org
Subject:	My film

Hello,

I am an independent movie director and my assistant, Ian Rushland, sent our film to your office for the festival yesterday. However, it seems that she wrote the chief executive producer's name instead of Mr. Haynes's on the envelope by accident. I've just sent another package with your name on it to your office so please disregard the first one. I am so sorry for this mix-up.

Please let me know if you need anything.

Thank you.
Best wishes,
Brad Freeman

Q To whom was the first package mailed?

(A) Brad Freeman
(B) Ian Rushland
(C) Mark Haynes
(D) Hoyeong Park

> 정답 (D)
> 두 번째 지문 두 번째 줄에 소포를 총 책임 프로듀서에게 보냈다고 했고, (it seems that she wrote the chief executive producer's name) 총 책임 프로듀서의 이름은 첫 번째 지문 두 번째 줄에 나와 있어요.

연계 문제를 연습해 보셨나요? 이중 지문과 삼중 지문에서 가장 어려운 연계 문제를 충분히 연습하셨으므로 이제 이중 지문과 삼중 지문을 각각 1세트씩 풀어보세요.

Questions 1–5 refer to the following advertisement and notice.

Help Wanted

Penny's Bakery is looking for smart, friendly, and hard-working employees to work in our area bakery. Your job duties will include handling the cash register, baking and arranging cupcakes, maintaining the display areas, and cleaning the facilities.

Applicants should have at least two years of experience baking bread, cake, or other baked goods. They should also read the Penny's introduction manual before coming to the in-person interview. Your rate of pay will be based on your previous experience and paychecks will be given out on the first Tuesday of every month. Overtime pay will be included in this payment.

To apply for these positions, visit our shop at the Gregory Shopping Center, located on the second floor, section B3, next to ABC Electronics. Please e-mail us at hr@pennyscupcakes.com if you have any questions. The application process will end on May 19, so apply soon. We are looking forward to hearing from you!

Closed for Repairs

Repairs on the second floor of the Gregory Shopping Center will begin on May 8 and be finished around June 1. Therefore, Penny's Bakery will not be operating at this location during this time. For applications, kitchen manuals, and other inquiries, please visit the pop-up location on the first floor of the Center, next to Apex Furniture. Thank you for your patience during this process.

토익 실전 마무리

1 What is Penny's Bakery advertising?

(A) A new line of baked goods (B) Changes to its management

(C) Job positions that are opening (D) A store in a new location

2 What do applicants need to have for this position?

(A) Experience cleaning ovens

(B) Experience making baked goods

(C) Experience as a manager in a bakery

(D) Experience serving customers

3 What is indicated about Penny's Bakery?

(A) It will be closing forever. (B) It does not need any more workers.

(C) It will no longer bake cupcakes. (D) It will be moved during repairs.

4 What is the only item found at a new location?

(A) Wood furniture (B) A kitchen manual

(C) A chocolate cake (D) Cover letters

5 Where should applicants go to apply on May 13?

(A) The first floor, next to Apex furniture

(B) The second floor, next to ABC electronics

(C) The Penny's location on Elm Street

(D) The third floor, next to the pop-up store

토익 실전 마무리 정답과 대본

다음 광고와 공지를 읽고 1-5문항을 푸시오.

구인

Penny's Bakery는 우리 지역에서 똑똑하고, 친절하며 열심히 일하는 직원을 찾고 있습니다. 당신의 할 일은 계산대 업무와 컵케익을 굽고 정리하며, 디스플레이 공간을 정돈하고, 시설물 청소를 하는 것입니다.

지원자는 빵, 케이크 혹은 다른 제과 제빵 제품을 구운 경력이 최소 2년 이상이어야 합니다. 또한, 직접 인터뷰를 하러 오기 전에 Penny's Bakery의 소개 책자를 읽으셔야 합니다. 급여는 이전 경력에 근거하게 될 것이며, 월급은 매달 첫 번째 화요일에 지급될 것입니다. 근무 외 수당은 이 급여에 포함될 것입니다.

이 직책에 지원하기 위하여 Gregory 쇼핑센터, ABC 전자 옆의 B3 구역 2층에 있는 우리 샵을 방문해 주십시오. 만약 질문이 있으시다면 hr@pennyscupcakes.com으로 이메일 보내주십시오. 지원과정은 5월 19일에 마감될 예정이니 지원을 서두르시기 바랍니다. 우리는 당신에게 좋은 소식을 듣기를 원합니다.

수리를 위해 잠시 휴업

Gregory 쇼핑센터의 2층 수리가 5월 8일부터 시작되어 6월 1일경에 끝날 예정입니다. 그러므로 Penny's Bakery는 이 기간 동안에 이 층에서 운영하지 않습니다. 지원, 다른 질문사항 및 주방 매뉴얼에 대한 질문은 Apex 가구 옆, 센터의 1층의 팝업스토어를 방문하여 주시기 바랍니다. 수리 기간 동안 인내해 주셔서 감사합니다.

어휘
- look for 찾다 • smart 똑똑한 • friendly 친근한 • hard-working 열심히 일하는
- duties 해야 할 일 • arrange 정리 정돈 하다 • maintain 유지하다, 보수하다
- facilities (facility의 복수) 시설물 • baked goods 제과 제빵 제품
- introduction manual 소개 책자 • in-person 직접 • Overtime 근무시간 외 업무
- pay 월급, 지불하다 • process 진행, 과정 • look forward to 기대하다
- Repair 수리, 보수 • operate 운영하다

토익 실전 마무리 정답과 대본

1 Penny's Bakery는 무엇을 광고하는 중인가?

(A) 새로운 제과 제빵 제품 (B) 관리부서의 변경
(C) 비어있는 일자리 (D) 새로운 위치의 새 상점

정답 (C)
첫 번째 지문 첫 줄에 직원을 모집 중이라고 하였으므로 (Penny's Bakery is looking for smart, friendly, and hard-working employees to work in our area bakery.)

2 지원자는 이 직책을 위하여 무엇을 가지고 있어야 하나?

(A) 오븐 청소 경험 (B) 제빵 제과를 구운 경험
(C) 베이커리에서 매니저로 일한 경험 (D) 고객들을 응대했던 경험

정답 (B)
두 번째 단락 첫째 줄에서 빵을 구워 본 경력이 최소 2년 필요하다고 하였어요. (Applicants should have at least two years of experience baking bread, cake, or other baked goods.)

3 Penny's Bakery에 대해 추론할 수 있는 것은?

(A) 그곳은 폐업할 것이다.
(B) 그곳은 더 이상 직원이 필요 없을 것이다.
(C) 그곳은 더 이상 컵케익을 굽지 않을 것이다.
(D) 그곳은 수리하는 동안 이전할 것이다.

정답 (D)
두 번째 지문 둘째 줄부터 나온 내용을 보면 수리로 인해 Penny's Bakery가 2층에서 운영하지 못하고 1층 Apex 가구 옆에 팝업스토어에서 장사를 한다고 하였으므로 잠시 이동했다는 것을 알 수 있죠. (Therefore, Penny's Bakery will not be operating at this location during this time. … please visit the pop-up location on the first floor of the Center, next to Apex Furniture.)

토익 실전 마무리

4 새로운 지점에서만 볼 수 있는 것은 무엇인가?

(A) 나무 가구 (B) 주방 매뉴얼
(C) 초콜릿 케이크 (D) 자기 소개서

정답 (B)

연계문제예요.

우선 첫 번째 지문에서 Penny's Bakery는 컵케익, 케이크를 판매하는 곳임을 알 수 있어요. 그러니 (C)는 정답이 될 수 없죠. 그런데 (A) wood furniture, (D) cover letter는 베이커리와는 상관없는 제품이므로 두 군데에서 모두 볼 수 없어요. 그런데 두 번째 지문 세 번째 줄에서 주방 매뉴얼에 대한 질문을 위해서는 1층 팝업스토어에 오라고 했는데 주방 매뉴얼은 첫 번째 지문에는 등장하지 않은 것이므로 새로운 지점에서만 볼 수 있는 것이라고 할 수 있죠. 그래서 정답은 (B)예요. (For applications, kitchen manuals, and other inquiries, please visit the pop-up location on the first floor of the Center, next to Apex Furniture.)

5 5월 13일에 지원하러 온 지원자는 어디로 가야만 하는가?

(A) 1층 Apex 가구 옆

(B) 2층 ABC 전자상가 옆

(C) Elm 거리에 있는 Penny's Bakery 지점

(D) 3층 팝업스토어 옆

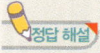

정답 (A)

연계문제예요.

5월 13일은 두 번째 지문을 봤을 때 Penny's Bakery가 수리하는 중이므로 (B)가 아니라 (A) 위치로 가서 지원서를 제출해야 하죠.

2. Triple Passage (삼중지문)

연관된 3개의 지문을 바탕으로 5문항의 문제를 푸는 유형으로 이 유형 역시 신토익에 새로 등장한 유형이야. 문제 번호는 186번~200번에 해당되며 1세트에 5문항씩 총 15문항이 출제돼요. 지문이 3개라는 것만으로 두려워하는 학생들이 많은데 각각의 지문이 Single Passage보다 지문의 길이가 짧은 것도 있기 때문에 오히려 더 쉽게 느껴질 수도 있어요.

이중지문과 마찬가지로 각 지문의 연관 관계를 파악하는 것이 가장 중요해요. 또한, 이중지문처럼 연계문제가 있고~ 그럼 마음의 준비가 되었으면 설명 들어가 볼까요?

■ 빈출 문제 유형

■ 이메일이 포함된 삼중지문

첫 번째 지문	두 번째 지문	세 번째 지문
Letter / E-mail 가게 임대를 문의하기 위한 이메일	Letter / E-mail 첫 번째 이메일의 답장 임대 가능한 가게 리스트 첨부	기사 지역의 유명 레스토랑의 장소 이전 안내

■ 기사가 포함된 삼중지문

첫 번째 지문	두 번째 지문	세 번째 지문
안내문 / 기사 교수 연합회에서 시상할 교수 발표	웹페이지 시상식 참석 예약 사이트	영수증 호텔 예약 영수증

■ 양식이 포함된 삼중지문

첫 번째 지문	두 번째 지문	세 번째 지문
웹페이지 국제 안과 컨퍼런스 안내 사이트	이메일 기조연설자에게 감사 메일	설문지 컨퍼런스 참가자가 작성한 설문지

삼중지문으로 자주 나오던 패턴을 정리해 봤어요. 이렇듯 세 지문이 서로 긴밀한 상관관계가 있다는 것을 꼭 머릿속에 염두해 두고 문제를 푸세요. 또한, 삼중지문이라고 너무 겁낼 필요는 없어요. 앞서 이중지문에서 배웠던 연계문제는 삼중지문에서도 동일하게 등장해요. 즉, 삼중지문이라고 지문 세 개를 다 읽어야 풀 수 있는 연계문제가 아니라 이중지문처럼 세 개의 지문 중 두 개만 읽으면 정답이 나오는 문제로 등장하죠.

■ 문제 풀이 전략

- 3지문 간의 관계 파악이 가장 중요해. 3 지문이 어떤 구성으로 이루어져 있는지 살펴 보면서 지문 간의 관계를 파악하자.
- 질문의 키워드를 바탕으로 몇 번째 지문에 해당하는 내용인지 파악하고 문제를 풀어 나가자.
- 연계문제는 1개 혹은 2개가 나올 수 있으므로 어느 문제가 연계문제인지를 파악하자.

 엣지 TIP 1. 질문의 키워드로 해당 지문 파악하는 방법

이중지문보다 삼중지문의 내용을 파악하기가 더 혼란스러울 때가 많아요. 그래서 질문을 보고 지문을 파악하는 요령을 알아보도록 해요.

1. 질문 초반에 지문을 지칭하는 경우

ex) According to the article, / In the memo 이런 식으로 질문 첫머리에 아예 지문을 명시하는 경우는 다른 지문을 볼 필요가 없어요. 해당 지문만 읽으면 돼요.

2. 질문의 주어가 바뀌는 경우

〈1번 지문: 광고 글〉〈 2번 지문: 이메일 〉〈3번 지문: 이메일〉이라고 가정했을 경우,

186 What is mentioned about the BB Ramp in advertisement?

187 Why did Mr. Han call the service center?

186번 문제는 RR Ramp에 관한 광고 글인 1번 지문을 읽으면 정답을 고를 수 있을 것 같은 질문이죠. 그런데 187번의 질문에서 주어로 갑자기 사람(Mr. Han)이 등장하죠? 2번 지문이 이메일이고 발신자가 Mr. Han이라면 187번 문제는 2번 지문에 해당하는 문제예요. 이렇듯, 질문의 주어만 잘 살펴도 해당 지문을 금세 찾아낼 수 있어요.

 엣지 TIP 2. 연계문제 파악하는 방법

보기가 통일된 단답형일 때, 예를 들어 날짜, 사람 이름, 모델명 등으로 나열되어 있을 때

다음 기사, 스케줄 그리고 뉴스를 읽고 문제를 풀어보세요.

Novak 홀에서 Romulan 컵 준결승 개최

오랜 계획 끝에, Novak 홀이 마침내 대대적인 보수 공사를 진행할 예정이다. 그 프로젝트는 4년 전에 처음으로 토의되었으나, 실제 행해지기까지 예산이 부족하였었다. 그러나, 그 홀에서 Romulan 컵의 준결승이 개최된다는 것이 발표되었을 때, Newbury의 공무원들은 마침내 가장 큰 건설 프로젝트에 그린라이트를 켜 주었다. 준결승 한 달 전까지 그 장소는 30,000명의 관객을 수용할 준비가 되어야 하는데, 이는 Reading 지역의 Earley Arena가 수용하는 사이즈의 두 배에 해당한다. Ramsbury의 Basingstoke 센터와 Woking의 Barnborough Complex에서도 또한, 결승전을 포함하여 몇몇 경기를 치를 예정이다.

Romulan 컵 럭비 챔피언

준준결승

아일랜드 – 미국	독일 – 보스니아	캐나다 – 포르투갈	멕시코 – 인도
8월 21, 오전 10시	8월 21, 오후 4시	8월 23, 오전 10시	8월 23, 오후 4시
Earley Arena	Novak 홀	Basingstoke 센터	Barnborough Complex

준결승

8월 21일 경기 우승자들	8월 23일 경기 우승자들
8월 27일, 오전 10시	8월 27일, 오후 4시
Novak 홀, Newbury	Barnborough Complex, Woking

결승

8월 27일 경기 우승자들
8월 31일, 오후 1시 바싱스톡 센터, 람스베리

- 이 게임은 인기가 많아 티켓이 빠르게 판매 중이므로 미리 구입하실 것을 추천합니다.
- 지정석. 일반 입장은 허락되지 않습니다.

속보

스포츠 - 럭비, 8월 27일

오전 10시, 아일랜드는 보스니아와 결승전을 시작할 예정입니다. 이 경기의 메인 아나운서는 Steve Chapelle 씨입니다.

오후 4시, 포르투갈은 Woking에서 멕시코의 열정을 직면할 예정입니다. Dave Mahone 씨가 준결승 생중계를 담당할 것입니다.

Q Chapelle 씨는 어디에서 중계할 예정인가?

(A) Reading (B) Newbury
(C) Woking (D) Ramsbury

Novak Hall to Host Romulan Cup Semi-Final

After years of planning, Novak Hall is finally going through its big renovation. The project was first discussed 4 years ago, but there was not enough financial motivation for it to actually take place. However, when the Hall was announced as the host of a semi-final game of the Romulan Cup, the city officials of Newbury finally gave its biggest construction project a green light. By a month before the semi-finals, the venue will be ready to accommodate 30,000 spectators, twice the size of what Earley Arena in Reading can support. Basingstoke Center in Ramsbury and Barnborough Complex in Woking will also be hosting some of the games including the final game.

Romulan Cup Rugby Championship

Quarterfinals

Ireland - USA	Germany - Bosnia	Canada - Portugal	Mexico - India
21 August, 10 AM	21 August, 4 PM	23 August, 10 AM	23 August, 4 PM
Earley Arena	Novak Hall	Basingstoke Center	Farnborough Complex

Semifinals

Winners of the 21 August games	Winners of the 23 August games
27 August, 10 AM	27 August, 4 PM
Novak Hall, Newbury	Farnborough Complex, Woking

Final

Winners of 27 August games
31 August, 1 PM, Basingstoke Center, Ramsbury

* Purchasing the tickets in advance is advised as these games are extremely popular and the tickets are selling out fast.
* Reserved seating only. No general admission.

BREAKING NEWS

Sports – Rugby, 27 August

At 10 a.m., Ireland will be playing against Bosnia for their spot in the final game. The main announcer of the match will be Steve Chapelle.

At 4 p.m., Portugal will be facing Mexico's passion in Woking. Dave Mahone will be covering the semi-final game live.

어휘
- go through 경험하다, 겪다 • renovation 보수, 수리 • financial 재정적인
- take place 일어나다, 발생하다 • host 개최 • semi-final game 준결승
- city officials 공무원 • venue 장소 • be ready to ~할 준비가 되어있다
- accommodate 수용하다 • final game 결승전 • extremely 극도로 • popular 인기있는
- Reserved seating only 지정석만 • play against ~와 경기하다 • match 경기

Q Where will Mr. Chapelle be reporting from?

(A) Reading (B) Newbury

(C) Woking (D) Ramsbury

정답 (B)

연계문제예요.

질문에서 Chapelle 씨가 등장하였으므로 우선 세 번째 지문에서 힌트가 나온다는 것을 알 수 있어요. 하지만 세 번째 지문만으로는 장소를 유추하기는 힘들어요. 그러므로 장소가 상세히 나와 있는 두 번째 지문도 읽어야 풀 수 있는 연계문제예요. 8월 27일 오전 10시 경기의 메인 아나운서가 Chapelle 씨이죠. 그런데 두 번째 지문에서 8월 27일 오전 10시 경기는 Newbury 지역에서 펼친다는 것을 알 수 있어요.

Questions 1-5 refer to the following notice, e-mail and article.

From : Linda Green, Head of Sales
To : All employees at Cat Lovers Magazine

Hi, everyone!

We have some exciting news for you this week. Our company's content director has decided to hold a contest. We will choose one staff member at Cat Lovers Magazine to create a profile of their cat for the November issue. This means we will be selecting one of YOU, along with your cat, to be shown on the FRONT COVER of next month's issue! We are not telling our readers this information, and it is kind of a secret for now, so please don't tell anyone you know about this who reads the magazine. It should be a surprise.

For those who are interested, please submit three things: one photo of your cat, one photo of you holding (or playing with) your cat, and one 500-word essay about what makes the relation between you and your cat special.

We will be accepting all of these items from now until October 10, so that gives you only a couple of weeks to submit everything in time. Please send these items to Tim Reynolds in the marketing department at his e-mail treynolds@catlovers.com. Good luck to you all!

Date:	October 11
From:	Linda Green (lgreen@catlovers.com)
To:	All employees at Cat Lovers Magazine

Dear Staff:

I hope you all enjoyed your weekend. I am pleased to announce that we have received many wonderful pictures and essays from all of you for this contest. In fact, we have so many to choose from that we have decided we cannot choose the winner on our own. Instead, we want to give you the chance to vote for your favorite profile among the top five listed below.

To view the pictures and essay in each profile, click on the name of the employee and their cat:— Jane Robbins, "Freckles"

— Frieda Jackson, "Smoochie"

— Rob Arnolds, "Pirate-Eye"

— Rebecca Loftbaum, "TinTin"

— James McGill, "Morrissey"

These are all so cute—it may be hard to choose the best one! But when you have decided, please send an e-mail to Tim Reynolds at treynolds@catlovers.com. Simply write the name of the person (and cat) you have chosen in the e-mail's subject line.

We will count the votes and find our winner on October 15. Again, great work!

Meet Smoochie!

Hello to all readers of Cat Lovers Magazine. Every month we bring you stories about cats from different countries. This month, we would like to introduce you to the winners of the New Zealand staff cat profile contest-Smoochie and his dedicated owner. Together, they make a perfect pair, don't they? Just look at all the fun they have playing and hanging out. Let's find out more about them, shall we?

토익 실전 마무리

6 What is the purpose of this notice?

(A) To sell copies of the magazine to employees

(B) To notify employees of a contest

(C) To tell staff members about pay changes

(D) To congratulate staff on their work

7 What is said about the employees listed in the e-mail?

(A) They all have good writing skills.

(B) They all took dog pictures.

(C) They created the five best profiles.

(D) They are all the contest winners.

8 What should the employees do by October 15?

(A) Send more pictures of cats

(B) Choose the best profile

(C) Write a long essay for the magazine

(D) Send an e-mail to Linda Green

9 Which employee was the winner of the staff cat contest?

(A) James McGill (B) Rob Arnolds

(C) Jane Robbins (D) Frieda Jackson

10 What is indicated about Cat Lovers Magazine?

(A) It is the number one cat magazine.

(B) It features weekly stories of cats.

(C) It has staff based in New Zealand.

(D) It has many readers from the US.

토익 실전 마무리 정답과 대본

다음 공지, 이메일, 기사를 읽고 1-5번 문제를 푸시오.

보낸 사람: Linda Green, 판매부 팀장
받는 사람: Cat Lovers 잡지 모든 직원

안녕하세요, 여러분!

우리는 이번 주에 흥미로운 소식을 여러분께 전하려고 합니다. 우리의 회사 콘텐츠 부장님이 콘테스트를 열기로 결정하였습니다. 우리는 Cat Lovers 잡지의 직원들 중 한 명을 선정하여 그들의 고양이 프로필을 만들어 11월 호에 실으려고 합니다. 이것은 우리가 여러분 중 한 명을, 당신의 고양이와 함께 다음 달 호 전면을 장식하기 위해 선택한다는 것을 의미합니다! 우리는 이같은 정보를 우리의 독자들에게는 말하지 않을 것이며, 이는 지금까지 일종의 비밀이니, 잡지를 읽는 그 누구에게도 발설해서는 안 됩니다. 서프라이즈입니다.

관심있는 사람은, 세 가지를 제출하여 주십시오. 당신의 고양이 사진 한 장, 당신이 당신의 고양이를 안고 있는 (혹은 같이 놀고 있는) 사진 한 장, 그리고 무엇이 당신과 당신의 고양이의 관계를 특별하게 만드는가에 대한 500단어 에세이입니다.

우리는 10월 10일까지 이러한 아이템들을 받을 것입니다. 그러므로 이 모든 것을 제출하기까지 고작 몇 주 남았습니다. 마케팅 부서 팀 Reynolds에게 이메일 주소 treynolds@catlovers.com으로 제출하여 주십시오. 여러분 모두에게 행운이 있기를!

날짜:	10월 11일
보낸 사람:	Linda Green (lgreen@catlovers.com)
제목:	고양이 프로필 콘테스트의 결과

친애하는 직원 여러분:

저는 여러분들이 주말을 잘 보냈기를 바랍니다. 이번 콘테스트를 위하여 많은 훌륭한 사진들과 에세이를 받았다고 발표하게 되어 기쁩니다. 사실, 우리는 골라야 할 사진이 너무 많아서 우리가 직접 승자를 선정하지 못하겠다고 결정하였습니다. 대신, 다음 아래에 선정된 탑 5중에서 우리는 여러분들에게 좋아하는 프로필을 투표할 기회를 드리고 싶습니다.

토익 실전 마무리 정답과 대본

각각의 프로필의 사진과 에세이를 보기 위하여, 고양이와 직원의 이름을 클릭하십시오:

- Jane Robbins, "Freckles"
- Frieda Jackson, "Smoochie"
- Rob Arnolds, "Pirate-Eye"
- Rebecca Loftbaum, "TinTin"
- James McGill, "Morrissey"

이 모든 사진들을 귀엽습니다. – 최고의 한 사진을 고르기 어려울 것입니다! 하지만 당신이 결정하셨을 때, 팀 Reynolds, treynolds@catlovers.com으로 이메일 보내주세요. 단순히 당신이 선택한 직원(그리고 고양이)의 이름을 이메일의 제목 부분에 적어서 보내주십시오.

우리는 표를 세어 10월 15일에 승자를 발표하겠습니다. 다시 한번, 뜨거운 호응에 감사합니다.

Smoochie를 만나보세요!

안녕하세요 Cat Lovers 잡지 독자 여러분. 우리는 매달 여러분께 여러나라의 고양이 소식을 전해드리고 있습니다. 이번달에는, 우리는 여러분께 뉴질랜드 직원들의 고양이 프로필 컨테스트의 우승자를 소개해 드리고 싶습니다. – Smoochie와 그의 헌신적인 직원입니다. 그들은 완벽한 한쌍입니다. 그렇지 않나요? 그들이 같이 노는 장면을 보세요. 그들에 대해 좀 더 알아봅시다.

어휘
- hold a contest 컨테스트를 개최하다 • issue (잡지의) 호 • along with ~와 함께
- front cover 전면 • reader 독자 • secret 비밀 • hold 잡다, 안다
- play with 함께 놀다 • relationship 관계 • accept 수락하다, 받다 • announce 발표하다
- receive 받다 • wonderful 훌륭한 • so ~ that 너무 ~해서 ~ 하다
- on one's own ~ 혼자, 스스로 • Instead 대신에 • favorite 좋아하는 • below 아래에
- view 보다 • click 클릭하다 • vote 투표하다 • winner 승자 • bring 가져오다
- introduce 소개하다 • dedicated 헌신적인 • perfect 완벽한 • pair 한 쌍

토익 실전 마무리 정답과 대본

1 이 공지의 목적이 무엇인가?

(A) 직원들에게 잡지를 팔기 위하여

(B) 직원들에게 콘테스트를 알리기 위하여

(C) 직원들에게 급여 변동을 알리기 위하여

(D) 직원들에게 그들의 일에 대해 축하하기 위하여

정답 (B)
직원들에게 콘테스트에 대해 알리기 위한 글임을 글 초반에 알 수 있죠.

2 이메일에 언급된 직원들에 대해 무엇이 언급되었는가?

(A) 그들은 모두 글을 잘 쓴다.

(B) 그들은 모두 개 사진을 찍었다.

(C) 그들은 가장 훌륭한 다섯 개의 프로필을 만들었다.

(D) 그들은 모두 컨테스트의 우승자들이다.

정답 (C)
질문에 이메일에서 (in the e-mail)라고 나와 있으므로 두 번째 지문을 봐야 하고, 두 번째 지문에 언급된 사람들은 Top 5이므로 정답은 (C)예요.

3 10월 15일까지 직원들은 무엇을 해야 하는가?

(A) 더 많은 고양이 사진을 보낸다.

(B) 최고 프로필을 선택한다.

(C) 잡지를 위하여 긴 에세이를 작성한다.

(D) 린다 그린에게 이메일을 보낸다.

정답 (B)
질문에서 10월 15일이 키워드예요. 10월 15일은 두 번째 지문 제일 마지막에 나와 있고, 그 날까지 투표를 해야 하죠. (We will count the votes and find our winner on October 15. Again, great work! 그러므로 정답은 (B)예요.

 토익 실전 마무리

4 직원 고양이 콘테스트의 우승자는 어느 직원인가?

(A) James McGill (B) Rob Arnolds

(C) Jane Robbins (D) Frieda Jackson

정답 (D)

연계문제예요.
우승자는 세 번째 이름의 고양이 이름만 Smoochie라고 나와 있죠. 그런데 두 번째 지문의 Top 5 명단을 보면 Smoochie는 Frieda Jackson의 고양이이므로 정답은 (D)예요.

5 Cat Lovers 잡지에 대하여 추론할 수 있는 것은?

(A) 최고의 고양이 잡지이다.

(B) 매주 고양이 소식을 전하는 특징이 있다.

(C) 뉴질랜드에 근거를 둔 직원들이 있다.

(D) 미국에 많은 독자를 확보하고 있다.

정답 (C)

Cat Lovers 잡지에 대해 유추할 수 있는 것을 고르는 문제로 우선 세 번째 지문 둘째 줄에서 뉴질랜드 직원의 콘테스트 결과를 알려준다고 했죠. (we would like to introduce you to the winners of the New Zealand staff cat profile contest) 첫 번째 지문에서도 직원들을 대상으로 고양이 콘테스트를 실시하겠다고 하였으므로 뉴질랜드 직원들에게 실시한 콘테스트 임을 알 수 있어요. 그러므로 정답은 (C)예요.

한글 로 먼저 풀어보는 토익 입문서
TOEIC EDGE 입문 RC